AF607567

BRUCE PERRY & MAIA SZALAVITZ

EL CHICO A QUIEN CRIARON COMO PERRO

Y otras historias del cuaderno de un psiquiatra infantil

BRUCE PERRY & MAIA SZALAVITZ

EL CHICO A QUIEN CRIARON COMO PERRO

Y otras historias del cuaderno de un psiquiatra infantil

Traducción de **Lucía Barahona**

Capitán Swing

Título original:
The Boy Who Was Raised as a Dog: And Other Stories from a Child Psychiatrist's Notebook (2008)

Corrección ortotipográfica:
Victoria Parra Ortiz & Ángela Eguzquiza

ISBN: 978-84-945481-6-1
Depósito Legal: M-24314-2016
Código BIC: FV

Impreso en España / *Printed in Spain*
Imprenta Cofás, Móstoles (Madrid)

Índice

Nota del autor

Todas las historias recogidas en este libro son verdaderas, pero, con el fin de garantizar el anonimato y proteger la privacidad, hemos optado por alterar cualquier información que pudiera resultar identificativa. Los nombres de los niños aparecen cambiados, así como los de los miembros adultos de sus familias en los casos en los que esta información pudiera identificar al niño. El resto de nombres de personas adultas son reales, excepto aquellos marcados con un asterisco. A pesar de estos cambios necesarios, los elementos esenciales de cada caso están relatados con la mayor exactitud posible. Por ejemplo, las conversaciones están descritas tal y como se recuerdan o se registraron en las notas o en las cintas de audio o vídeo.

La triste realidad es que estas historias no son sino un porcentaje ínfimo de las muchas que se podrían haber contado. A lo largo de los últimos diez años, nuestro grupo clínico en la ChildTrauma Academy[1] ha tratado a más de un centenar de niños que han sido testigos de la muerte de un progenitor. Hemos trabajado con cientos de niños que han soportado una grave desatención temprana en instituciones o a manos de sus padres o guardianes. Confiamos en que la fuerza y el espíritu de los niños cuyas historias relatamos en este libro, y las de muchos otros que han sufrido destinos parecidos, cobren fuerza a lo largo de estas páginas.

---

[1] La ChildTrauma Academy es una organización sin ánimo de lucro con sede en Houston (Texas) que trabaja para mejorar las vidas de niños en situación de alto riesgo mediante un servicio directo, investigación y educación. (*N. del T.*)

Introducción

A día de hoy es difícil de imaginar, pero, cuando estaba en la Facultad de Medicina a principios de los años ochenta, los investigadores prestaban escasa atención al daño permanente que puede producir un trauma psicológico. La manera en la que un trauma podría afectar a los niños era algo que se consideraba aún menos. No creían que fuera relevante. Por norma general, se creía que los niños eran por naturaleza «resistentes», que poseían una habilidad innata para «recuperarse».

Al convertirme en psiquiatra infantil y neurocientífico, entre mis objetivos no se encontraba refutar esta teoría equivocada. Pero, en cualquier caso, en mis primeros años como investigador comencé a observar en el laboratorio que las experiencias estresantes —particularmente en los primeros años de vida— podían modificar el cerebro de animales jóvenes. Numerosos estudios sobre animales mostraban que incluso un estrés en apariencia menor durante la infancia podría llegar a tener un impacto permanente en la arquitectura y la química del cerebro y, por tanto, del comportamiento. Esto me llevó a pensar que había muchas posibilidades de que lo mismo sucediera con los seres humanos.

Se volvió una cuestión todavía más evidente para mi cuando comencé mi trabajo clínico con niños problemáticos. Pronto comprobé que la vida de la inmensa mayoría de mis pacientes había estado repleta de caos, abandono o violencia. Resultaba evidente que aquellos niños no se habían «recuperado», pues de lo contrario no habrían ido a parar a una clínica psiquiátrica infantil. Habían sufrido traumas —como, por ejemplo, haber sido violados o haber presenciado un asesinato— y, de haberse tratado de adultos con problemas psiquiátricos, la mayoría de los psiquiatras habrían considerado un diagnóstico de trastorno por estrés postraumático (TEPT). Sin embargo, trataban a aquellos niños como si sus historias de trauma fueran irrelevantes y hubieran «casualmente» desarrollado síntomas como depresión o problemas de atención que a menudo requerían medicación.

Huelga decir que la introducción del diagnóstico del TEPT en psiquiatría no tuvo lugar hasta 1980. En un principio, se contempló como algo extraño, una condición que únicamente afectaba a una minoría de soldados que habían vuelto destrozados tras superar espantosas experiencias de combate. No obstante, los mismos tipos de síntomas —pensamientos intrusivos sobre el episodio traumático, recuerdos recurrentes, alteración del sueño, cierta sensación de irrealidad, respuesta de sobresalto intensificada, ansiedad extrema— pronto comenzaron a ser utilizados para describir a los supervivientes de una violación, a las víctimas de desastres naturales y a personas que habían sufrido o habían sido testigos de accidentes o lesiones que hubieran constituido una amenaza para la vida. Actualmente se cree que esta condición afecta como mínimo al 7 por ciento de todos los estadounidenses, y la mayoría de la gente está familiarizada con la idea de que un trauma puede tener efectos profundos y duraderos. Del horror de los ataques terroristas del 11S a las secuelas del huracán Katrina, somos capaces de reconocer que los acontecimientos catastróficos pueden dejar huellas indelebles en la mente. Ahora sabemos —tal y como en última instancia demuestran mis investigaciones y las de muchos otros— que, en realidad, el impacto de un trauma es mayor en los niños que en los adultos.

He dedicado mi trayectoria profesional a comprender el modo en que el trauma afecta a los niños y a desarrollar maneras innovadoras para ayudarlos a enfrentarse a ello. He tratado y estudiado a niños que han tenido que hacer frente a terribles experiencias inimaginables —desde víctimas supervivientes del gran incendio ocurrido en la propiedad de la secta de los davidianos en Waco (Texas) a huérfanos abandonados de Europa del Este pasando por supervivientes de genocidio—. Asimismo, he ayudado a los tribunales a revisar los daños provocados por los procesamientos equivocados del «abuso ritual satánico» que estuvieron basados en las acusaciones coaccionadas de niños aterrorizados y torturados. He hecho todo cuanto ha estado en mi mano para ayudar a niños que han sido testigos del asesinato de sus padres y de aquellos que han pasado años encadenados en el interior de una jaula o encerrados en un armario.

Aunque la mayoría de los niños nunca sufrirán nada tan terrible como lo que muchos de mis pacientes han padecido, raro es el niño que escapa enteramente al trauma. Según estimaciones moderadas, en torno al 40 por ciento de los niños estadounidenses vivirían como mínimo una experiencia potencialmente traumática antes de cumplir dieciocho años: aquí se incluye la muerte de un progenitor o hermano, malos tratos físicos o desatención regulares, abuso sexual o la experiencia de un accidente grave, desastre natural, violencia doméstica o algún otro tipo de crimen violento.

Solo en 2004 se estimó que las agencias gubernamentales de protección infantil recibieron tres millones de informes oficiales de abuso o abandono infantil; se confirmaron alrededor de 872.000 de estos casos. Es evidente que el número real de niños que sufrieron abusos o abandono es muy superior, puesto que la mayoría de los casos nunca llegan a ser denunciados y en un puñado de casos genuinos no es posible la corroboración necesaria para poder adoptar medidas oficiales. En un estudio a gran escala, alrededor de uno de cada ocho niños menores de diecisiete años informaron de alguna forma de maltrato grave a manos de personas adultas en el último año, y en torno al 27 por ciento de las mujeres y el 16 por ciento de los hombres declararon, como adultos, haber sido víctimas de abusos sexuales durante su infancia. En una investigación nacional llevada a cabo en 1995, el 6 por ciento de las madres y el 3 por ciento de los padres admitieron incluso haber abusado físicamente de sus hijos al menos una vez.

Además, se cree que hasta diez millones de niños estadounidenses son expuestos anualmente a violencia doméstica, y el 4 por ciento de los niños estadounidenses de menos de quince años pierden a alguno de sus progenitores cada año. A esto hay que añadir que, cada año, unos 800.000 niños pasan tiempo en hogares de acogida y muchos otros millones son víctimas de desastres naturales y accidentes de coche devastadores.

A pesar de que no trato de insinuar que todos estos niños se verán seriamente «dañados» por estas experiencias, las estimaciones más moderadas sugieren que, en cualquier momento dado, más de ocho millones de niños estadounidenses sufren problemas psiquiátricos graves y diagnosticables relacionados con algún trauma, mientras que muchos otros millones experimentan consecuencias menos serias pero aun así preocupantes.

Aproximadamente un tercio de los niños que han sufrido abusos padecerán algún problema psicológico evidente a consecuencia de estos malos tratos (y las investigaciones continúan demostrando cómo incluso problemas puramente «físicos», como las enfermedades cardíacas, la obesidad y el cáncer, tienen una mayor probabilidad de afectar a niños traumatizados más adelante). La respuesta adulta ofrecida a los niños durante y después de acontecimientos traumáticos puede suponer una diferencia abismal en estos posibles desenlaces, tanto para bien como para mal.

A lo largo de los años, las investigaciones llevadas a cabo en mi laboratorio y en muchos otros han logrado obtener una comprensión más profunda de las consecuencias de un trauma en niños y del modo en que podemos ayudarlos a sanar. En 1996, fundé The ChildTrauma Academy, un grupo interdisciplinario de profesionales dedicado a mejorar la vida de niños en alto riesgo y la de sus familias. Nuestro trabajo clínico continúa, y todavía tenemos mucho que aprender, pero nuestro principal objetivo es proporcionar a otros los tratamientos basados en nuestros mejores conocimientos. Formamos a personas que trabajan con niños —ya se trate de progenitores o fiscales, agentes de policía o jueces, trabajadores sociales, médicos, políticos o responsables de la elaboración de políticas— para que comprendan las formas más efectivas de minimizar los efectos de un trauma y maximizar la recuperación. Consultamos con agencias gubernamentales y otros grupos para contribuir a la implementación de las mejores prácticas capaces de abordar estas cuestiones. Mis colegas y yo viajamos extensamente por todo el mundo, hablamos con padres, doctores, educadores, trabajadores de los servicios de protección infantil y agentes del orden, así como con responsables de alto nivel tales como órganos legislativos o comités y líderes corporativos interesados. Este libro forma parte de nuestros esfuerzos.

En *El chico a quien criaron como perro* conocerán a algunos de los niños que me enseñaron las lecciones más importantes sobre cómo afectan los traumas a la gente joven, y aprenderán qué precisan de nosotros —sus padres y guardianes, sus doctores, su Gobierno— para poder desarrollar vidas saludables. Verán el modo en que las experiencias traumáticas dejan marcas a los niños, cómo afecta esto a sus personalidades y a su capacidad para el crecimiento físico y emocional. Conocerán a mi primera paciente, Tina, cuya experiencia de abuso me llevó a entender el impacto del trauma en los cerebros infantiles. Conocerán también a una niña pequeña muy valiente llamada Sandy que, a los tres años, tuvo que ingresar en un programa de protección de testigos; ella me enseñó la importancia de permitirle al niño controlar algunos aspectos de su propia terapia. Conocerán a Justin, un niño extraordinario que me mostró la capacidad infantil para recuperarse de privaciones indescriptibles. Cada uno de los niños con los que he trabajado —niños davidianos que encontraron consuelo al cuidarse unos a otros; Laura, cuyo cuerpo no creció hasta que se sintió querida y a salvo; Peter, un huérfano ruso cuyos compañeros de primer curso se convirtieron en sus «terapeutas»— nos han ayudado a mis colegas y a mí a colocar una nueva pieza en el rompecabezas, lo que nos ha permitido mejorar nuestra manera de tratar a los niños traumatizados y a sus familias.

Nuestra labor nos conduce a la vida de las personas cuando más desesperadas se encuentran, solas, tristes, asustadas y heridas, pero las historias que aquí podrán leer son, en su mayor parte, historias de éxito; historias de esperanza, supervivencia y triunfo. Sorprendentemente, a menudo ocurre que encontramos lo mejor de la humanidad al deambular entre la masacre emocional provocada por lo peor del género humano.

En definitiva, lo que determina cómo sobreviven los niños al trauma, física, emocional o psicológicamente, es si la gente que los rodea —en particular los adultos en los que deberían poder apoyarse y confiar— está de su lado dispuesta a ofrecerles amor, sostén y estímulos. El fuego puede calentar o consumir, el agua puede saciar o ahogar, el viento puede acariciar o arrancar… Lo mismo sucede con las relaciones humanas: podemos tanto crear como destruir, criar o intimidar, traumatizarnos o curarnos los unos a los otros.

En este libro leerán sobre niños increíbles cuyas historias pueden ayudarnos a entender mejor la naturaleza y el poder de las relaciones humanas. Aunque muchos de estos niños y niñas han pasado por experiencias muchísimo más extremas de las que suelen tener la mayoría de las familias (por fortuna), sus historias ofrecen lecciones para todos los progenitores que pueden ayudar a sus hijos a lidiar con las inevitables tensiones y presiones de la vida.

Trabajar con niños traumatizados y maltratados también me ha llevado a prestar gran atención a la naturaleza de la raza humana y a la diferencia entre género humano y humanidad. No todos los seres humanos son humanos, compasivos. El ser humano tiene que aprender a volverse humano. Este proceso —que en ocasiones puede salir terriblemente mal— es otro de los aspectos sobre los que trata este libro. Las historias aquí mostradas exploran las condiciones necesarias para el desarrollo de la empatía, y otras que son propensas a producir indiferencia y crueldad. Revelan cómo el cerebro de los niños se desarrolla y es moldeado por las personas que los rodean. También muestran cómo la ignorancia, la pobreza, la violencia, el abuso sexual, el caos y la desatención pueden causar estragos en los cerebros en desarrollo y en las personalidades incipientes.

Desde hace tiempo me intereso por comprender el desarrollo humano y, en especial, por tratar de averiguar por qué algunas personas se convierten en seres humanos amables, responsables y productivos, mientras que otras responden al abuso imponiéndoselo a su vez a los demás. Mi trabajo me ha revelado mucho acerca del desarrollo moral, las raíces del mal y cómo las tendencias genéticas y las influencias ambientales pueden forjar decisiones críticas que a su vez afectan a decisiones posteriores y, en última instancia, configuran en quiénes nos convertimos. No creo en el «me excuso en el abuso» para explicar comportamientos violentos o dañinos, pero me he encontrado con que existen interacciones complejas que comienzan en la primera infancia que afectan a nuestra capacidad para concebir alternativas y que, más adelante, pueden limitar nuestra habilidad para tomar las mejores decisiones.

Mi trabajo me ha llevado al espacio donde convergen mente y cerebro, al lugar donde tomamos las decisiones y experimentamos influencias que determinan si nos convertiremos o no en seres humanos verdaderamente humanos. *El chico a quien criaron como perro* comparte algo de lo que he aprendido allí. Pese al dolor y al miedo, los niños que aparecen en este libro —y muchos otros iguales que ellos— han demostrado un gran coraje y humanidad, y me llenan de esperanza. Con ellos he aprendido mucho sobre la pérdida, el amor y la curación.

Las principales lecciones que estos niños me han enseñado son relevantes para todos nosotros porque, para poder comprender el trauma, necesitamos comprender la memoria. Para poder apreciar el modo en que los niños sanan, necesitamos entender cómo aprender a amar, cómo afrontan los desafíos, cómo les afecta el estrés. Y al reconocer el efecto destructivo que la violencia y las amenazas pueden tener sobre la capacidad de amar y de trabajar, somos capaces de comprendernos mejor a nosotros mismos y de cuidar a la gente que forma parte de nuestra vida, sobre todo a los niños.

01

El mundo de Tina

Tina fue mi primera paciente niña, cuando la conocí no tenía más que siete años. Estaba sentada en la sala de espera de la clínica de psiquiatría infantil de la Universidad de Chicago: minúscula y frágil, acurrucada junto a su madre y sus hermanos, insegura sobre qué esperar de su nuevo doctor. Mientras la conducía hasta mi despacho y cerraba la puerta, no era fácil saber cuál de los dos estaba más nervioso, si la niña afroamericana de noventa y pocos centímetros de altura con sus trenzas meticulosamente peinadas o el tipo blanco de metro ochenta y nueve con la larga melena de rizos ingobernables. Tina permaneció un minuto en el sofá mirándome de arriba abajo. A continuación, cruzó la habitación, se deslizó hasta que estuvo sobre mi regazo y se acurrucó.

Me pareció un gesto tan bonito que me emocioné. Qué niña tan dulce. Estúpido de mí. Se desplazó ligeramente, llevó su mano a mi entrepierna e intentó bajarme la cremallera. Pasé de estar nervioso a estar triste. Le agarré la mano, la levanté y, con cuidado, la saqué de mi regazo.

La mañana antes de conocer a Tina estuve revisando su «historial», que no era más que una hoja de papel con la mínima información obtenida durante una entrevista telefónica con nuestro empleado de recepción. Tina vivía con su madre, Sara, y dos hermanos más pequeños. Sara se había puesto en contacto con la clínica de psiquiatría infantil porque el colegio de su hija había insistido en que fuera evaluada. Tina se había comportado de un modo «agresivo e inapropiado» con sus compañeros de clase. Se había exhibido delante de los demás, había atacado a otros niños, empleaba un lenguaje sexual y había tratado de incitarlos a participar en juegos sexuales. No prestaba atención en clase y a menudo se negaba a seguir instrucciones.

La parte más relevante del historial eran los abusos que había sufrido durante un periodo de dos años que comenzó a los cuatro y terminó cuando tenía seis. El responsable era un chico de dieciséis años, el hijo de su canguro. Había abusado sexualmente de Tina y de su hermano menor, Michael, mientras la madre de estos estaba en el trabajo. La madre de Tina era soltera. Era pobre, pero había dejado de recibir asistencia pública y en aquel momento Sara trabajaba en una tienda cobrando el salario mínimo para sacar adelante a su familia. El único cuidado infantil que podía permitirse era un acuerdo informal con su vecina de al lado. Por desgracia, aquella vecina frecuentemente dejaba a los niños con su hijo para irse a hacer recados; y su hijo estaba enfermo. Ataba a los niños y los violaba, los sodomizaba con objetos extraños y amenazaba con matarlos si se lo contaban a alguien. Finalmente su madre lo sorprendió en el acto y puso fin a los abusos.

Sara nunca volvió a permitir que su vecina cuidara de sus hijos, pero el daño ya estaba hecho (procesaron al chico; acudió a terapia, no a la cárcel). De modo que allí estábamos, un año después. La hija tenía graves problemas, la madre no disponía de recursos y yo no sabía casi nada sobre niños víctimas de abusos.

—Vamos a pintar con colores —propuse con delicadeza mientras la apartaba de mi regazo. Parecía contrariada. ¿Acaso me había disgustado? ¿Iba a enfadarme con ella? Me estudió la cara con sus ojos marrón oscuro llenos de ansiedad, observando mis movimientos y prestando atención a mi voz en busca de alguna señal no verbal que le ayudara a entender aquella interacción. Mi comportamiento no encajaba dentro de su catálogo interno de experiencias previas con hombres. Solo había conocido a los hombres como depredadores sexuales: por su vida no había pasado ningún padre cariñoso, ni un abuelo comprensivo, ni un tío amable o un hermano mayor protector. Los únicos varones adultos que había conocido eran los novios a menudo inapropiados de su madre y a su propio abusador. La experiencia le había enseñado que lo que los hombres querían era sexo, tanto de ella como de su madre. En buena lógica, desde su perspectiva, había asumido que yo también quería eso.

¿Qué debía hacer? ¿Cómo pueden modificarse los comportamientos o creencias enquistados tras años de experiencia con tan solo una hora de terapia a la semana? Ninguna experiencia ni entrenamiento previos me habían preparado para esta niña. No la comprendía. ¿Interactuaba con todo el mundo como si lo único que esperaran obtener de ella fuera sexo, incluso las mujeres y las niñas? ¿Era esa la única manera que conocía para hacer amigos? ¿Su comportamiento agresivo e impulsivo en el colegio estaba relacionado con esto? ¿Pensaba que la estaba rechazando? Y, de ser así, ¿cómo le afectaría?

Era 1987. Era profesor de Psiquiatría Infantil y Adolescente en la Universidad de Chicago y tenía por delante los dos años finales en una de las mejores formaciones médicas del país. Llevaba casi doce años de formación posuniversitaria. Tenía un doctorado en Medicina y había concluido una residencia de tres años en psiquiatría médica y general. Dirigía un laboratorio dedicado a la investigación de neurobiología básica que estudiaba los sistemas de respuesta al estrés en el cerebro. Había aprendido todo lo relativo a las células cerebrales y a los sistemas del cerebro y la complejidad de sus redes y sustancias químicas. Llevaba años tratando de comprender la mente humana. Y, después de tanto tiempo, todo cuanto se me ocurrió hacer fue sentarme con Tina en una mesita que tenía en mi despacho y ofrecerle una caja de lápices de colores y un libro para colorear. Ella lo abrió y se puso a pasar las páginas.

—¿Puedo colorear este? —preguntó suavemente. Era evidente que no estaba segura de qué debía hacer en aquella situación extraña.

—Por supuesto —dije—. ¿De qué color le pinto el vestido? ¿Azul o rojo?

—Rojo.

—De acuerdo.

Tina sostuvo la página que acababa de colorear como si esperara obtener mi aprobación.

—Qué bonito.

Tina sonrió. Nos pasamos los siguientes cuarenta minutos sentados en el suelo, uno al lado del otro, coloreando en silencio, echándonos hacia delante para coger tal o cual color, enseñándonos nuestros progresos y tratando de acostumbrarnos a estar en el mismo espacio con una persona extraña.

Al finalizar la sesión, acompañé a Tina a la sala de espera de la clínica. Su madre sujetaba a un bebé mientras hablaba con su hijo de cuatro años. Sara me dio las gracias y concertamos una nueva visita para la semana siguiente. Cuando se marcharon, supe que necesitaba hablar con un supervisor con más experiencia que fuera capaz de ayudarme a descifrar cómo ayudar a aquella niña tan pequeña.

El término «supervisión» en programas de formación de salud mental resulta engañoso. El tiempo que pasé como médico interno aprendiendo a colocar una vía central, ejecutar un código o extraer sangre, conté con la presencia de médicos más mayores y experimentados que me orientaban, me regañaban, me asistían y me enseñaban. Frecuentemente recibía evaluaciones inmediatas, generalmente negativas. Y, aunque era cierto que seguíamos el modelo «observar uno, hacer uno, enseñar uno», siempre contábamos con la ayuda de un médico superior con más experiencia durante cualquier interacción con pacientes.

Sin embargo, en psiquiatría no ocurría lo mismo. Durante mi formación, cada vez que trataba a un paciente, o a un paciente y a su familia, casi siempre trabajaba solo. Tras la visita del paciente —a menudo tras múltiples visitas— discutía el caso con mi supervisor. Durante su formación, un médico residente de psiquiatría infantil típicamente cuenta con diversos supervisores para guiarlo a lo largo de su trabajo clínico. Era habitual presentar el mismo niño o asunto a múltiples supervisores para así reunir sus diferentes impresiones y sacar provecho de sus distintas y, con suerte, complementarias percepciones. Resulta un proceso interesante que tiene notables puntos fuertes, pero, al mismo tiempo, presenta algunas deficiencias claras, como yo mismo estaba a punto de descubrir.

Le presenté el caso de Tina a mi primer supervisor, el Dr. Robert Stine,*[2] un intelectual joven y serio que se formaba para convertirse en psicoanalista. Llevaba barba y daba la impresión de que cada día iba vestido igual: traje negro, corbata negra y camisa blanca. Parecía mucho más inteligente que yo. Empleaba el argot psiquiátrico con total naturalidad: «introyecto materno», «relaciones objetales», «contratransferencia», «fijación oral»... Siempre que lo hacía, le miraba a los ojos y trataba de parecer debidamente serio y reflexivo, y me dedicaba a asentir con la cabeza como dando a entender lo mucho que sus comentarios me aclaraban las cosas: «Ah, sí. Claro. Lo tendré en cuenta». Pero lo que en realidad estaba pensando era: «¿De qué diablos está hablando?».

Le ofrecí una presentación breve pero formal del caso de Tina: describí los síntomas de la niña, su historia, su familia y las quejas del colegio. También le detallé los elementos fundamentales de mi primera visita con ella. El Dr. Stine tomó notas. Cuando terminé, dijo:

—Y bien, ¿qué es lo que piensa que le pasa?

Yo no tenía ni idea.

—No estoy seguro —contesté con imprecisión. La formación médica enseña a los jóvenes estudiantes a actuar como si fueran mucho menos ignorantes de lo que en realidad son, y les aseguro que yo era ignorante. El Dr. Stine se dio cuenta y sugirió que utilizáramos una guía de diagnóstico para trastornos psiquiátricos, el *Manual diagnóstico y estadístico de trastornos mentales.*[3]

En aquel momento estaba vigente el DSM III. Este manual se revisa aproximadamente cada diez años para incluir las actualizaciones que se hayan producido en el campo de la investigación y nuevas ideas sobre trastornos. Se trata de un procedimiento guiado por principios objetivos, pero es muy susceptible a procesos sociopolíticos y no científicos. Por ejemplo, la homosexualidad solía considerarse un «trastorno» en el DSM, mientras que ahora ya no aparece. En cualquier caso, el principal problema del DSM —hasta el día de hoy— es que se trata de un catálogo de trastornos

[2] A lo largo del libro, un asterisco (*) detrás de un nombre indica que se trata de un seudónimo.

[3] En inglés, DSM, *Diagnostic and Statistical Manual of Mental Disorders*. (*N. de la T.*)

basados en listas de síntomas. Se parece a un manual de ordenador que hubiese sido escrito por un comité sin conocimientos del *hardware* ni del *software* de la propia máquina, un manual que intentara determinar la causa y la cura para los problemas del ordenador pidiéndote que tuvieras en cuenta los sonidos que hace. Gracias a mi propia formación y labor investigadora, sabía que los sistemas de esa «máquina» —en este caso, el cerebro humano— son muy complejos. Por consiguiente, tenía la impresión de que un número indefinido de problemas diversos y propios podrían llegar a causar el mismo «resultado». Sin embargo, esto es algo que el DSM no tiene en cuenta.

—De modo que se muestra distraída, tiene un problema con la disciplina, es impulsiva, desobediente, presenta un comportamiento oposicional desafiante y tiene problemas con sus compañeros. Cumple los criterios de diagnóstico del trastorno por déficit de atención y trastorno de oposición desafiante —apuntó el Dr. Stine.

—Sí, supongo —dije. Pero en realidad no estaba nada convencido. Lo que Tina experimentaba era algo más, o algo diferente, a lo que describían todas aquellas etiquetas diagnósticas. A raíz de mis investigaciones sobre el cerebro sabía que los sistemas implicados en el control y la concentración de nuestra atención eran especialmente complejos. También sabía que podrían verse influidos por numerosos factores genéticos y ambientales. Etiquetar a Tina como «desafiante», ¿no resultaba engañoso teniendo en cuenta que había muchas probabilidades de que su «desobediencia» fuera una consecuencia de los abusos que había sufrido? ¿Y qué pasaba con la confusión que la llevaba a pensar que un comportamiento sexual en público, tanto con adultos como con compañeros del colegio, era normal? ¿Y con los retrasos que presentaba en el habla y lenguaje? Por último, si en verdad tenía trastorno de déficit de atención (TDA), ¿no sería el abuso sexual un factor importante a la hora de entender cómo tratar a alguien como ella?

No obstante, no planteé ninguna de estas cuestiones. Simplemente me quedé mirando al Dr. Stine mientras asentía como si estuviera absorbiendo todo lo que él me enseñaba.

—Investigue la psicofarmacología para TDA —me aconsejó—. Volveremos a vernos la semana que viene para seguir profundizando en este caso.

Después de hablar con el Dr. Stine me sentí confuso y decepcionado. ¿En esto consistía ser un psiquiatra infantil? Me había formado en psiquiatría general (para adultos) y conocía bien las limitaciones de la supervisión y las limitaciones de nuestro enfoque diagnóstico, pero no estaba en absoluto familiarizado con los problemas generalizados de los niños que trataba. Estaban marginados socialmente, mostraban retrasos en el desarrollo, habían sufrido profundos daños y llegaban a nuestra clínica para que pudiéramos «arreglar» cosas que, a mí entender, no parecían reparables con las herramientas que teníamos a nuestra disposición. ¿Cómo iban a cambiar unas cuantas horas al mes y una receta médica la mentalidad y el comportamiento de Tina? ¿De verdad creía el Dr. Stine que el Ritalín o algún otro medicamento empleado en el tratamiento de los síntomas del TDA podrían resolver los problemas de esta niña?

Afortunadamente, además del Dr. Stine tenía otro supervisor: un hombre sabio y maravilloso, un verdadero gigante en el campo de la psiquiatría, el Dr. Jarl Dyrud. Era de Dakota del Norte, como yo, y congeniamos al instante. El Dr. Dyrud, lo mismo que el Dr. Stine, se había formado en el método analítico. Sin embargo, también tenía a sus espaldas años de experiencia en la vida real intentando comprender y ayudar a las personas. Había permitido que fueran estas experiencias, y no solo las teorías de Freud, las que moldearan su perspectiva de las cosas.

Escuchó con atención la descripción que yo le ofrecí del caso de Tina. Al acabar, me sonrió y dijo:

—¿Te gustó ponerte a colorear con ella?

Me quedé pensativo un minuto y repuse:

—Sí. Me gustó.

—Es un comienzo estupendo. Cuénteme más —concluyó el Dr. Dyrud. Empecé a elaborar una lista con los síntomas de Tina y las quejas que los adultos habían expresado sobre su comportamiento.

—No, no. Hábleme de ella, no de sus síntomas.

—¿A qué se refiere?

—¿Dónde vive? ¿Cómo es su casa? ¿A qué hora se va a la cama, qué hace durante el día? Hábleme de ella.

Tuve que admitir que no conocía la respuesta a ninguna de estas cuestiones.

—Dedique un tiempo a conocerla, a ella, no a sus síntomas. Averigüe cómo es su vida —me aconsejó.

En las sesiones siguientes, Tina y yo nos dedicamos a colorear o a jugar a cosas sencillas y a hablar de lo que le gustaba hacer. Siempre que le pregunto a niños como Tina qué quieren ser de mayores, a menudo empiezan a responder diciendo: «Si crezco…», porque, por la cantidad de muertes reales y violencia doméstica que han visto en sus casas y vecindarios, alcanzar la edad adulta les resulta incierto. En nuestras conversaciones, había veces en las que Tina me decía que quería ser profesora y otras en las que decía que quería ser peluquera, con la normalidad habitual de sueños rápidamente cambiantes de una niña de su edad. Pero, a medida que discutíamos los detalles de todos aquellos objetivos diversos, pasó algún tiempo hasta que fui capaz de ayudarle a identificar el futuro como algo que podía planearse, predecirse e incluso cambiar, en lugar de una serie de acontecimientos inesperados que simplemente le pasan a uno.

También hablé con su madre sobre el comportamiento de Tina en el colegio y en casa, y fui descubriendo más cosas sobre su vida. Por supuesto, estaba la rutina diaria de ir a clase. Después del colegio, por desgracia, solía haber unas cuantas horas entre el momento en que Tina y su hermano pequeño llegaban a casa y la hora a la que Sara volvía del trabajo. Sus hijos debían llamarla para que supiera que ya estaban en casa, y había vecinos cerca que podían avisarla en caso de emergencia, pero no quería correr el riesgo de que Tina y su hermano tuvieran más cuidadores que abusaran de ellos. De modo que los niños se quedaban solos en casa y, aunque normalmente veían la televisión, Sara admitía que en ocasiones, a causa de las experiencias que ambos habían sufrido, reproducían comportamientos sexuales.

Sara estaba lejos de ser una madre irresponsable, pero trabajar para alimentar a tres niños pequeños a menudo la dejaba exhausta, abrumada y desmoralizada. Cualquier progenitor se habría visto en apuros para hacer frente a las necesidades emocionales de unos niños traumatizados como ellos. La familia disponía de poco tiempo para jugar o simplemente para estar juntos. Como sucede en muchas familias económicamente impedidas, siempre había alguna necesidad apremiante o alguna emergencia emocional, médica o económica que requería atención inmediata para evitar un desastre total, como quedarse sin hogar, la pérdida de un trabajo o deudas agobiantes.

A medida que mi trabajo con Tina continuaba, Sara siempre me sonreía nada más verme. La hora de terapia de Tina era el único momento de la semana en el que no tenía que hacer nada más salvo estar con sus otros hijos. Tina salía corriendo hacia mi despacho mientras yo me quedaba un momento haciendo el tonto con su hermano pequeño (él también asistía a terapia, pero con otra persona y a otra hora) y sonriendo al bebé. Una vez que me había asegurado de que se habían instalado en la sala de espera y de que estarían ocupados con algo, volvía a reunirme con Tina, que me esperaba sentada en su sillita.

—¿Qué vamos a hacer hoy? —preguntaba mientras echaba un vistazo a los juegos, a los libros de colorear y a los juguetes que previamente habría cogido de mis estanterías y colocado encima de la mesa. Yo simulaba que me ponía a pensar seriamente y ella me miraba expectante. Entonces mis ojos se posaban sobre algún juego que hubiera sobre la mesa y decía: «Hum. ¿Por qué no jugamos a Operación?». Tina se reía: «¡Sí!». Dejaba que fuese ella la que dirigiera el juego. Yo iba introduciendo nuevos conceptos, como esperar y pensar antes de decidir el siguiente paso. De vez en cuando Tina compartía espontáneamente conmigo algún hecho, esperanza o miedo. Yo le hacía preguntas para obtener una mayor claridad. Después ella volvía a dirigir nuestra interacción al juego. Y así, semana a semana, poco a poco fui conociéndola.

Sin embargo, más adelante aquel mismo otoño, Tina llegó tarde a terapia varias semanas seguidas. Como nuestras sesiones no duraban más que una hora, esto significaba que a veces solo disponíamos de veinte minutos. Cometí el error de mencionárselo al Dr. Stine durante una puesta al día sobre el caso. Arqueó las cejas y me observó. Parecía decepcionado.

—¿Qué le parece que pasa aquí?

—No estoy seguro. La madre parece estar desbordada.

—Tiene que interpretar la resistencia.

—Ah. De acuerdo.

¿De qué diablos estaba hablando? ¿Sugería que Tina no quería venir a terapia y que de alguna manera obligaba a su madre a llegar tarde?

—¿Se refiere a la resistencia de Tina o a la de su madre? —pregunté.

—La madre ha puesto a sus hijos en peligro. Es posible que esté resentida por la atención que recibe su hija. Es posible que quiera que permanezca dañada —dijo.

—Oh —respondí, sin saber qué pensar. Sabía que los terapeutas a menudo interpretan el hecho de llegar tarde a terapia como un signo de «resistencia» al cambio, pero aquello empezaba a resultarme absurdo, especialmente en aquel caso en particular. La idea no dejaba ningún espacio a la casualidad genuina y daba la impresión de que iba más allá de lo razonable para culpar a alguien como la madre de Tina, que, hasta donde yo podía asegurar, hacía todo lo posible por conseguir ayuda para su hija. Estaba claro que le resultaba difícil llegar hasta la clínica. Para venir al centro médico tenía que tomar tres autobuses diferentes, los cuales solían ir con retraso durante el brutal invierno de Chicago; no contaba con ningún servicio de puericultura, por lo que tenía que venir con todos sus hijos; en ocasiones debía pedir dinero prestado para el viaje en autobús. Me parecía que se encontraba en una situación extremadamente difícil y que estaba haciendo todo cuanto podía.

Poco después, cuando salía de la clínica una noche helada, vi a Tina y a su familia esperando en la parada de autobús para volver a casa. La calle estaba oscura y podía ver cómo la nieve caía lentamente a través de la tenue luz de una farola cercana. Sara sujetaba al bebé y Tina estaba sentada junto a su hermano en el banco bajo la lámpara de calor de la parada, muy juntos el uno del otro, cogidos de la mano y moviendo las piernas hacia delante y hacia atrás. No les llegaban los pies al suelo y se balanceaban al mismo ritmo. Eran las 18:45. Hacía un frío glacial. No llegarían a su casa como mínimo en otra hora. Detuve el coche donde no pudieran verme y los observé, deseando que el autobús apareciera pronto.

Me sentía culpable mirándolos desde el coche, donde no hacía ningún frío. Pensé que debía llevarlos a casa, pero en el campo de la psiquiatría se presta mucha atención a los límites. Se consideran muros infranqueables entre paciente y doctor, fronteras estrictas que definen con claridad las relaciones en la vida de personas que, de lo contrario, frecuentemente carecen de este tipo de estructura. Era un regla que siempre me había parecido lógica pero que, como muchas otras nociones terapéuticas que se habían desarrollado a base del trabajo con adultos neuróticos de clase media, en aquel caso no parecía encajar.

Cuando al fin llegó el autobús, me sentí aliviado.

A la semana siguiente, esperé mucho tiempo después de nuestra sesión para ir al coche. Intenté convencerme de que tenía papeleo que hacer, pero lo que en realidad pasaba era que no quería volver a ver a la familia esperando en el frío. No dejaba de pensar qué podía haber de malo en el simple acto humano de llevar a alguien a casa cuando fuera hacía frío. ¿De verdad podía interferir en el proceso terapéutico? Mis pensamientos iban y venían, pero mi corazón cada vez se decantaba más hacia la amabilidad. Tal y como yo lo veía, un acto sincero y amable era capaz de tener más impacto terapéutico que cualquiera de las posturas emocionalmente reguladas y artificiales que tan a menudo caracterizan el concepto de «terapia».

Era pleno invierno en Chicago y el frío era terrible. Terminé diciéndome que, si volvía a ver a la familia, les llevaría a casa. Era lo correcto. Y una noche de diciembre, al salir del trabajo, pasé conduciendo junto a la parada de autobús y ahí estaban. Les ofrecí llevarlos a casa. Al principio Sara no aceptó arguyendo que antes de ir a casa tenían que parar en una tienda para hacer algunas compras. De perdidos al río, me dije, y le ofrecí llevarles también a la tienda. Después de dudar un poco, aceptó y todos se apiñaron en mi Toyota Corolla.

A kilómetros de distancia del centro médico, Sara señaló una tienda y yo detuve el coche. Tenía al bebé, que dormía, en brazos, y me miró: no sabía si debía ir a la tienda con todos sus hijos.

—Deja que yo sujete al bebé. Te esperamos aquí —dije con decisión.

Estuvo en la tienda unos diez minutos. Nos pusimos a escuchar la radio. Tina cantaba con la música. Yo simplemente rezaba para que el bebé no se despertara. La mecía despacio imitando el ritmo que le había visto emplear a su madre. Sara salió de la tienda con dos bolsas muy cargadas.

—Toma, quédatelas atrás y no toques nada —ordenó a su hija tras dejar las bolsas en el asiento de atrás.

Cuando llegamos al edificio donde vivían, me quedé mirando cómo Sara se las apañaba para salir del coche y caminar por la acera cubierta de nieve, haciendo malabarismos con el bebé en brazos, el bolso y una de las bolsas de la compra. Tina trataba de cargar con la otra bolsa, pero era demasiado pesada para ella y resbaló en la nieve. Abrí la puerta del coche, salí, agarré la bolsa de Tina y también la que llevaba Sara.

—No. Podemos apañarnos —protestó.

—Ya sé que podéis, pero esta noche yo puedo ayudar.

Sara me miró, insegura sobre cómo manejar el asunto. Intuí que intentaba decidir si aquello era simple amabilidad o algo más siniestro. Parecía avergonzada. Yo desde luego lo estaba, pero seguía pensando que lo correcto era echarles una mano.

Subimos todos juntos los tres tramos de escaleras hasta su apartamento. La madre de Tina sacó las llaves y abrió tres cerraduras, todo sin perturbar el sueño del bebé. Pensé en lo difícil que debía de ser la vida de aquella madre que cuidaba sola de sus tres hijos, sin dinero, solo con trabajos episódicos y a menudo tediosos y sin su familia extensa cerca. Me quedé en el umbral sujetando las bolsas para no importunar.

—Puedes dejarlas encima de la mesa —me señaló Sara mientras se dirigía a la parte de atrás del piso de una sola habitación para colocar al bebé en un colchón que estaba pegado a la pared. Alcancé la mesa de la cocina con dos zancadas. Dejé las bolsas y eché un vistazo al espacio. Había un sofá frente a un televisor a color y una mesa baja con varias tazas y platos sucios. Junto a la pequeña cocina había una mesita con tres sillas desparejadas y un paquete de pan de molde y un tarro de mantequilla de cacahuete encima. En el suelo había un colchón doble con mantas y almohadas cuidadosamente dobladas en uno de los extremos. Había ropa y periódicos desperdigados por todas partes. En la pared colgaba una fotografía de Martin Luther King Jr. y a los lados había dos retratos escolares de colores brillantes de Tina y de su hermano. En otra pared había colgada una foto ligeramente torcida de Sara con el bebé. Era una estancia cálida.

Sara se quedó de pie y, claramente nerviosa, dijo:

—Gracias por traernos.

Le aseguré que no había sido ninguna molestia. Fue una situación muy incómoda.

—Hasta la semana que viene —dije, saliendo por la puerta.

Tina me dijo adiós con la mano. Ella y su hermano estaban guardando la compra. Se portaban mejor que muchos de los niños que yo había visto en circunstancias mucho mejores; parecía que no les quedaba más remedio.

Durante el camino de vuelta a casa atravesé algunos de los barrios más pobres de Chicago. Me sentía culpable. Culpable por la suerte, las oportunidades, los recursos y los dones que me habían sido concedidos, culpable por todas las veces que me había quejado por trabajar demasiado o por no obtener reconocimiento por algo que había hecho. Al mismo tiempo sentía que sabía mucho más sobre Tina. Había crecido en un mundo completamente diferente al mío y, de alguna manera, eso tenía que estar relacionado con los problemas que habían hecho que viniera a verme. No sabía con exactitud qué era, pero sabía que aquello que había moldeado su salud física, social, conductual y emocional tenía que ver con el mundo en el que había crecido y vivido.

Después, por supuesto, me asustó la idea de contarle a nadie lo que había hecho, que había llevado en coche a casa a una paciente y a su familia. Peor aún, que de camino habíamos parado en una tienda y que les había ayudado a subir las bolsas de la compra al apartamento. Sin embargo, a una parte de mí todas estas dudas le daban igual. Sabía que había hecho lo correcto. No se puede dejar a una madre joven con dos hijos pequeños y un bebé en mitad del frío.

Esperé dos semanas y la siguiente vez que me reuní con el Dr. Dyrud, no pude callarlo más:

—Los vi esperando al autobús y hacía frío, así que los llevé a casa.

Estaba muy nervioso y no hacía más que mirarle para ver cuál era su reacción, igual que la madre de Tina había hecho conmigo. Se rio a medida que narraba el alcance de mi transgresión.

Al terminar, aplaudió y dijo:

—¡Fantástico! Deberíamos hacer una visita a domicilio a todos nuestros pacientes.

Sonrió y se recostó en la silla.

—Tiene mucha razón.

Me quedé estupefacto. En un instante, la sonrisa del Dr. Dyrud y la alegría que reflejaba su rostro me liberaron de dos semanas de acuciante culpabilidad. Cuando me preguntó qué era lo que había aprendido, le dije que un momento en aquel piso minúsculo me había aportado más información sobre los retos a los que se enfrentaban Tina y su familia que todo lo que habría podido saber tras cualquiera de las sesiones o entrevistas *in situ*.

Más adelante en aquel primer año de mi residencia en psiquiatría, Sara y su familia se mudaron a un apartamento más próximo al centro médico. Tardaban veinte minutos en llegar en autobús. Terminaron los retrasos. Dejó de haber «resistencia». Seguimos viéndonos una vez a la semana.

La sabiduría del dr. dyrud y su tutoría continuaron siendo liberadores para mí. Al igual que otros profesores, médicos clínicos e investigadores que me han inspirado, fomentaba la exploración, la curiosidad y la reflexión, pero lo más importante es que me dio el coraje para cuestionar las creencias existentes. Tomando cosas por aquí y por allá de cada uno de mis mentores, comencé a desarrollar un enfoque terapéutico que intentaba explicar los problemas conductuales y emocionales como síntomas de una disfunción cerebral.

En 1987, la psiquiatría infantil todavía no había aceptado la neurociencia con los brazos abiertos. De hecho, el enorme aumento en la investigación del cerebro y del desarrollo cerebral que se inició en la década de los ochenta y se disparó en la de los noventa («la década del cerebro») aún no había tenido lugar, por lo que su influencia en la práctica clínica era mínima. Por el contrario, existía una oposición activa por parte de numerosos psicólogos y psiquiatras para considerar el comportamiento humano desde una perspectiva biológica. Un enfoque de este tipo se consideraba mecánico y deshumanizador, como si reducir el comportamiento a correlatos biológicos, en vez de considerar factores ambientales como la pobreza, significara automáticamente que todo estaba originado por los genes sin que hubiera espacio para la voluntad propia y la creatividad. Peor acogida incluso recibían las ideas evolucionarias, que eran vistas como teorías que suponían un retroceso racista y sexista al racionalizar el *statu quo* y reducir las acciones humanas a meros instintos animales.

Puesto que acababa de empezar en el campo de la psiquiatría infantil, todavía no confiaba en mi propia capacidad para pensar de forma independiente, para procesar e interpretar adecuadamente lo que veía. ¿Cómo podía estar en lo cierto cuando ninguno de los demás psiquiatras establecidos, las estrellas, mis mentores, hablaban ni enseñaban ninguna de estas cosas?

Por fortuna, el Dr. Dyrud y algunos de mis otros tutores fomentaron mi tendencia a desplegar la neurociencia en mis pensamientos clínicos sobre Tina y otros pacientes. ¿Qué ocurría dentro del cerebro de Tina? ¿Qué tenía de diferente su cerebro, que la volvía más impulsiva y distraída que a otras niñas de su edad? ¿Qué había sucedido en su cerebro, el cual, en el momento de sufrir aquellos abusos sexuales y anormales cuando era poco mayor que un bebé, se encontraba en una fase de rápido desarrollo? ¿Se había visto afectada por la tensión de la pobreza? ¿Y a qué se debían sus retrasos en el habla y el lenguaje? El Dr. Dyrud solía apuntar a su cabeza mientras decía: «La respuesta está aquí dentro, en alguna parte».

Mi introducción a la neurociencia había comenzado durante mi primer año de universidad. El primer consejero universitario que tuve, el Dr. Seymour Levine, un neuroendocrino de fama mundial, había llevado a cabo una labor pionera en el impacto del estrés durante las primeras etapas de la vida, un trabajo que había contribuido a dar forma a todos mis pensamientos posteriores. Su trabajo me ayudó a conocer cómo las influencias tempranas pueden dejar literalmente huellas en el cerebro capaces de durar toda la vida.

Levine había realizado una serie de experimentos con ratas en los que examinaba el desarrollo de importantes sistemas hormonales relacionados con el estrés. El trabajo de su grupo demostraba que la biología y la función de aquellos importantes sistemas podían verse alteradas por periodos breves de estrés durante las primeras etapas de la vida. La biología no consiste únicamente en la ejecución genética de alguna clase de guion inalterable. Es sensible al mundo que la rodea, tal y como predijeron las teorías evolutivas. En algunos de los experimentos, la duración del estrés solo fue de unos pocos minutos, por lo que supusieron escasos momentos de manipulación humana con crías de rata que resultaron altamente estresantes para ellas. Pero esta breve experiencia estresante ocurrida en un momento clave del desarrollo del cerebro produjo alteraciones en los sistemas de hormonas relacionadas con el estrés que perduraron hasta la edad adulta.

Por tanto, desde el primer momento en que inicié mi educación académica en este campo, fui consciente del impacto transformativo de las primeras experiencias de vida. Esto se convirtió en el patrón con el que comparar todos los conceptos subsiguientes.

A menudo, en el laboratorio, me ponía a pensar en Tina y en el resto de niños con los que trabajaba. Me obligaba a estudiar el problema: ¿qué es lo que sé? ¿Qué información me falta? ¿Es posible conectar lo que sé y lo que no? ¿Venir a verme supone alguna diferencia en las vidas de estos niños? Al tiempo que pensaba en mis pacientes, consideraba sus síntomas: ¿por qué aquellos síntomas en particular en aquel niño en particular? ¿Cómo podía cambiarles el hecho de recibir ayuda? ¿Podría explicarse su comportamiento a partir de algo que los demás científicos de este campo y yo estábamos investigando con respecto al funcionamiento del cerebro? Por ejemplo, ¿podría el estudio de la neurobiología del apego —la conexión entre progenitor e hijo— ayudar a solucionar problemas entre una madre y su hijo? ¿Sería posible explicar ideas freudianas como la transferencia —donde un paciente proyecta los sentimientos hacia sus padres en otras relaciones, en particular en la relación con su terapeuta— examinando el funcionamiento del cerebro?

Estaba convencido de que tenía que haber algún nexo. Solo porque todavía no pudiéramos describirla o comprenderla, tenía que existir una correlación entre lo que sucedía en el cerebro y cada síntoma y fenómeno humano. Al fin y al cabo, el cerebro humano es el órgano que media en todas las emociones, pensamientos y comportamientos. En contraste con otros órganos especializados del cuerpo humano, como el corazón, los pulmones o el páncreas, el cerebro es el responsable de miles de funciones complejas. Cuando tienes una buena idea, te enamoras, te caes por las escaleras, te falta el aire al subir las escaleras, te derrites ante la sonrisa de tu hijo, te ríes de un chiste, tienes hambre y te sientes lleno, todas estas experiencias y todas tus respuestas a estas experiencias vienen reguladas por el cerebro. Por consiguiente, las dificultades de Tina con el habla y el lenguaje, la impulsividad, la falta de atención o de relaciones saludables también afectaban al cerebro.

Pero ¿qué parte de su cerebro? Y, además, ¿entender esto me ayudaría a tratarla de un modo más eficaz? ¿Cuál de las regiones del cerebro de Tina, redes neuronales o sistemas neurotransmisores contaban con escasa regulación o estaban subdesarrollados o desorganizados? ¿Y cómo podría ayudarme esta información con la terapia de Tina? Para dar respuesta a estas cuestiones tenía que empezar con lo que entonces ya conocía.

Las extraordinarias capacidades funcionales del cerebro proceden de un conjunto de estructuras igualmente extraordinarias. El ser humano tiene 100 billones de neuronas (células cerebrales) y por cada neurona hay diez células de soporte igual de importantes llamadas células gliales. Durante el desarrollo —desde los primeros instantes en el útero a la adolescencia temprana— todas estas complicadas células (y las hay de diferentes tipos) deben organizarse en redes especializadas. Esto resulta en la formación de incontables sistemas estrechamente interconectados y altamente especializados. Estas cadenas y redes neuronales conectadas crean la variada arquitectura del cerebro.

Para nuestros propósitos, en el encéfalo hay cuatro partes fundamentales: el tronco encefálico, el diencéfalo, el sistema límbico y la corteza cerebral. El cerebro está organizado de dentro afuera, como una casa con incorporaciones cada vez más complicadas construidas sobre los viejos cimientos. Las regiones inferiores y más centrales correspondientes al tronco encefálico y al diencéfalo son las más simples. Evolucionaron antes y son las primeras en desarrollarse a medida que un niño va creciendo. Conforme vamos subiendo y nos movemos hacia el exterior, aumenta la complejidad al llegar al sistema límbico. La corteza cerebral, el mayor logro de la arquitectura del cerebro, es todavía más intrincada. Compartimos una organización similar de nuestras regiones cerebrales inferiores con criaturas tan primitivas como las lagartijas, mientras que las regiones centrales son parecidas a las que pueden encontrarse en mamíferos como gatos y perros. Únicamente compartimos las áreas externas con otros primates, como los monos y los grandes simios. La parte exclusivamente humana del cerebro es la corteza frontal, ¡aunque compartimos hasta un 96 por ciento de su organización con los chimpancés!

Nuestras cuatro áreas cerebrales están organizadas de forma jerárquica: de abajo arriba y de dentro afuera. Una buena manera de imaginárselo es con un pequeño fajo de billetes. Dóblalos por la mitad, colócalos en la palma de la mano y haz el típico gesto de autoestopista, con el pulgar apuntando hacia arriba. Ahora, gira el puño para hacer el gesto de desaprobación, con el pulgar hacia abajo. El pulgar representa el tronco encefálico, y la punta sería donde la médula espinal se une con él; la parte más carnosa del pulgar sería el diencéfalo; los billetes plegados en el interior del puño, cubiertos por los dedos y la mano, serían el sistema límbico; y los dedos y la mano que rodean los billetes representan la corteza cerebral. Al observar el cerebro humano, el sistema límbico es completamente interno, no es posible verlo desde fuera, igual que no es posible ver los billetes. El meñique, orientado para estar en la parte más alta y adelantada, sería la corteza frontal.

A pesar de estar interconectadas, cada una de estas cuatro áreas principales controla un conjunto de funciones distinto. El tronco encefálico, por ejemplo, es el encargado de mediar nuestras funciones reguladoras básicas, como la temperatura corporal, el ritmo cardiaco, la respiración y la presión arterial. El diencéfalo y el sistema límbico gestionan las respuestas emocionales que guían nuestro comportamiento, como el miedo, el odio, el amor o la alegría. La parte superior del cerebro, la corteza cerebral, regula las funciones más complejas y altamente humanas, como el habla y el lenguaje, el pensamiento abstracto, la planificación y la capacidad de decisión deliberada. Todas ellas trabajan al unísono, como una orquesta sinfónica, de modo que, a pesar de tener capacidades especializadas, ningún sistema es el único responsable del sonido de la «música» que se oye.

Los síntomas de Tina sugerían anomalías en casi todas las partes de su cerebro. Tenía problemas de atención y sueño (tronco encefálico), dificultades con el control de la motricidad fina y de coordinación (diencéfalo y corteza cerebral), evidentes retrasos y déficits relacionales y sociales (sistema límbico y corteza cerebral) y problemas en el habla y en el lenguaje (corteza cerebral).

Esta distribución generalizada de problemas nos ofrecía una pista muy importante. Mis investigaciones —y las de cientos de otros— indicaban que todos los problemas de Tina podían estar relacionados con un conjunto de sistemas neuronales, aquellos involucrados en ayudar al ser humano a hacer frente a las tensiones y a las amenazas. Casualmente, eran los mismos sistemas que yo estudiaba en el laboratorio.

Había dos motivos principales por los que estos sistemas me resultaban «sospechosos». El primero era que infinidad de estudios realizados en seres humanos y animales habían documentado el papel que juegan estos sistemas en la regulación de la excitación, el sueño, la atención, el apetito, el humor o los impulsos (es decir, todas las áreas en las que Tina tenía grandes problemas). La segunda razón era que estas importantes redes tienen su origen en las regiones inferiores del cerebro y envían conexiones directas al resto de áreas cerebrales. Esta arquitectura confiere un papel único a estos sistemas. Son capaces de integrar y orquestar información y señales procedentes de todos nuestros sentidos y de todas las partes del cerebro. Esta capacidad es necesaria para responder a las amenazas de un modo eficaz: si, por ejemplo, hay algún depredador merodeando, un animal necesita ser capaz de responder igual de rápido a su olor, a su sonido o a una visión directa.

Asimismo, los sistemas de respuesta al estrés son solo algunos de los circuitos neuronales del cerebro que, mal gestionados o si presentan anomalías, pueden causar disfunciones en las cuatro áreas principales del cerebro, y esto era precisamente lo que yo veía que ocurría en el caso de Tina.

La labor básica de la neurociencia en la que llevaba años trabajando implicaba el análisis detallado de cómo funcionaban estos sistemas. En el cerebro, las neuronas transmiten mensajes de una célula a otra utilizando mensajeros químicos llamados neurotransmisores, los cuales se liberan en unas conexiones especializadas neurona a neurona llamadas sinapsis. Estos mensajeros químicos únicamente se adhieren a ciertos sitios especializados de la neurona receptora, llamados receptores, que poseen la forma correcta, de la misma manera que solo la llave adecuada encaja en la cerradura de la puerta principal de una casa. Las conexiones sinápticas, que al mismo tiempo son asombrosamente complejas aunque elegantemente simples, crean cadenas de redes neurona a neurona que permiten todas las numerosas funciones cerebrales, incluidos pensamientos, sentimientos, movimientos, sensaciones y percepciones. Esto también permite que nos afecten las drogas, ya que los medicamentos más psicoactivos funcionan como copias de llaves, encajando en cerraduras destinadas a ser abiertas por determinados neurotransmisores y engañando al cerebro para abrir o cerrar sus puertas.

Llevé a cabo mi investigación doctoral en neurofarmacología en el laboratorio del Dr. David U'Prichard, que a su vez había estudiado con el Dr. Solomon Snyder, un neurocientífico y psiquiatra pionero (el grupo del Dr. Snyder era célebre, entre otras muchas cosas, por haber descubierto el receptor con el que actúan las drogas opiáceas, como la heroína y la morfina). A lo largo de mi colaboración con el Dr. U'Prichard, investigué los sistemas de norepinefrina (también conocida como noradrenalina) y epinefrina (también conocida como adrenalina). Estos neurotransmisores están implicados en los mecanismos de respuesta al estrés. La clásica respuesta de «defensa o huida» comienza con un conjunto central de neuronas norepinefrinas conocidas como locus cerúleo (el «sitio azul», llamado así por su color). Estas neuronas envían señales prácticamente a todas las otras partes importantes del cerebro y le ayudan a responder ante situaciones estresantes.

Parte de mi trabajo con el Dr. U'Prichard incluía dos cepas de ratas, que son animales de la misma especie que presentan ligeras diferencias. Aquellas ratas parecían y actuaban exactamente igual en situaciones normales, pero incluso el estrés más moderado podía causar colapsos en una de las cepas. En condiciones más tranquilas, aquellas ratas eran capaces de aprender laberintos, pero la aplicación del más mínimo estrés las desarmaba y olvidaban todo lo aprendido. Las otras ratas permanecían inmunes. Al examinar sus cerebros encontramos que en las primeras etapas del desarrollo de las ratas reactivas al estrés, se había producido una sobrestimulación en sus sistemas de adrenalina y noradrenalina. Este pequeño cambio había conducido a una avalancha de anomalías en cuanto al número de receptores, la sensibilidad y la actividad en numerosas áreas del cerebro, y en último término había alterado su capacidad para responder adecuadamente al estrés para toda la vida.

Yo no contaba con la evidencia de que Tina fuera genéticamente «hipersensible» al estrés. No obstante, lo que sí sabía era que las amenazas y los abusos sexuales que Tina había experimentado sin lugar a duda habían provocado una activación intensa y repetitiva de sus sistemas neuronales de respuesta al estrés por sensación de amenaza. Recordé el trabajo de Levine, que había demostrado que una experiencia estresante de tan solo unos pocos minutos en las primeras etapas de vida podía modificar la respuesta al estrés de una rata para siempre. La duración de los abusos que Tina había sufrido era mucho mayor —había sido sido víctima de abusos sexuales al menos una vez a la semana durante dos años— y esto se había visto agravado por la tensión de vivir en un estado de crisis constante en una familia que a menudo se encontraba al borde del abismo económico. Me di cuenta de que si tanto la genética como el medio ambiente podían producir síntomas disfuncionales similares, los efectos de un entorno estresante en una persona que, de entrada, fuera genéticamente sensible al estrés, probablemente podrían multiplicarse.

Mientras continuaba trabajando a la vez con Tina y en el laboratorio, llegué a la conclusión de que, en el caso de Tina, la activación repetida de sus sistemas de respuesta al estrés a causa de un trauma padecido a una edad temprana, cuando su cerebro aún se estaba desarrollando, seguramente había provocado un aluvión de receptores alterados, sensibilidad y disfunción por todo el cerebro, parecido a lo que había podido observar en modelos animales. En consecuencia, empecé a pensar que los síntomas de Tina eran el resultado de un trauma acaecido durante el desarrollo. Sus problemas de atención e impulsividad podían deberse a una modificación en la organización de sus redes neuronales de respuesta al estrés, un cambio que quizá en algún momento le había ayudado a soportar los abusos, pero que en aquel momento estaba dando lugar a una conducta de agresividad y falta de interés en el colegio. Tenía sentido: una persona con un sistema de estrés hiperactivo prestaría suma atención a las caras de los profesores o los compañeros, donde era posible que acechara el peligro, pero no a aspectos benignos de la interacción, como las lecciones. Una mayor conciencia de las amenazas potenciales también podría hacer que alguien como Tina fuera propensa a las peleas, puesto que por todas partes buscaría señales de un posible nuevo ataque; podía llevarla a reaccionar exageradamente ante la más mínima señal potencial de agresión. Esta parecía una explicación mucho más plausible para los problemas de Tina que asumir que sus problemas de atención eran fortuitos y que de ninguna manera estaban relacionados con los abusos.

Volví a revisar su historial y vi que en su primera visita a la clínica su frecuencia cardiaca había sido de 112 latidos por minuto. La frecuencia cardiaca normal para una niña de su edad debería haber sido inferior a 100. Una frecuencia cardiaca elevada puede ser un indicativo de una respuesta al estrés sistemáticamente activa, lo que proporcionaba más evidencia a mi idea de que sus problemas eran un resultado directo de cómo su cerebro respondía al abuso. Si en ese momento hubiera tenido que ponerle una etiqueta a Tina, no habría sido TDA, sino trastorno por estrés postraumático (TEPT).

A lo largo de los tres años que trabajé con Tina, su aparente progreso me alegraba y me tranquilizaba. No hubo más informes sobre comportamiento «inapropiado» en el colegio. Hacía los deberes, asistía a clase y había dejado de pelearse con sus compañeros. Su habla mejoró; la mayoría de sus problemas habían estado relacionados con el hecho de que hablaba con una voz tan suave que tanto a los profesores como a su madre a menudo les costaba oírle lo bastante bien como para entender lo que decía, y mucho menos corregir su pronunciación. A medida que aprendió a hablar más alto, fueron hablándole más y empezó a recibir comentarios correctivos de forma repetida, hasta que logró ponerse al día.

También se volvió más atenta y menos impulsiva, y lo hizo tan rápido, de hecho, que ni siquiera llegué a discutir ninguna clase de medicación con mis supervisores después de aquella conversación inicial con el Dr. Stine.

Tina era la que conducía los juegos en nuestras sesiones, pero yo aprovechaba cualquier oportunidad para enseñarle lecciones que le ayudarían a sentirse más segura en el mundo y a comportarse de un modo más racional y apropiado.

Inicialmente, aprendemos de la gente que nos rodea a controlar los impulsos y la capacidad de decidir, unas veces de lecciones explícitas y otras mediante el ejemplo. Sin embargo, Tina vivía en un ambiente en el que estas lecciones no se enseñaban ni de forma explícita ni implícita. Todos a su alrededor simplemente reaccionaban a las cosas, y ella actuaba de la misma manera. Nuestras sesiones le ofrecían la completa atención que ella anhelaba y gracias a nuestros juegos aprendía algunas de las lecciones que nunca había recibido. Por ejemplo, nada más comenzar a trabajar con Tina, descubrí que desconocía el concepto de hacer turnos. Era incapaz de esperar, actuaba y volvía a actuar sin pensar. Me comportaba con propiedad en los juegos más simples y le enseñé repetidamente a detenerse antes de hacer lo primero que se le ocurriera. Si nos basamos en su excelente progreso en el colegio, creo que de verdad logré ayudarla.

Lamentablemente, sin embargo, dos semanas antes de dejar la clínica para empezar un nuevo trabajo, sorprendieron a Tina, que por aquel entonces tenía diez años, practicando una felación en el colegio a un chico más mayor. Al parecer yo no le había enseñado a cambiar su conducta, sino a esconder mejor su actividad sexual delante de los adultos, y a controlar sus impulsos para no meterse en problemas. De cara a los demás, sabía cómo hacer que pensaran que se comportaba con propiedad, pero interiormente no había superado su trauma.

Al enterarme de lo sucedido, me sentí decepcionado y perplejo. No solo me había esforzado muchísimo, sino que su mejoría parecía una realidad. No fue fácil aceptar que lo que para mí había sido un esfuerzo terapéutico positivo, tuviera un resultado tan vacío. ¿Qué había pasado? O, lo que era más importante, ¿qué no había sucedido en nuestro trabajo para ayudarle a cambiar?

Seguí pensando en los efectos que los traumas, junto con su vida familiar inestable, podrían haber tenido en su cerebro durante la primera infancia. Pronto me di cuenta de que era necesario expandir mi juicio en materia de salud mental clínica. Las respuestas a mi tratamiento ineficiente y fallido para Tina —y a las grandes cuestiones de la psiquiatría infantil— residían en el funcionamiento del cerebro, en cómo se desarrolla, cómo entiende y organiza el mundo, no en el cerebro tal y como se ha venido caricaturizando, como un sistema genéticamente predeterminado, rígido, que en ocasiones requiere medicación para ajustar posibles desequilibrios. Es decir, en el cerebro en toda su complejidad. No en el cerebro entendido como un agitado conjunto de «resistencias» y «desafíos» inconscientes, sino en el cerebro que ha evolucionado para responder a un mundo social complejo. Un cerebro, en resumen, cuyas predisposiciones genéticas han sido moldeadas por la evolución hasta volverse sumamente sensibles a la gente de alrededor.

Es cierto que Tina había aprendido a regular mejor su sistema de respuesta al estrés; las mejoras en el control de impulsos eran buena prueba de ello. Sin embargo, sus problemas más alarmantes no tenían que ver con una mala conducta sexual. Observé que, aunque era posible solucionar algunos de los síntomas que presentaba modificando sus respuestas hiperactivas al estrés, esto no eliminaría su memoria. Empecé a intuir que lo que necesitaba comprender para conseguir avanzar en mi propósito era la memoria.

Así pues, ¿qué es realmente la memoria? La mayoría de nosotros pensamos en ella en relación a nombres, caras, números de teléfono..., pero es mucho más que eso. Se trata de una propiedad básica de los sistemas biológicos. La memoria es la capacidad de seguir adelante arrastrando ciertos aspectos de la experiencia. Incluso los músculos tienen memoria, algo que puede apreciarse con los cambios que se producen en ellos como resultado del ejercicio. No obstante, y más importante aún, la memoria es lo que el cerebro hace, el modo en que nos forma, y permite que nuestro pasado ayude a determinar nuestro futuro. En gran medida, el cerebro nos convierte en quienes somos y, en el caso de Tina, el recuerdo de los abusos sexuales era gran parte de lo que se interponía en su camino.

La precocidad de Tina y sus interacciones hipersexualizadas con los hombres claramente tenían su origen en el abuso. Empecé a considerar la memoria y el modo en que el cerebro crea «asociaciones» cuando dos pautas de actividad neuronal ocurren de manera simultánea y repetitiva. Por ejemplo, si la actividad neuronal producida por la imagen visual de un camión de bomberos y la producida por el sonido de una sirena suceden al mismo tiempo repetidas veces, estas redes neuronales (relativas al sonido y a la visión) que antes eran independientes crearán conexiones sinápticas, convirtiéndose así en una red única e interconectada. Una vez creado este nuevo conjunto de conexiones entre los circuitos visuales y auditivos, solo con estimular una parte de la red (por ejemplo, oír la sirena) se podrá activar la parte visual de la misma, y la persona visualizará un camión de bomberos de forma casi mecánica.

Esta poderosa propiedad asociativa es una característica universal del cerebro. Es mediante la asociación como entrelazamos todas las señales sensoriales que recibimos —sonido, vista, tacto y olor— para crear a la persona, lugar, cosa y acción completas. La asociación permite y sustenta tanto el lenguaje como la memoria.

Por supuesto, nuestra memoria consciente está repleta de lapsos, lo que en realidad son buenas noticias. Nuestro cerebro ignora lo ordinario y previsible, y esto es absolutamente necesario para ser capaces de funcionar. Por ejemplo, al conducir, automáticamente confías en tus experiencias previas con coches y carreteras; si tuvieras que centrarte en cada pieza de información recibida por los sentidos, te sentirías tan abrumado que probablemente acabarías estrellándote. De hecho, a medida que vamos aprendiendo, nuestro cerebro comprueba constantemente las experiencias actuales con las plantillas almacenadas —la memoria, esencialmente— de situaciones y sensaciones similares previas, y se pregunta: «¿Es esto nuevo?» y «¿es necesario prestar atención a esto?».

De modo que, mientras avanzas por la carretera, el sistema motor vestibular del cerebro te está diciendo que te encuentras en una cierta posición. Pero tu cerebro seguramente no esté creando nuevas memorias sobre ello. Tiene almacenadas experiencias anteriores de ir sentado en coche, y no es necesario modificar el patrón de actividad neuronal asociada a ello. No hay nada nuevo. Es una situación en la que ya has estado otras veces y por tanto te resulta familiar. También es la razón por la que eres capaz de conducir extensos tramos de carreteras con las que estás familiarizado sin recordar casi nada de lo que has hecho durante el trayecto.

Esto es importante porque toda esta experiencia previamente almacenada ha fijado las redes neuronales, el «patrón» de la memoria que ahora utilizas para dar sentido a cualquier tipo de información nueva entrante. Estas plantillas se forman en todo el cerebro en muchos niveles diferentes, y como la información se recibe en primer lugar en las áreas más primitivas e inferiores, muchos de estos niveles ni siquiera son accesibles para la percepción consciente. Por ejemplo, cuando era más pequeña, con casi total seguridad Tina no era consciente del patrón que guiaba sus interacciones con los hombres y que moldeó su conducta conmigo la primera vez que nos vimos. Además, probablemente todos hemos experimentado el acto reflejo de saltar físicamente antes incluso de saber el motivo de nuestra alarma. Esto sucede porque los sistemas de respuesta al estrés de nuestro cerebro contienen información sobre posibles amenazas y están preparados para actuar lo más rápido posible, lo que a menudo significa antes de que la corteza cerebral pueda considerar cómo proceder al respecto. Si, al igual que Tina, hemos tenido experiencias altamente estresantes, los recuerdos de esas situaciones pueden ser igual de intensos y provocar reacciones asimismo impulsadas por procesos inconscientes.

Esto también significa que el impacto de las experiencias tempranas será necesariamente superior al de otras más tardías. El cerebro trata de dar sentido al mundo buscando patrones. Cuando enlaza patrones consistentes y coherentes, los etiqueta como «normales» o «previsibles» y deja de prestar atención consciente. Por ejemplo, la primera vez que siendo un bebé te colocaron en posición sentada, prestaste atención a las sensaciones novedosas que emanaron desde tus nalgas. Tu cerebro aprendió a detectar la presión asociada a sentarse con normalidad, empezaste a identificar la manera de balancear tu peso para sentarte derecho a través del sistema motor vestibular y, con el tiempo, aprendiste a sentarte. Ahora, cada vez que te sientas, a menos que se trate de una posición incómoda o que el asiento tenga una textura o forma inusuales o sufras algún tipo de trastorno del equilibrio, la atención que prestas a estar derecho o a la presión del asiento en tu parte posterior es mínima. Cuando conduces, rara vez atiendes al hecho de estar sentado.

Cuando examinas la carretera lo que haces es buscar novedades, cosas que estén fuera de lugar, como un camión avanzando disparado carretera abajo en sentido contrario. Precisamente por eso nos deshacemos de aquellas percepciones que consideramos normales: para ser capaces de reaccionar rápidamente ante situaciones aberrantes que requieren atención inmediata. Los sistemas neuronales han evolucionado para ser especialmente sensibles a la novedad, puesto que las experiencias nuevas generalmente indican, o bien peligro, o bien oportunidad.

Por tanto, una de las características más importantes tanto de la memoria como del tejido nervioso y del desarrollo es que todos sufren modificaciones como resultado de la acción de actividades repetitivas y pautadas. Los sistemas del cerebro que reciben actividad repetida presentarán alteraciones, mientras que los sistemas del cerebro que no se activen permanecerán igual. Este tipo de desarrollo supeditado al uso es una de las propiedades más importantes del tejido neuronal. A pesar de lo sencillo que este concepto puede parecer a simple vista, tiene implicaciones enormes y de gran envergadura.

Llegué a estar convencido de que comprender este concepto era la clave para entender a niños que, como Tina, habían desarrollado un conjunto desafortunado de asociaciones después de haber sufrido abusos sexuales a una edad tan temprana. Sus primeras experiencias con los hombres y con el chico adolescente que había abusado de ella habían sido las que habían moldeado su concepción de lo que eran los hombres y cómo debía interaccionar con ellos; son nuestras diversas experiencias con aquellos que nos rodean en las primeras etapas de la vida las que dan forma a todas nuestras visiones del mundo. Debido a la inmensa cantidad de información a la que debe hacer frente el cerebro diariamente, debemos usar estos patrones para predecir cómo es el mundo. Si nuestras experiencias tempranas son aberrantes, estas predicciones podrán guiar nuestra conducta de manera disfuncional. En el mundo de Tina, los hombres mayores que ella eran criaturas aterradoras y exigentes que se dedicaban a forzarla tanto a ella como a su madre a mantener relaciones sexuales. El olor, la visión y los sonidos asociados a ellos se juntaban formando un conjunto de «patrones de memoria» que ella empleaba para entender el mundo.

De ahí que, la primera vez que entró en mi despacho, donde no había nadie más que un hombre adulto, fue perfectamente natural para ella asumir que yo también esperaba sexo. Cuando en el colegio se exhibía o trataba de hacer que otros niños participaran en juegos sexuales, lo que hacía era mostrar el comportamiento que ella conocía. No era algo que Tina pensara de forma consciente, sino simplemente un conjunto de comportamientos que formaban parte de sus asociaciones tóxicas, de sus patrones retorcidos sobre la sexualidad.

Desafortunadamente, con tan solo una hora de terapia a la semana era casi imposible deshacer aquel conjunto de asociaciones. Por mucho que yo expusiera para ella la conducta de un tipo de hombre adulto distinto a los que ella había conocido, que le pudiera mostrar que había situaciones en las que la actividad sexual no resultaba apropiada y la ayudara a aprender a resistir los impulsos, con tan poco tiempo no podía reemplazar el patrón que se había grabado a fuego en el tejido fresco de su joven cerebro, el cual había sido devastado por experiencias tempranas repetitivas y pautadas. Iba a necesitar integrar en mis tratamientos mucha más información sobre el funcionamiento del cerebro humano, sobre cómo cambia y los sistemas que interactúan en este aprendizaje antes de poder ayudar mejor a pacientes como Tina, pacientes cuyas vidas y recuerdos habían sido dañados de diferentes maneras por episodios traumáticos en las primeras etapas de la vida.

02

Por tu propio bien

—Necesito tu ayuda.

La persona que me llamaba, Stan Walker,* era abogado de la Oficina de Defensa Pública del condado de Cook (Illinois). Por aquel entonces yo ya había finalizado mi formación en psiquiatría infantil y era profesor adjunto en la Universidad de Chicago, en cuya clínica aún trabajaba y donde dirigía un laboratorio. Era 1990.

—Acaban de adjudicarme un caso que está programado para ir a juicio la semana que viene —me dijo a la vez que me informaba de que se trataba de un homicidio. Una niña de tres años llamada Sandy había sido testigo del asesinato de su propia madre. En ese momento, casi un año después, la fiscalía quería que testificara en el juicio—. Me preocupa que pueda ser demasiado abrumador para ella —admitió Stan, y me preguntó si podía ayudar a prepararla para el tribunal.

«¿Demasiado abrumador? —pensé sarcásticamente para mis adentros—, ¿tú crees?».

Stan era un defensor *ad litem*, un abogado designado por el tribunal para representar a los niños en el sistema legal. En el condado de Cook (donde se encuentra Chicago), la Oficina de Defensa Pública cuenta con un personal permanente para representar a los niños en el sistema del Servicio de Protección Infantil (SPI). En casi todo el resto de comunidades, lo habitual es que desempeñe este papel un abogado designado que puede tener o no experiencia y formación en derecho infantil. El condado de Cook creó puestos a jornada completa con la noble esperanza de que si los abogados se dedicaban exclusivamente a trabajar en sus casos, desarrollarían experiencia con niños, aprenderían sobre malos tratos y, por consiguiente, servirían mejor a aquellos a quienes representaban. Por desgracia, al igual que todos los demás componentes del sistema de protección infantil, el volumen de casos era abrumador y la oficina no disponía de los fondos económicos necesarios.

—¿Quién es su terapeuta? —pregunté. Pensaba que alguien con quien la niña estuviera acostumbrada a tratar estaría mucho mejor capacitado para ayudar a prepararla.

—No tiene ninguno —contestó. Al oír aquello empecé a preocuparme.

—¿No tiene terapeuta? ¿Dónde vive?

—La verdad es que no lo sabemos. Vive en un hogar de acogida, pero el fiscal y el Departamento de Servicios Sociales mantienen su ubicación en secreto porque ha recibido amenazas de muerte. La niña conocía al sospechoso y fue ella quien lo identificó para la policía. El hombre pertenece a una banda y su vida corre peligro.

El asunto se ponía cada vez peor.

—¿Fue capaz de identificar de forma creíble a un sospechoso con solo tres años? —pregunté. Sabía que en los tribunales el testimonio de testigos presenciales podía cuestionarse con facilidad a causa de las propiedades de la memoria narrativa que tratamos en el capítulo anterior, en especial los lapsos y la forma en que la memoria tiende a «rellenar» lo «esperado». ¿Qué pensarían de una niña de cuatro años que recordaba un acontecimiento que había ocurrido cuando tenía tres? Si los fiscales no recibían ayuda, un buen abogado defensor fácilmente haría que el testimonio de Sandy no resultara nada fiable.

—El caso es que lo conocía —me explicó Stan—, no solo dijo espontáneamente que lo había hecho él, sino que después lo identificó durante un reconocimiento fotográfico.

Le pregunté si había algún tipo de evidencia adicional, porque pensaba que quizá el testimonio de la niña ni siquiera podía ser necesario. Si había suficiente evidencia de otra índole, existía la posibilidad de convencer al fiscal de que testificar constituía un riesgo demasiado grande que podría traumatizar aún más a la pequeña.

Stan confirmó la existencia de otras evidencias. De hecho, numerosos tipos de evidencia física situaban al autor en el lugar de los hechos. Los investigadores habían encontrado sangre de la madre de la niña en la ropa del acusado. A pesar de haber huido del país después de haber cometido el crimen, cuando lo apresaron todavía tenía sangre en los zapatos.

—¿Y por qué se supone que debe testificar Sandy?

Ya empezaba a sentirme emplazado a ayudar a aquella niña.

—Es una de las cosas que estamos tratando de solucionar. Confiamos en que sea posible posponer el caso hasta que, o bien consigamos su testimonio mediante circuito cerrado de televisión, o bien podamos asegurarnos de que está preparada para testificar delante del tribunal.

Acto seguido empezó a describir los detalles del asesinato, de la hospitalización de la niña por las heridas recibidas durante el crimen y de sus hogares de acogida subsiguientes.

Mientras le escuchaba, me debatía entre si debía involucrarme o no. Como era habitual, estaba desbordado de trabajo. Además, los juicios me incomodan y odio a los abogados. Pero cuanto más sabía sobre el asunto, menos me entraba en la cabeza. Las personas que se suponía que debían ayudar a aquella niña —desde el Departamento de Servicios Sociales al sistema judicial— no parecían tener ni la más remota idea de los efectos del trauma en los niños. Empecé a sentir que se merecía contar por lo menos con una persona que sí supiera lo que estaba en juego.

—Déjame ver si lo he entendido bien —empecé—. Una niña de tres años presencia cómo violan y después matan a su madre. A ella misma le hacen cortes en el cuello y la dan por muerta. Se queda sola en su casa junto al cuerpo sin vida de su madre durante once horas. Después la llevan al hospital, donde le curan las heridas que tiene en el cuello. En el hospital, los médicos recomiendan someterla a tratamientos y evaluaciones continuas de salud mental, pero, una vez le dan el alta, la envían a una casa de acogida bajo tutela estatal. Los SPI que se ocupan de su caso no consideran que necesite la ayuda de un profesional de la salud mental, de modo que, a pesar de las recomendaciones de los doctores, no recibe ninguna clase de ayuda. Durante nueve meses, la niña va de una casa de acogida a otra sin recibir en ningún momento cuidados terapéuticos o psiquiátricos, y nunca se comparten los detalles de sus experiencias con las familias de acogida porque la niña debe permanecer escondida. ¿Es así?

—Sí, supongo que todo eso es cierto —repuso al notar la obvia frustración de mi voz y lo terrible del caso tras haber descrito la situación sin rodeos.

—¿Y de repente sois conscientes de lo que pasa diez días antes de la fecha prevista para que se celebre el juicio por asesinato?

—Eso es —reconoció avergonzado.

—¿Cuándo se le notificó este caso a tu oficina? —exigí.

—Lo cierto es que abrimos el caso justo después de que se produjera el crimen.

—¿Y a nadie se le pasó por la cabeza asegurarse de que recibía algún tipo de apoyo a la salud mental?

—Habitualmente lo que hacemos es revisar los casos a medida que se acerca el momento de la comparecencia. Tenemos cientos de casos como este.

Esta información no me sorprendió en absoluto. Los sistemas públicos que trabajan con niños y familias en alto riesgo se encuentran sobresaturados. Curiosamente, durante mis años de formación clínica en salud mental infantil no recibí más que una pequeña introducción al sistema de protección infantil o a los sistemas judiciales de educación especial y juvenil, a pesar de que más del 30 por ciento de los niños que llegaban a nuestras clínicas procedían de uno o más de estos sistemas. La compartimentación de los servicios, la formación y los puntos de vista clamaban al cielo. Además, cada vez era más consciente de lo destructivo que todo esto podía ser para los niños.

—¿Cuándo y dónde puedo verla? —quise saber. No podía evitarlo. Accedí a conocer a Sandy en una oficina en los tribunales al día siguiente.

La verdad es que la llamada de Stan en parte me sorprendió, que me pidiera ayuda precisamente a *mí*. A comienzos de ese mismo año me había enviado una orden de «cese y desista». En cuatro grandes párrafos me decía que debía proporcionar de forma inmediata una justificación para el uso de un medicamento llamado clonidina empleado para «controlar» a los niños en un centro de tratamiento residencial donde yo pasaba consulta. Dirigía los servicios psiquiátricos para los niños del centro. La carta decía que, si no era capaz de explicar qué me traía entre manos, debía detener aquel tratamiento «experimental» inmediatamente. Estaba firmada por Stan Walker en su capacidad oficial como abogado de la Oficina de Defensa Pública.

Después de recibir la carta de Stan, me puse en contacto con él para explicarle por qué utilizaba aquella medicación y por qué creía que dejar de hacerlo sería un error. Los niños del centro residencial se encontraban entre los casos más difíciles de todo el estado. Más de cien chicos habían llegado a aquel programa tras «fracasar» en diversos hogares de acogida debido a graves problemas de comportamiento y psiquiátricos. Aunque el centro aceptaba a chicos de entre siete y diecisiete años, el niño medio tenía diez años y había pasado por diez «hogares», lo que significa que para la mayoría de ellos no menos de diez padres sustitutos los habían considerado incontrolables. Fáciles de provocar y abrumar pero muy difíciles de calmar, estos niños habían supuesto un problema para cada uno de los cuidadores, terapeutas y profesores que habían tenido. En último término, los expulsaban de los hogares de acogida, de los centros de cuidados infantiles y en ocasiones incluso de la terapia. La última parada era aquel centro.

Después de revisar los informes de unos doscientos chicos que en ese momento vivían en el centro o que habían residido allí con anterioridad, descubrí que todos y cada uno de ellos, sin excepción, habían sufrido terribles traumas o abusos. La inmensa mayoría habían tenido al menos seis experiencias traumáticas graves. Todos esos niños habían nacido y crecido en situaciones de caos, amenazas y traumas. Habían sido criados en el terror.

Todos ellos habían sido evaluados en múltiples ocasiones, tanto antes como durante su estancia en el centro. A cada uno le habían adjudicado decenas de etiquetas diagnósticas diferentes del DSM, principalmente trastorno por déficit de atención o hiperactividad, trastorno negativista desafiante y trastorno de conducta, exactamente lo mismo que le había pasado a Tina. Sin embargo, resulta chocante que se considerara que muy pocos de estos niños estuvieran «traumatizados» o «estresados»; su trauma no se veía como algo relevante a la hora de elaborar un diagnóstico, igual que en el caso de Tina. A pesar de las largas historias familiares de violencia doméstica, de relaciones familiares que habían sufrido repetidas interrupciones y que a menudo incluían la pérdida de progenitores tras una muerte o enfermedad violentas, de los abusos sexuales y de otros acontecimientos arrolladoramente angustiosos, eran muy pocos los que contaban con un diagnóstico de trastorno por estrés postraumático (TEPT). El TEPT ni siquiera aparecía en el «diagnóstico diferencial», una lista incluida en el informe de caso de los posibles diagnósticos alternativos con síntomas similares que cualquier médico considera y después descarta.

En aquella época, el trastorno por estrés postraumático era un concepto relativamente nuevo; había sido introducido en el sistema diagnóstico DSM en 1980 para describir un síndrome encontrado en veteranos de Vietnam que, al regresar de sus periodos de servicio, a menudo experimentaban ansiedad, problemas de sueño y el recuerdo intrusivo y perturbador de escenas pasadas que tuvieron lugar durante la guerra. Frecuentemente se mostraban nerviosos y algunos respondían con exagerada agresividad a la más mínima señal amenazante. Muchos sufrían terribles pesadillas y reaccionaban a los sonidos fuertes igual que si fueran disparos y ellos aún estuvieran en las selvas del Sudeste Asiático.

Durante mis estudios de psiquiatría general, trabajé con veteranos que habían desarrollado el TEPT. Incluso por aquel entonces, muchos psiquiatras comenzaban a reconocer su prevalencia en adultos que habían sufrido experiencias traumáticas de otros tipos, como violaciones y desastres naturales. Lo que más me llamaba la atención era que, aunque las experiencias que habían marcado a personas adultas con TEPT eran con frecuencia relativamente breves (generalmente duraban unas cuantas horas como mucho), su impacto todavía era visible en su conducta pasados años e incluso décadas. Me recordaba a lo que Seymour

Levine había descubierto con las crías de rata: pocos minutos de estrés eran capaces de modificar el cerebro de por vida. ¡Cuánto más poderoso debía de ser realmente el impacto de una experiencia traumática para un niño!

Más tarde, como residente general en psiquiatría, estudié diversos aspectos de los sistemas de respuesta al estrés en veteranos con TEPT. Mi trabajo, junto al de otros investigadores, me llevó a descubrir que los sistemas de respuesta al estrés eran hiperactivos, lo que los científicos conocen como «sensibilizados». Esto significa que cuando se veían expuestos a agentes estresantes leves, sus sistemas reaccionaban como si se enfrentaran a un gran peligro. En algunos casos, los sistemas cerebrales asociados a la respuesta al estrés se volvían tan activos que terminaban desgastados y perdían la capacidad de regular el resto de funciones en las que normalmente mediaban. El resultado de esto era que la capacidad del cerebro para regular los estados de ánimo, las interacciones sociales y la cognición abstracta también se veía comprometida.

En aquel momento, yo trabajaba con los chicos del centro y seguía estudiando en el laboratorio el desarrollo de los sistemas de neurotransmisión relacionados con el estrés. Mis investigaciones no se centraban únicamente en el estudio de la adrenalina y la noradrenalina, sino en la exploración de otros sistemas relacionados: aquellos que empleaban serotonina, dopamina y opioides endógenos, comúnmente conocidos como encefalinas y endorfinas. Probablemente la serotonina es más conocida como el lugar de acción de medicamentos antidepresivos como Prozac o Zoloft; la dopamina se conoce como químico implicado en el placer, la motivación y el «venirse arriba» que se encuentra en drogas como la cocaína y las anfetaminas; los opioides endógenos son los analgésicos naturales del cerebro y se ven afectados por la heroína, la morfina y otras drogas similares. Todos estos químicos desempeñan un papel fundamental en la respuesta al estrés: la adrenalina y la noradrenalina preparan al cuerpo para la lucha o la huida; la serotonina proporciona una sensación de competencia y fortaleza para alcanzar objetivos; no resulta igual de sencillo caracterizar la acción de la serotonina, mientras que se sabe que los opioides contribuyen a calmar, relajar y reducir el dolor que pueda haber estado implicado en las respuestas al estrés y al peligro.

Después de reconocer que los síntomas de Tina relacionados con la atención y la impulsividad estaban vinculados con un sistema de estrés hiperexcitado, comencé a pensar que la medicación capaz de calmar el sistema de estrés podría ayudar a otros como ella. La clonidina, un medicamento antiguo y generalmente seguro llevaba tiempo empleándose en el tratamiento de personas cuya presión sanguínea acostumbraba a ser normal, pero se disparaba hasta alcanzar niveles de hipertensión en momentos de estrés. La clonidina ayudaba a «bajar el ritmo» de esta reacción. Un estudio preliminar realizado con veteranos de combate en el que se utilizó esta medicación había mostrado que también contribuía a disminuir los síntomas de hiperexcitación relacionados con el TEPT. De este modo, al saber que los síntomas que muchos de los niños del centro de tratamiento residencial exhibían eran coherentes con un sistema de estrés hiperactivo y altamente reactivo, decidí probar la clonidina con ellos, tras obtener el consentimiento de sus guardianes y tutores.

Para muchos de ellos funcionó. Al cabo de varias semanas después de empezar a tomar la medicación, el ritmo cardiaco en reposo de los chicos se había normalizado y experimentaron mejoras en el sueño. Su atención pasó a estar más centrada y disminuyó la impulsividad. Aún más, mejoraron sus calificaciones escolares, así como las interacciones sociales entre unos y otros. Para mí, desde luego, esto no fue ninguna sorpresa. Al haber reducido los niveles de hiperactividad de sus sistemas de respuesta al estrés, la medicación no permitía que las señales de peligro distrajeran tanto a los chicos. Esto ayudó a que prestaran una mayor atención tanto al material académico como a las señales sociales normales, lo que posibilitaba una mejora en las tareas escolares y en las habilidades interpersonales (ver Figura 3 del Apéndice para obtener detalles adicionales).

Todo esto era lo que le había explicado a Stan Walker al recibir aquella orden de «cese y desista» y, para mi sorpresa, retiró sus objeciones y me pidió que le enviara más información sobre el efecto del trauma en los niños. Por desgracia, en aquel momento no había muchas publicaciones sobre este asunto. Le envié algunos de los primeros informes que aparecieron sobre el tema y parte de mis propios escritos al respecto. No había vuelto a saber de él hasta aquella llamada.

Al día siguiente, mientras me preparaba para conocer a Sandy, traté de imaginarme el crimen que había presenciado desde su perspectiva. Nueve meses antes, la habían encontrado cubierta de sangre, tendida sobre el cuerpo asesinado y desnudo de su madre, llorando y diciendo cosas incoherentes. Todavía no había cumplido cuatro años. ¿Cómo habría sido capaz de vivir día tras día con todas aquellas imágenes en la cabeza? ¿Cómo podría prepararla para testificar y para el careo que supondría el examen de testigos, una experiencia intimidatoria incluso para un adulto? ¿Cómo sería ella?

También me preguntaba cómo habría sobrevivido psicológicamente. ¿Cómo la habría protegido su mente de aquellas experiencias traumáticas? ¿Y cómo no se había dado cuenta ninguna persona razonable, y no digamos alguien capacitado para tratar con niños con problemas, de que después de pasar por algo así iba a necesitar ayuda?

Lamentablemente, la opinión predominante de aquel entonces en cuanto a niños y trauma —que en gran medida aún persiste en la actualidad— es la de que «los niños son resistentes». Recuerdo que por aquel entonces visité la escena de un asesinato con un compañero que había puesto en marcha un equipo especializado en traumas para ayudar a las personas que se encargaban de la primera respuesta en situaciones de emergencia, como asesinatos o accidentes. La policía, los paramédicos y los bomberos muchas veces se encuentran con panoramas terribles de muertes, mutilaciones y devastación, que pueden llegar a dejar secuelas espantosas. Mi compañero con razón estaba orgulloso de los servicios que había implementado para ayudar a estos profesionales. De camino a la casa donde la sangre de la víctima todavía empapaba el sofá y había salpicado las paredes, vi a tres niños pequeños que parecían zombis acurrucados en un rincón.

—¿Qué pasa con los niños? —pregunté mientras señalaba con la cabeza a los tres testigos manchados de sangre. Mi compañero les echó un vistazo, se quedó pensativo durante unos instantes y respondió: «Los niños son resistentes. Estarán bien». Yo, que por aquel entonces todavía era joven y respetaba las opiniones de los mayores, me limité a afirmar con la cabeza como si aceptara su sabiduría, pero por dentro estaba gritando.

Los niños son, en todo caso, más vulnerables al trauma que los adultos; lo sabía gracias al trabajo de Seymour Levine y al de decenas de otros que ya habían investigado sobre el tema. Los niños se hacen resistentes, no nacen así. Un cerebro en desarrollo es más maleable y más sensible a las experiencias, tanto buenas como malas, en las primeras etapas de la vida. Por este motivo durante la infancia somos capaces de aprender con tanta facilidad y rapidez un idioma, matices sociales, habilidades motrices y muchas otras cosas, y de ahí que se hable de experiencias «formativas». Que los niños se vuelvan resistentes responde a los patrones de estrés y crianza que experimentan desde una edad temprana, lo que será objeto de un análisis más detallado más adelante en este libro. Por consiguiente, del mismo modo, un trauma puede transformarnos fácil y rápidamente cuando somos pequeños. Por desgracia, aunque para aquellos que no estén entrenados los efectos no siempre sean visibles, cuando sabes lo que el trauma es capaz de provocar en los niños, empiezas a ver sus consecuencias por todas partes.

En aquella época, mi laboratorio se dedicaba a estudiar los mecanismos neurobiológicos, mecanismos que yo sabía que estaban relacionados con la resistencia y la vulnerabilidad frente al estrés. Estábamos investigando un efecto curioso pero importante de ciertas drogas que estimulaban los sistemas que yo había estudiado en el cerebro. Estos efectos se conocen como sensibilización y tolerancia y tienen profundas implicaciones en la comprensión de la mente humana y su reacción al trauma.

En la sensibilización, un patrón de estímulos conduce a un aumento de la sensibilidad a estímulos similares futuros. Esto es lo que se apreciaba en veteranos de la guerra de Vietnam y en las ratas que eran genéticamente hipersensibles al estrés o que se volvieron así a causa de una temprana exposición al mismo. Cuando el cerebro se sensibiliza, incluso factores estresantes leves pueden provocar respuestas de gran alcance. La tolerancia, por el contrario, muta nuestra respuesta a una experiencia determinada conforme pasa el tiempo. Ambos factores son importantes para el funcionamiento de la memoria: si no nos volviéramos tolerantes a las experiencias conocidas, siempre nos resultarían nuevas y potencialmente abrumadoras. El cerebro probablemente se quedaría sin capacidad de almacenaje, como un ordenador viejo. De manera similar, si no nos volviéramos cada vez más sensibles a ciertas cosas, no seríamos capaces de mejorar el modo de responder ante ellas.

Curiosamente, es posible alcanzar ambos efectos con la misma cantidad de la misma droga, pero, en cambio, si la modalidad del consumo de droga fuese diferente, los resultados serían completamente opuestos. Por ejemplo, si una rata, o un ser humano, recibe con frecuencia una dosis pequeña de drogas como cocaína o heroína, que actúan en los sistemas de dopamina y en los sistemas de opioides, las drogas perderían su «fuerza». Esto es parte de lo que sucede durante la adicción: el adicto se vuelve tolerante, de modo que son necesarias mayores dosis de la droga para conseguir estar igual de «colocado». Al contrario, si le das a un animal la misma cantidad diaria de droga pero en dosis largas y no frecuentes, lo que en realidad hace la droga es «ganar» fuerza. En dos semanas, una dosis capaz de provocar una reacción moderada un día, puede llegar a causar una reacción excesiva, profunda y prolongada a los catorce días. En algunos casos, la sensibilización a una droga puede provocar convulsiones e incluso la muerte, un fenómeno al que se podrían atribuir sobredosis de drogas que de otro modo resultarían inexplicables. Tristemente para los adictos, su ansiedad por la droga tiende a producir patrones de uso que pueden causar tolerancia, no sensibilización al «venirse arriba» que tanto desean, mientras que simultáneamente produce sensibilización a ciertos efectos indeseados, como la paranoia asociada al consumo de cocaína.

Y, lo que es más importante para nuestros propósitos, la resistencia o vulnerabilidad al estrés depende de la tolerancia o sensibilización del sistema neurológico de la persona. Estos efectos también pueden ayudar a explicar con más detalle la diferencia entre trauma y estrés, algo que es importante comprender a la hora de analizar a niños como Tina y Sandy. Por ejemplo, «o lo usas o lo pierdes» es algo que estamos acostumbrados a oír en el gimnasio, y con un buen motivo. Los músculos que permanecen inactivos se debilitan, mientras que los activos se fortalecen. Este principio se denomina «uso-dependiente». De manera similar, cuanto más se activa un sistema en el cerebro, más conexiones sinápticas construirá —o mantendrá— ese sistema.

Los cambios —una especie de memoria— en los músculos suceden porque cierta actividad repetitiva y pautada envía una señal a las células musculares para avisarlas de que «van a trabajar a este nivel», e inmediatamente realizan los cambios moleculares necesarios que permiten realizar dicho trabajo con facilidad. Aun así, para poder modificar el músculo, las repeticiones deben ser pautadas. Levantar pesas de doce kilos treinta veces en tres series muy seguidas refuerza nuestros músculos. Sin embargo, si levantas doce kilos treinta veces a intervalos aleatorios a lo largo del día, la señal que el músculo recibe es inconsistente, caótica e insuficiente para hacer que las células musculares ganen fuerza. Sin un patrón, la misma cantidad de repeticiones y el mismo peso producirán un resultado mucho menos efectivo. Para crear una «memoria» efectiva y aumentar la fuerza, la experiencia ha de ser pautada y repetitiva.

Y lo mismo sucede con las neuronas, los sistemas neurológicos y el cerebro: los patrones de experiencia importan. En términos de célula a célula, ningún otro tejido es más apto para cambiar como respuesta a señales pautadas y repetitivas. En efecto, las neuronas están diseñadas para hacer justamente eso. Este regalo molecular es lo que posibilita que exista la memoria. Produce las conexiones sinápticas que nos permiten comer, escribir, hacer el amor, jugar al baloncesto y todo lo que el ser humano es capaz de hacer. El cerebro funciona gracias a esta intrincada red de interconexiones.

No obstante, al obligar a trabajar ya sea a los músculos o al cerebro, los «estresamos». Los sistemas biológicos se encuentran en equilibrio. Para funcionar, deben mantenerse dentro de un rango limitado apropiado a la actividad en curso, y el encargado de mantener este equilibrio es el cerebro. La experiencia misma es un factor estresante; el impacto que tiene en el sistema es el estrés. Esto quiere decir que, si te deshidratas mientras haces ejercicio, por ejemplo, el estrés te hará tener sed porque tu cerebro estará tratando de conducirte a reponer los fluidos naturales. De un modo parecido, cuando un niño aprende una nueva palabra, se aplica un leve estrés sobre la corteza cerebral, y esto requiere una estimulación repetitiva para crear una memoria precisa. Sin el estrés, el sistema no sabría si hay algo nuevo que requiere nuestra atención. En otras palabras, el estrés no siempre es negativo.

De hecho, cuando se produce de forma pautada, predecible y moderada, es el estrés lo que permite que un sistema sea más fuerte y más capaz desde un punto de vista operativo. De ahí que los músculos más fuertes en el presente sean aquellos que soportaron un estrés moderado en el pasado. Y lo mismo sucede con los sistemas de respuesta al estrés del cerebro. A través de desafíos predecibles y moderados, nuestros sistemas de respuesta al estrés se activan de forma moderada. Esto posibilita una capacidad de respuesta al estrés flexible y resistente. El sistema de respuesta al estrés más fuerte en el presente es aquel que soportó un estrés pautado y moderado en el pasado.

Sin embargo, esto no es todo. Si en tu primera visita al gimnasio tratas de levantar pesas de 90 kilos, ni siquiera aunque fueras capaz de hacerlo conseguirías fortalecer tus músculos, sino que se desgarrarían y te harías daño. El patrón y la intensidad de la experiencia importan. Al sobrecargar un sistema, es decir, si trabaja por encima de su capacidad, podemos causar un deterioro, desorganización y disfunción profundos tanto al hacer trabajar demasiado a los músculos de la espalda como al enfrentar a los circuitos cerebrales de respuesta al estrés a una situación de estrés traumático.

Esto también significa que, como resultado del efecto fortalecedor de las experiencias pautadas y moderadas previas, lo que para algunos podría ser estrés traumático, a otros les podría resultar trivial. De la misma manera que un culturista puede levantar pesos que las personas desentrenadas ni siquiera serían capaces de mover, algunos cerebros pueden hacer frente a acontecimientos traumáticos que paralizarían a otros. El contexto, el momento oportuno o no y la respuesta de los demás tienen una profunda importancia. La muerte de un progenitor es mucho más traumática para el hijo de dos años de una madre soltera que para un hombre casado de cincuenta años con hijos propios.

En el caso de Tina y en el de los chicos del centro, su experiencia de estrés fue más allá de la capacidad de afrontamiento que sus jóvenes sistemas poseían. En vez de una activación fortalecedora, predecible y moderada de sus sistemas de respuesta al estrés, las experiencias que habían sufrido fueron extremas, prolongadas e impredecibles, capaces de marcar profundamente sus vidas. Estaba convencido de que todo esto era aplicable a la experiencia de Sandy.

Antes de conocerla, intenté conseguir todos los informes e historiales disponibles sobre ella. Hablé con la familia que la tenía acogida en aquel momento, con su nuevo trabajador social y, por último, con miembros de su familia. Averigüé que tenía profundos problemas de sueño, que presentaba un cuadro de ansiedad generalizada y que sufría una respuesta de sobresalto intensificada. Igual que sucedía con los veteranos de Vietnam con los que había trabajado, le asustaba el más mínimo ruido inesperado. También era propensa a episodios de soñar despierta durante los cuales era extraordinariamente difícil «sacarla de allí». Era tan difícil llegar hasta ella que, si un doctor la hubiese examinado sin conocer su historial, podría haberle diagnosticado crisis de ausencia o una forma de epilepsia conocida como *petit mal*.

También descubrí que en ocasiones tenía ataques de agresividad o rabietas terribles. Su familia de acogida no conseguía encontrar ningún patrón que explicara esta clase de conducta, desconocían el motivo preciso que la desencadenaba. En cambio, sí fueron capaces de detallar otra clase de comportamientos «raros»: Sandy se negaba a usar cubiertos. Tenía miedo de los cuchillos, como era de esperar, pero también se negaba a beber leche o incluso a tener una botella de leche delante. Cada vez que sonaba el timbre, corría a esconderse como si fuera un gato asustadizo, y a veces lo hacía con tanta eficacia que sus padres sustitutos tardaban hasta veinte minutos en encontrarla. Otras veces la encontraban escondida debajo de una cama, un sofá o en el armario bajo el fregadero, llorando y sin dejar de mecerse.

Para que luego digan que los niños son resistentes. El simple hecho de que reaccionara con sobresaltos me decía a gritos que sus sistemas de respuesta al estrés estaban sensibilizados. Obligarle a testificar sin duda haría que volviera a introducirse de lleno en los dolorosos recuerdos de aquella noche espantosa. Necesitaba hacerme una idea de si sería capaz de tolerarlo o no. Aunque no quería, en algún momento durante mi visita inicial tendría que examinar su memoria para ver cuál era su reacción. Pero me consoló saber que un poco de dolor en un primer momento podría ayudar a protegerla de un tormento muy superior más tarde, e incluso podría ayudar a poner en marcha el proceso de curación.

La primera vez que vi a sandy fue en una pequeña habitación en el típico edificio gubernamental de aspecto aséptico. Estaba adaptada para niños, con muebles de tamaño infantil, juguetes, ceras de colores, libros para colorear y folios en blanco. A pesar de que habían pintado unos cuantos muñecos en las paredes, las baldosas del suelo y la estructura de hormigón a todas luces indicaba que se trataba de un espacio perteneciente al «sistema». Nada más entrar vi a Sandy sentada en el suelo con unas cuantas muñecas alrededor. Estaba coloreando con ceras. Lo primero que me llamó la atención, igual que me pasó la primera vez que vi a Tina, fue lo pequeña que era. Supuse que no debía de llegar ni al metro veinte de altura. Tenía unos enormes ojos marrones, el pelo castaño largo y rizado y cicatrices visibles a ambos lados del cuello, desde las orejas hasta la mitad de la garganta, aunque me parecieron menos llamativas de lo que me había imaginado; el trabajo de los cirujanos plásticos había sido magnífico. Entré acompañado de Stan y, al vernos, Sandy dejó de colorear y se quedó mirándome, completamente quieta.

Stan le explicó quién era yo:

—Sandy, este es el doctor que te dije que vendría a verte. Va a hablar contigo, ¿vale? —preguntó nervioso. Sandy no se movió ni un milímetro y su cara de desconfianza se mantuvo exacta. Por toda respuesta, Stan me miró a mí y luego volvió a mirarla a ella, esbozó una gran sonrisa y pronunció lo mejor que supo con voz alegre de profesor de guardería:

—De acuerdo. Bien. Bueno, yo me voy para que podáis hablar los dos.

Mientras salía por la puerta yo le miraba como si se hubiera vuelto loco. Su manera de obviar la falta de respuesta de Sandy me dejó muy sorprendido. Cuando volví a centrar mi atención en la niña, vi que su expresión seguía siendo la misma. Sacudí la cabeza, me encogí de hombros y sonreí con la boca pequeña. Y Sandy, como un espejo, hizo lo mismo.

¡Ajá! ¡Una conexión! Pensé que aquello era un buen comienzo. No dejes que se te escape. Sabía que si me acercaba a aquella niña tan pequeña —soy bastante grande—, su hipersensibilizada respuesta de alarma enloquecería. El entorno ya era lo bastante extraño —adultos que nunca antes había visto, lugar nuevo, situación nueva—, de modo que necesitaba que se mantuviera lo más relajada posible.

—Yo también quiero colorear —dije sin mirarla. Quería resultarle lo más predecible posible y que supiera que iba a ir paso a paso, sin movimientos bruscos. Pensé que necesitaba hacerme más pequeño, estar en el suelo a su misma altura. No podía mirarla de frente y tenía que moverme de forma pausada al colorear. Me senté en el suelo a varios metros de distancia y traté de que mi voz sonara lo más calmada y sosegada posible.

—Me encanta el rojo. Este coche va a ser rojo —anuncié, señalando el dibujo que aparecía en mi cuaderno para colorear.

Sandy estudió mi cara, mis manos y mis movimientos lentos. Solo prestaba atención a lo que yo decía en parte. Sus recelos estaban más que justificados. Me pasé un buen rato coloreando solo, diciendo en voz alta los colores que escogía, mostrándome todo lo relajado y amigable que podía sin tratar de parecer más simpático de la cuenta, que era lo que había hecho Stan para tratar de camuflar su ansiedad. Al cabo de un rato, fue Sandy la que rompió el ritmo que había entre nosotros acercándose un poquito a mí para indicarme en silencio qué colores en concreto debía utilizar. Yo hacía lo que me decía. Cuando vino hasta donde yo estaba, dejé de hablar y durante muchos minutos estuvimos coloreando juntos en silencio.

Todavía tenía que preguntarle qué era lo que había pasado, pero sentía que ella sabía que yo estaba allí precisamente para eso (y que ella sabía que yo sabía que ella lo sabía). Tarde o temprano, todos los adultos de su «nueva» vida, de una forma u otra hacían que volviera a recordar aquella noche.

—¿Qué le ha pasado a tu cuello? —le pregunté mientras señalaba las dos cicatrices. Ella hizo como si no me hubiera escuchado. No cambió de expresión ni tampoco la cadencia con la que coloreaba.

Le repetí la pregunta, y en ese momento se quedó muy quieta. Dejó de colorear y mantuvo la mirada perdida al frente, sin pestañear. Volví a preguntárselo. Ella cogió una cera y garabateó encima del dibujo que con tanto cuidado había estado pintando, pero no dijo nada.

Una vez más, volví a preguntarle. Odiaba tener que hacerlo. Sabía que la estaba empujando hacia unos recuerdos terriblemente dolorosos.

Sandy se puso de pie, agarró un conejo de peluche por las orejas y simuló que le cortaba el cuello con la cera. Al hacerlo, dijo: «Es por tu propio bien, colega». Lo repetía sin parar, como si fuera un disco rayado.

Lanzó el peluche al suelo, se fue corriendo hasta el radiador y empezó a subirse encima y a saltar una y otra vez haciendo caso omiso a mis advertencias de que tuviera cuidado. Temiendo que se hiciera daño, me puse de pie y la cogí en brazos una de las veces que saltó. Me abrazó con mucha fuerza. Permanecimos sentados unos cuantos minutos más. Su respiración frenética se volvió más lenta hasta que prácticamente cesó. Después, despacio y con una voz tan monótona como la de un robot, me habló de aquella noche.

Un conocido de su madre llegó al apartamento donde vivían. Llamó al timbre y su madre le dejó entrar.

—Mamá gritaba que el hombre malo le hacía daño. Decía que tenía que haberlo matado.

—Cuando salí de mi habitación, mamá estaba dormida en el suelo y luego él me cortó. Dijo: «Es por tu propio bien, colega».

El agresor le hizo dos cortes en la garganta. Sandy perdió el conocimiento de inmediato. Más tarde, volvió en sí y trató de «despertar» a su madre. Sacó una botella de leche de la nevera y sintió náuseas cuando intentó beberla. Se le salía por las rajas que tenía en el cuello. Quiso darle de beber a su madre, pero «no tenía sed», me explicó. Sandy estuvo once horas deambulando por la casa antes de que apareciera nadie. Un familiar, preocupado porque la madre no contestaba al teléfono, se acercó y descubrió la horrible escena del crimen.

Después de aquella conversación, estaba convencido de que testificar resultaría devastador para la niña. Necesitaba ayuda y, en caso de que no tuviera más remedio que testificar, más tiempo de preparación. El caso es que Stan hizo bien su trabajo y logró que el juicio se aplazara.

—¿Podrías encargarte tú de su terapia? —me pidió. Por supuesto. No podía decir que no.

Las imágenes que se me quedaron grabadas después de aquel encuentro fueron realmente impactantes: una niña de tres años con cortes en la garganta que lloraba e intentaba consolar y al mismo tiempo buscaba el consuelo del cuerpo desnudo, atado, lleno de sangre y, finalmente, frío de su madre. ¡Cuán indefensa, confusa y aterrorizada tuvo que sentirse! Sus síntomas —sus «ausencias», su modo evasivo de responder a mis preguntas, el hecho de esconderse, la especificidad de sus miedos…— eran defensas que su cerebro había construido para mantener el trauma a raya. La comprensión de aquellas defensas iba a ser crítica tanto para ayudar a Sandy como a otros niños que también hubieran sufrido graves traumas.

Incluso *in utero*, y después del nacimiento, a cada momento, cada día, nuestro cerebro procesa el conjunto interminable de señales procedentes de nuestros sentidos. Vista, oído, tacto, olfato y gusto: el bruto de todos los datos sensoriales resultantes de estas sensaciones accede a la parte inferior del cerebro y comienza un proceso de varias etapas de categorización, comparación con patrones previamente almacenados y, por último y en caso de que sea necesario, la toma de medidas.

En muchos casos, el patrón de señales entrantes es tan repetitivo, tan familiar y tan seguro, y el patrón de la memoria que coincide con esta pauta está tan profundamente arraigado, que el cerebro básicamente lo ignora. Se trata de una forma de tolerancia llamada adaptación.

Ignoramos los patrones que nos resultan familiares en contextos ordinarios igual que olvidamos largos ratos de nuestros días en los que nos ocupamos de realizar tareas rutinarias como lavarnos los dientes o vestirnos.

No obstante, nos acordaremos de un patrón que nos es familiar si este ocurre fuera de contexto. Por ejemplo, si estamos de acampada y nos lavamos los dientes mientras contemplamos el amanecer; la belleza del momento es tan poderosa que recordaremos aquella vez como única. Las emociones son potentes marcadores de contexto. En un caso como este, el placer y la alegría de la salida del sol no son habituales en el patrón de la memoria de «lavarse los dientes», y esto hace que la experiencia resulte más vívida y memorable.

De un modo parecido, si resulta que te estás lavando los dientes en el momento exacto en el que un terremoto destroza tu casa, ambos acontecimientos podrían quedar vinculados para siempre en tu mente y ser recordados a la vez. Las emociones negativas a menudo hacen las cosas más memorables incluso que las emociones positivas, porque recordar el peligro —y tratar de evitar estas situaciones en el futuro en la medida de lo posible— frecuentemente es crucial para la supervivencia. Por ejemplo, un ratón que no ha aprendido a esquivar el olor de los gatos después de haber pasado por una mala experiencia, probablemente no se reproducirá demasiado. Sin embargo, como resultado de todo esto, las asociaciones de este tipo pueden convertirse en fuente de síntomas relacionados con el trauma. Para el superviviente de un terremoto que en el momento en el que su casa se vino abajo estuviera lavándose los dientes, el simple hecho de ver un cepillo de dientes podría llegar a ser suficiente para provocar una respuesta total y absoluta de miedo.

En el caso de Sandy, la leche, que antes estaba asociada con la crianza y la nutrición, tras el homicidio se había convertido en la cosa que le salía por la garganta y que su madre había «rechazado» mientras estaba tumbada en el suelo, muerta. Los cubiertos habían dejado de ser algo que se usaba para comer y eran utensilios que mataban y mutilaban y horrorizaban. También los timbres, puesto que toda aquella situación había comenzado precisamente así: el sonido del timbre anunciaba la llegada del asesino.

Para ella, todas estas cosas tan mundanas y normales se habían vuelto pistas evocadoras que le hacían permanecer en un estado de temor continuo, lo que por supuesto tenía muy confundidos a sus padres de acogida y a sus profesores, que desconocían los detalles de lo que había sucedido y, por tanto, no eran capaces de reconocer qué era lo que podría estar desencadenando su extraña conducta. No lograban entender por qué se mostraba tan dulce en un momento dado para enseguida volverse impulsiva, desafiante y agresiva. Los ataques no parecían estar relacionados con ningún acontecimiento o interacción que los adultos supieran identificar. Pero tanto la aparente imprevisibilidad como la naturaleza de sus comportamientos tenían mucho sentido. Su cerebro estaba tratando de protegerla partiendo de lo que previamente había aprendido sobre el mundo.

El cerebro siempre está comparando los patrones entrantes actuales con las pautas y asociaciones previamente almacenadas. Este proceso de cotejo inicialmente se lleva a cabo en las partes inferiores del cerebro, que son las más sencillas y donde, como ya dijimos antes, se originan los sistemas neurológicos implicados en la respuesta al estrés. A medida que la información va subiendo niveles desde esta primera etapa de procesamiento, el cerebro dispone de distintas oportunidades para echar un segundo vistazo a la información y así proceder a consideraciones e integraciones más complejas. Pero lo único que en un principio quiere saber es: ¿sugiere algún tipo de peligro potencial esta información entrante?

Si la experiencia nos resulta familiar, conocida y segura, el sistema de estrés del cerebro permanecerá inactivo. Sin embargo, si la información entrante inicialmente nos resulta desconocida, nueva o extraña, el cerebro de forma inmediata pone en marcha un mecanismo de respuesta al estrés. Hasta qué punto se activan estos mecanismos depende de lo amenazante que parezca la situación. Es importante entender que nuestro estado estándar está configurado en la desconfianza, no en la aceptación. Como mínimo, cuando nos enfrentamos a un patrón de actividad nuevo y desconocido nos volvemos más alertas. El objetivo del cerebro es obtener más información para examinar la situación y determinar el grado de peligro real. Teniendo en cuenta que los seres humanos siempre han sido el animal más mortífero con el que se ha cruzado el hombre, vigilamos muy de cerca las señales no verbales de posibles amenazas humanas, como por ejemplo el tono de la voz, la expresión facial y el lenguaje corporal.

Al realizar una evaluación más profunda, nuestro cerebro es capaz de reconocer si el nuevo patrón de activación ha sido causado por algo que nos resulta familiar pero que se encuentra fuera de contexto. Por ejemplo, si estás en una biblioteca leyendo y alguien deja caer un libro muy pesado sobre una mesa, el fuerte ruido inmediatamente hará que dejemos de leer. Se activará una respuesta de alerta que se centrará en la fuente del ruido, la categorizará como un accidente seguro y habitual, quizá molesto pero nada de lo que haya que preocuparse. Si, por el contrario, estás en la biblioteca, oyes un fuerte ruido y, al darte la vuelta, descubres las caras de alarma de la gente que te rodea y acto seguido ves a un hombre con una pistola, el cerebro pasará de la excitación a la alarma y de ahí seguramente a un estado de terror total. Si, al cabo de unos minutos, te das cuenta de que no se trataba más que de una novatada estudiantil, el cerebro poco a poco pasará del estado de alerta a uno de calma.

La respuesta al miedo es gradual, siendo el cerebro el encargado de calibrarla en función del nivel de peligro percibido (ver Figura 3, Apéndice). A medida que aumenta el miedo, los sistemas de detección de amenazas del cerebro continúan integrando la información entrante y orquestando una respuesta corporal total dirigida a mantenernos con vida. Para ello, un conjunto impresionante de sistemas neurológicos y hormonales trabaja conjuntamente para asegurarse de que el cerebro y el resto del cuerpo hace lo que tiene que hacer. En primer lugar, el cerebro hace que nos olvidemos de las cosas irrelevantes suprimiendo el parloteo que tiene lugar en la corteza frontal. A continuación, se centra en las señales ofrecidas por la gente que se encuentra a nuestro alrededor para ayudarnos a determinar quién podría protegernos o suponer un peligro para nosotros, permitiendo que se ponga al mando de la situación la lectura de señales sociales que lleva a cabo el sistema límbico. Aumenta el ritmo cardiaco para hacer que la sangre llegue a los músculos en caso de que necesitemos ponernos a luchar o debamos salir huyendo. El tono muscular también aumenta y se dejan de lado sensaciones como el hambre. El cerebro se prepara para protegernos de miles de maneras distintas.

Cuando estamos tranquilos, no resulta difícil vivir en nuestra corteza cerebral haciendo uso de nuestra máxima capacidad cerebral para contemplar abstracciones, hacer planes, soñar con el futuro, leer... Pero, si algo atrae nuestra atención y se entromete en nuestros pensamientos, nos volvemos más vigilantes y concretos, y desplazamos el equilibrio de nuestra actividad cerebral a las regiones subcorticales para intensificar nuestros sentidos y así poder detectar amenazas. Al desplazarnos en el continuo del estado de excitación hacia el miedo, necesariamente dependemos de las regiones más bajas y rápidas del cerebro. Cuando somos presas del pánico, por ejemplo, nuestras respuestas son reflejas y prácticamente no se encuentran bajo ningún control consciente. El miedo nos vuelve literalmente más tontos, una propiedad que nos permite reaccionar con mayor rapidez en periodos muy cortos y ayuda a la supervivencia inmediata. Pero, sostenido, el miedo puede volverse maladaptativo; el sistema de detección de amenazas se sensibiliza para mantenernos siempre en este estado. Esta respuesta de «hiperexcitación» explicaba muchos de los síntomas de Sandy.

Pero no todos ellos. El cerebro no dispone de un único conjunto de adaptaciones frente a las amenazas. En la situación a la que tuvo que hacer frente, Sandy era tan pequeña, tan indefensa, y la amenaza sufrida había sido tan devastadora, que fue incapaz de huir o pelear. Si su cerebro hubiera reaccionado elevando el ritmo cardiaco y preparando a sus músculos para la acción, esto habría conseguido que sangrara hasta morir a causa de las heridas recibidas.

Asombrosamente, el cerebro también cuenta con un conjunto de adaptaciones para esta clase de situaciones, que justifican otro importante conjunto de síntomas relacionados con el trauma conocidos como respuestas «disociativas».

La disociación es una reacción muy primitiva: las primeras formas de vida (y los miembros más jóvenes de las especies superiores) raramente pueden escapar de situaciones críticas por sus propios medios. Su única respuesta posible al ser atacados o heridos es, básicamente, enroscarse, hacerse lo más pequeño posible, pedir auxilio y confiar en que suceda un milagro. Esta respuesta parece impulsada por los sistemas cerebrales más primitivos, los cuales se encuentran en el tronco encefálico y en su entorno inmediato. En el caso de los bebés y de los niños pequeños, incapaces o inefectivos tanto en la lucha como en la huida, una respuesta disociativa a los agentes estresores extremos resulta habitual. Asimismo, es más común en mujeres que en hombres y, de forma prolongada, la disociación está conectada con un incremento de las posibilidades de padecer síntomas de estrés postraumático.

Durante la disociación, el cerebro prepara al cuerpo para la lesión. La sangre se retira de las extremidades y el ritmo cardiaco disminuye para reducir la pérdida de sangre causada por las heridas. Se libera un torrente de opioides endógenos —las sustancias naturales del cerebro que son parecidas a la heroína— que aplaca el dolor y proporciona una sensación de calma y de distancia psicológica con respecto a lo que está sucediendo.

Al igual que la respuesta de hiperexcitación, la respuesta disociativa está escalonada y sucede a lo largo de un continuo. Estados normales como soñar despierto y las transiciones entre el sueño y la vigilia son formas leves de disociación. Otro ejemplo sería el trance hipnótico. Sin embargo, en experiencias disociativas extremas, la persona enfoca su atención completa hacia lo interno, llegando a desconectarse de la realidad. Las regiones del cerebro que dominan el pensamiento se desplazan desde la acción planeada a una concentración en la supervivencia bruta. Existe la sensación de que el tiempo se ralentiza y de que lo que está pasando no es «real». La respiración se hace más lenta. Se suprimen el dolor e incluso el miedo. A menudo la gente afirma sentirse falta de emoción y entumecida, como si vieran que lo que les ocurre a ellos en realidad estuviera sucediéndole al personaje de una película.

Aun así, en la mayoría de experiencias traumáticas, no se produce únicamente una de estas dos respuestas principales, sino una combinación de ambas. De hecho, en muchos casos una disociación moderada durante un episodio traumático puede modular la intensidad y la duración de la respuesta de hiperexcitación. La capacidad de «entumecerse» y volverse parcialmente robotizado durante el combate, por ejemplo, permite al soldado continuar actuando de manera efectiva sin sentir pánico. Pero en algunos casos predomina uno u otro patrón, y la activación suficientemente repetida de estos patrones, debido a la intensidad, la duración o el patrón del trauma, producirá cambios «supeditados al uso» en los sistemas neurológicos que mediarán estas respuestas. Como resultado, estos sistemas pueden volverse hiperactivos y sensibilizados, lo que conducirá a una gran cantidad de problemas cognitivos, conductuales y emocionales que pervivirán durante mucho tiempo después del episodio traumático.

Hemos llegado a comprender que, en realidad, muchos de los síntomas psiquiátricos de estrés postraumático están vinculados —o bien con respuestas disociativas o bien hiperexcitadas— a la memoria de un trauma. Estas respuestas pueden ayudar a que las personas sobrevivan al trauma inmediato, pero, si persisten, con el tiempo pueden llegar a causar problemas muy serios en otras áreas de la vida.

Hay pocos ejemplos mejores sobre problemas relacionados con el trauma que lo que yo vi en aquellos chicos del centro residencial. El impacto del trauma —y la frecuente malinterpretación de sus síntomas— queda de manifiesto en el hecho de que casi todos los chicos habían sido diagnosticados con problemas de atención o comportamiento de algún tipo. Por desgracia, en el contexto de una clase, ambas respuestas, disociativas o de hiperexcitación, son sorprendentemente parecidas a los trastornos por déficit de atención, por hiperactividad o al trastorno negativista desafiante. Los niños disociados obviamente no prestan atención: parece que, en lugar de centrarse en las tareas escolares, se dedican a soñar despiertos o a estar «en otro mundo». Y es cierto que se desconectan del mundo que los rodea. La juventud hiperexcitada puede parecer hiperactiva o distraída porque a lo que realmente están prestando atención es al tono de voz del profesor o al lenguaje corporal de los otros chicos, no al contenido de las lecciones.

La agresión y la impulsividad provocadas por la respuesta de huida o pelea también pueden parecernos actitudes desafiantes o de oposición, cuando de hecho son los remanentes de una respuesta previa a algún tipo de situación traumática que el chico en cuestión se ha visto inducido a recordar. Los profesores a menudo malinterpretan la reacción «paralizante» del cuerpo en momentos de estrés —inmovilidad repentina, como un ciervo frente a los faros de un coche— como rechazo desafiante cuando lo que en verdad sucede es que el chico es literalmente incapaz de responder a órdenes. A pesar de que no todos los trastornos por déficit de atención, por hiperactividad o trastornos negativistas desafiantes están vinculados con algún trauma, es probable que los síntomas que conducen a diagnósticos como estos sí tengan alguna clase de relación con un trauma con más frecuencia de la que hasta ahora se había sospechado.

La primera vez que Sandy vino a terapia conmigo nos encontramos en el vestíbulo de una iglesia. Como todavía estaba en un programa de protección de testigos, era necesario esconderla del resto de miembros de la banda a la que había pertenecido el asesino de su madre; no era posible arrestarlos porque ellos no habían participado de forma directa en el crimen. Por este motivo, nos reuníamos en lugares poco habituales en horarios atípicos. A menudo, los domingos en alguna iglesia. Ella apareció con su familia de acogida. Los saludé. Sandy me reconoció, pero no sonrió.

Pedí a su madre adoptiva que entrara con nosotros en la sala donde debía celebrarse la sesión, que era una clase de preescolar. Lo siguiente que hice fue sacar ceras para colorear y folios y los dejé encima de la moqueta. Pasado un minuto, Sandy se acercó y se sentó en el suelo conmigo. Miré a la madre y dije:

—Sandy, la señora Sally* va a ir a misa mientras nosotros jugamos. ¿Te parece bien?

Sandy no levantó la cabeza, pero dijo:

—Vale.

Nos pusimos a colorear en silencio sentados en el suelo. Durante diez minutos nos comportamos exactamente igual que en la visita inicial en el juzgado. Después, el juego cambió. Sandy dejó de colorear, me quitó la cera de la mano, me tiró del brazo y me sacudió el hombro para hacer que me tumbara bocabajo en el suelo.

—¿A qué vamos a jugar? —pregunté alegremente.

—No hables —ordenó en un tono serio, absolutamente contundente. Me indicó que doblara las rodillas y mantuviera los brazos en la espalda, como si estuviera atado. Y entonces tuvo lugar la reconstrucción de los hechos. Sandy dedicó los siguientes cuarenta minutos a deambular por la clase mientras murmuraba cosas, aunque yo solo conseguía entender algunas.

—Esto está bueno. Puedes comértelo —dijo acercándose con verduras de plástico y abriéndome la boca para intentar alimentarme. Luego trajo una manta y me cubrió con ella. Durante aquella primera sesión terapéutica, Sandy se acercaba, se subía encima de mí, me sacudía, me abría la boca y los ojos y al rato volvía a alejarse en busca de algo y casi siempre regresaba con alguna clase de juguete u objeto. No reconstruyó su propio asalto, y en todo el tiempo que estuve trabajando con ella nunca llegó a reconstruirlo del todo, pero a menudo, mientras daba vueltas por la habitación, repetía: «Es por tu propio bien, colega».

Mientras hacía aquello, yo tenía que obedecerla en todo lo que me ordenara: no hables, no te muevas, no te metas, no pares... A medida que ejecutaba esta recreación necesitaba tener el control absoluto de la situación. Poco a poco me fui dando cuenta del papel crítico que el control jugaría en su curación.

Al fin y al cabo, uno de los elementos que definen una experiencia traumática —en particular, uno tan traumático que la propia persona se disocia porque no existe otra manera de escapar de él— es la pérdida total del control y la sensación de impotencia total. En consecuencia, retomar el control es un aspecto primordial a la hora de hacer frente al estrés traumático. Esto puede apreciarse vívidamente en el clásico ejemplo de investigación de un fenómeno que se conoce como «indefensión aprendida». Martin Seligman y sus colegas de la Universidad de Pensilvania crearon un paradigma experimental en el que introducían a dos animales (ratas en este caso) en jaulas separadas pero adyacentes. En una de las jaulas, cada vez que la rata presionaba una palanca para obtener comida, en primer lugar recibía una descarga eléctrica. Por supuesto, este procedimiento resulta estresante para la rata, pero, pasado un tiempo, una vez ha aprendido que después de la descarga recibe la comida, se adapta y se vuelve tolerante. La rata sabe que la única vez que sufrirá una descarga será al presionar la palanca, de modo que tiene cierto grado de control sobre la situación. Como ya se ha explicado, conforme avanza el tiempo, un agente estresor controlable y predecible en realidad causa menos «estrés» en el sistema a medida que aumenta la tolerancia.

En la segunda jaula, sin embargo, a pesar de que la rata podía presionar la palanca para obtener comida igual que la otra, esta recibía una descarga eléctrica cada vez que la primera rata presionaba su palanca. En otras palabras, la segunda rata no tenía ni la menor idea de cuándo recibiría una descarga: su control sobre la situación era nulo. Por tanto, esta rata se volvía sensible al estrés porque no era capaz de habituarse a él. Los enormes cambios que se producen en los sistemas de respuesta al estrés del cerebro eran visibles en ambas ratas: cambios saludables en el caso de la rata que controla el estrés y deterioro y desregulación en la otra. Los animales que no tienen control sobre la conmoción, a menudo desarrollan úlceras, pierden peso y presentan un sistema inmunológico vulnerable que, de hecho, aumenta su susceptibilidad a las enfermedades. Por desgracia, incluso si la situación se modificara de modo que fueran capaces de controlar la conmoción, los animales que se han visto expuestos a una situación de falta de control durante un periodo prolongado se vuelven demasiado asustadizos para explorar la jaula y tratar de averiguar cómo cuidar de ellos mismos. No es raro apreciar una desmoralización y resignación idénticas en las personas que sufren depresión, y las investigaciones vinculan cada vez más el riesgo de depresión con la cantidad de acontecimientos estresantes incontrolables que las personas experimentaron durante su infancia. Por todo esto, no es ninguna sorpresa que el TEPT frecuentemente vaya acompañado de depresión.

Como resultado del vínculo existente entre el control y la habituación, y entre la falta de control y la sensibilización, la recuperación de un trauma requiere que la víctima regrese a una situación que le resulte predecible y segura. Nuestros cerebros se ven naturalmente empujados a entender el trauma de un modo que nos permita volvernos tolerantes a él, ser capaces de modificar mentalmente las experiencias traumáticas que nos han hecho sentir completamente impotentes por otras en las que dispongamos de cierto grado de dominio.

Eso era lo que Sandy hacía al reconstruir su conducta. Controlaba nuestras interacciones de tal manera que podía valorar el grado de estrés durante las sesiones. Como un doctor que contrarresta los efectos deseados y los secundarios de una droga a la hora de decidir la dosis adecuada, Sandy regulaba su exposición al estrés al reconstruir aquella noche. Su cerebro la empujaba a crear un patrón de estrés más soportable, una experiencia más predecible con la que sustituirla para, en última instancia, conseguir olvidarla. Su cerebro, mediante la reconstrucción, trataba de convertir el trauma en algo predecible y, con suerte, en algo que terminara resultándole aburrido. Las pautas y las repeticiones son la clave para lograr esto. Los estímulos pautados y repetitivos conducen a la tolerancia, mientras que las señales infrecuentes y caóticas producen sensibilización.

Para restaurar el equilibrio, el cerebro intenta acallar nuestros recuerdos sensibilizados y vinculados al estrés empujándonos a tener «dosis» pequeñas y repetitivas de ellos. Su objetivo es lograr que un sistema sensibilizado desarrolle tolerancia. Y, en muchos casos, funciona. Inmediatamente después de un acontecimiento angustiante o traumático, nos invaden los pensamientos intrusivos: le damos vueltas a lo que ha pasado, soñamos con ello, nos descubrimos pensando en ello cuando en realidad no queremos, a menudo explicamos una y otra vez lo que pasó a los amigos o familiares en quienes confiamos. Los niños reconstruyen los acontecimientos mediante juegos, dibujos y en sus interacciones diarias. Sin embargo, cuanto más abrumadora e intensa ha sido la experiencia, más difícil resulta «desensibilizar» todos estos recuerdos relacionados con el trauma.

En las reconstrucciones que hacía conmigo, Sandy procuraba desarrollar una tolerancia ante unos recuerdos que habrían sido terriblemente traumáticos para ella. Las reconstrucciones eran algo que sí podía controlar, y este control le permitía regular su propio nivel de angustia. Si se volvía demasiado intenso, tenía la posibilidad de redirigir el juego, y eso era lo que muchas veces hacía. Yo no trataba de interferir en el proceso ni volví a empujarla a recordar después de la primera vez, cuando no me quedó más remedio que hacerlo para su evaluación.

Durante los primeros meses de nuestro trabajo conjunto, cada sesión empezaba de la misma manera: en silencio. Sandy me cogía de la mano y me conducía al centro de la habitación, tiraba de mí hacia abajo y hacía un gesto. Yo me tumbaba y me acurrucaba como si estuviera atado. Ella daba vueltas por la sala mientras iba y venía ante mí. Finalmente volvía, se echaba sobre mi espalda y se ponía a tararear en voz baja y a mecerse. Para entonces yo ya sabía que no debía hablar ni cambiar de postura. Le dejaba tener todo el control que necesitaba. Era desgarrador.

Las respuestas de los niños traumatizados a menudo son malinterpretadas. A la propia Sandy le había sucedido en ciertos momentos durante su cuidado tutelar. Teniendo en cuenta que una situación nueva es, por naturaleza, estresante y que los jóvenes que han sufrido traumas frecuentemente proceden de hogares en los que las situaciones caóticas e imprevisibles son «normales», es posible que respondan asustados a situaciones que en realidad son seguras y tranquilas. En un intento por controlar lo que creen que será un inevitable regreso al caos, parecen «provocarlo» ellos mismos para sentir que las cosas son más cómodas y predecibles. Así, el periodo de «luna de miel» durante el cuidado tutelar termina en cuanto el niño muestra una conducta desafiante y destructiva con el fin de incitar los gritos y la disciplina rígida que tan bien conoce. Como cualquier persona, se sienten más cómodos con aquello que les resulta «familiar». Dicho en las célebres palabras de un terapeuta familiar: tendemos a preferir la «certeza de la miseria a la miseria de la incertidumbre». Esta respuesta al trauma a menudo genera problemas muy serios para los niños cuando sus cuidadores confunden una cosa con otra.

Afortunadamente, en este caso pude educar a aquellas personas que trabajaban con Sandy en cuanto a lo que podían esperar de ella y cómo debían reaccionar. Pero, aun así, fuera de la terapia en un principio persistieron sus problemas de comportamiento, ansiedad y sueño. Su frecuencia cardiaca en reposo era superior a 120, lo cual era elevadísimo para una niña de su edad. A pesar de las ocasionales conductas profundamente disociativas, solía mostrarse «a punto» y sumamente vigilante, lo mismo que en cierto modo sucedía con los chicos a los que trataba en el centro residencial. Entre la familia de acogida, el asistente social, Stan y yo debatimos los posibles efectos positivos de la clonidina. Todos estuvimos de acuerdo en probarlo, y lo cierto es que rápidamente sus problemas de sueño mejoraron a la vez que disminuyeron la frecuencia, la intensidad y la duración de sus colapsos. Empezó a ser más fácil convivir con ella y educarla, tanto en casa como en la escuela.

Nuestra terapia también siguió adelante. Después de doce sesiones, comenzó a modificar la posición en la que quería que me tumbase. En lugar de permanecer atado, me tumbaba de lado. Por lo demás, el ritual continuaba siendo el mismo. Sandy se dedicaba a explorar la habitación y siempre volvía al centro, al lugar donde yo estaba tumbado en el suelo, y me traía las cosas que iba recogiendo. Seguía sujetándome la cabeza y tratando de alimentarme. Después se subía encima y se mecía tarareando diversas melodías; a veces se detenía como si se hubiera quedado petrificada. Había ocasiones en las que lloraba. Durante toda esta parte de la sesión, que habitualmente duraba alrededor de cuarenta minutos, yo permanecía en silencio.

Pero, con el tiempo, poco a poco fue transformando la reconstrucción. Dedicaba menos rato a murmurar y explorar y más a mecerse y a tararear. Al final, tras muchos meses de hacer que me quedara tumbado en el suelo, cuando me puse a avanzar hacia el centro de la habitación para acostarme, me cogió de la mano y me llevó hasta una mecedora. Me hizo sentarme. Fue a la estantería, sacó un libro y trepó hasta mi regazo. «Léeme un cuento», pidió. Nada más empezar me pidió que me meciera. Después de aquel día, Sandy se sentaba en mi regazo, nos mecíamos y leíamos cuentos.

No podía llamarse cura, pero era un buen comienzo. Y, aunque tuvo que pasar por un proceso de custodia espantoso entre su padre biológico, su abuela materna y su familia de acogida, me complace decir que, en última instancia, a Sandy le fueron bien las cosas. Fue un proceso lento pero constante, sobre todo después de que los padres adoptivos ganaran la batalla por su custodia. Pasó con ellos el resto de la infancia. Hubo momentos en los que le costó más avanzar, pero salió adelante asombrosamente bien. Hizo amigos, sacó buenas notas y era considerablemente amable y reconfortante en sus interacciones con los demás. A veces pasaba años sin recibir ninguna noticia sobre ella, pero yo pensaba con frecuencia en Sandy y en todo lo que me había enseñado durante el tiempo que trabajamos juntos. Mientras escribo este capítulo, me alegra poder decir que hace tan solo unos meses recibí noticias. La vida le va bien. No puedo revelar más detalles a causa de las circunstancias de su caso. Baste decir que lleva la clase de vida productiva y satisfactoria que todos deseamos que tuviera. Nada podría hacerme más feliz.

03

Escalera al cielo

Dentro del recinto de la Rama Davidiana de Adventistas del Séptimo Día,[4] situado en Waco (Texas), los niños vivían en un mundo de terror. Ni siquiera los bebés eran inmunes: el líder del culto, David Koresh, sostenía que la voluntad de los bebés —algunos no tenían más que ocho meses— debía quebrantarse mediante una estricta disciplina física para así poder mantenerse «en la luz». Koresh tenía una personalidad volátil: en un momento dado se podía mostrar amable, atento y enriquecedor y, al siguiente, como un profeta de la ira, una ira tan impredecible que no era posible escapar de ella. Los davidianos, como se llamaban los miembros de la comunidad religiosa del Monte Carmelo, se volvieron extremadamente sensibles a los estados de ánimo de su guía espiritual, al tiempo que trataban de ganarse su favor y procuraban, muchas veces en vano, evitar su venganza.

Con un temperamento tan volátil y su temida rabia, Koresh sobresalía en el empleo de dosis irregulares de amenazas extremas, alternándolas con una atención amable e individualizada para mantener a sus seguidores en un estado de inestabilidad.

[4] La Rama Davidiana de Adventistas del Séptimo Día, también llamados davidianos, son una secta protestante apocalíptica surgida de los Adventistas Davidianos del Séptimo Día, siendo estos a su vez un movimiento disidente de la Iglesia Adventista del Séptimo Día. Los Davidianos ven el mundo exterior como una amenaza de la que es necesario desconfiar, de ahí que acapararan un gran arsenal de armas de fuego que terminó provocando la Masacre de Waco. Cuando el Gobierno de Estados Unidos intentó confiscar las armas ilegales de la secta, comenzó un tiroteo que más tarde derivó en un incendio que acabaría con la vida del líder del movimiento, David Koresh, y de decenas de sus seguidores.

Tenía una mano de hierro y controlaba todos los aspectos de la vida en el recinto: separaba a los esposos, a los hijos de sus padres, a los amigos, debilitaba cualquier relación que pudiera suponer un desafío para su posición como fuerza más poderosa y dominante en la vida de cada una de las personas que allí vivían. El amor de todos ellos convergía en él, como se conectan los radios de una rueda en el eje. Koresh era la fuente de toda intuición, sabiduría, amor y poder; era el conducto para llegar a Dios, por no decir que era el propio Dios en la tierra.

Y era un dios que gobernaba a través del miedo. Los niños (y en ocasiones incluso los adultos) vivían en constante terror de los ataques físicos y las humillaciones públicas que podían producirse como consecuencia del más mínimo error, como, por ejemplo, derramar un vaso de leche. Los castigos frecuentemente incluían crueles apaleamientos con una vara de madera conocida como «el ayudante». Los niños davidianos también temían al hambre: aquellos que se «portaran mal» podían verse privados de alimento durante días o se les condenaba a una dieta blanda basada exclusivamente en patatas o pan. Había noches en las que los dejaban solos y aislados. Las niñas crecían sabiendo que en algún momento se convertirían en «prometidas de David», lo que en realidad era una forma de abuso sexual autorizado; niñas de incluso diez años eran educadas para convertirse en compañeras sexuales de Koresh. Un antiguo miembro explicaba que, en una ocasión, Koresh comparó muy excitado los latidos de las niñas preadolescentes que él violaba con los de animales cazados.

Con todo, es posible que el miedo más penetrante que Koresh infundió a sus seguidores fuera el de los «babilónicos»: gente de fuera, agentes gubernamentales, no creyentes. Koresh predicaba y constantemente preparaba a su comunidad para la «batalla final». La Rama Davidiana, niños incluidos, se preparaba para el inminente fin del mundo (y de ahí que Koresh hubiera llamado «Rancho Apocalipsis» al recinto). Esta preparación abarcaba maniobras militares, interrupción del sueño y luchas cuerpo a cuerpo. En el supuesto de que los niños no quisieran participar o no fueran lo bastante violentos durante la formación militar, se les humillaba y hasta se les podía llegar a maltratar. Incluso los miembros más jóvenes aprendieron a manejar armas. Se les instruyó en las técnicas suicidas más letales, con armas de fuego; se les ordenaba apuntar al «punto blando» de la parte de atrás de la boca en caso de que alguna vez fueran apresados por los «babilónicos». La lógica establecida era que los «no creyentes» terminarían apareciendo para matarlos a todos. Tras esta batalla apocalíptica, sin embargo, a los miembros se les había prometido que volverían a reunirse con sus familias en el cielo y que Koresh —Dios— regresaría al mundo para aniquilar a sus enemigos.

Llegué a Texas en 1992 para convertirme en el vicepresidente de investigación del departamento de Psiquiatría de la Escuela de Medicina de Baylor (BCM), en Houston. También actuaba como jefe de psiquiatría en el Hospital Central de Texas (TCH) y dirigía el Programa de Recuperación del Trauma en el Centro Médico de la Administración de Veteranos (VAMC). Mis experiencias con Tina, Sandy, los chicos del centro residencial y otros casos parecidos me habían llevado a convencerme de que aún quedaba mucho por aprender sobre el trauma y sus efectos en la salud mental de los menores. Nadie podía explicar el motivo de que algunos niños superaran los traumas aparentemente ilesos mientras que otros desarrollaban enfermedades mentales y problemas conductuales graves. Nadie conocía el origen de los terribles síntomas de condiciones como el TEPT, y por qué algunos niños desarrollaban, pongamos, síntomas principalmente disociativos mientras que los síntomas de otros eran fundamentalmente de vigilancia extrema. Parecía que el único modo de averiguarlo era estudiar de cerca a grupos de niños inmediatamente después de que se hubiera producido un episodio traumático. Por desgracia, era muy habitual que los niños que llegaban a nuestra clínica en busca de ayuda, lo hicieran años después de haber pasado por el trauma, en lugar de nada más sufrirlo.

En un intento por solucionar este problema, decidí poner en marcha un equipo de evaluación inicial del trauma de «intervención rápida» coordinado con el BCM, el TCH y el VAMC. Teníamos la esperanza de que, al tiempo que ayudábamos a los niños a hacer frente a traumas graves como tiroteos, accidentes de coche, desastres naturales y cualquier otra clase de situación de amenaza vital, seríamos capaces de saber qué esperar de los niños inmediatamente después de que hubiera sucedido una experiencia traumática, y su relación con cualquiera de los síntomas que, en definitiva, pudieran presentar. Los niños de Waco se convirtieron, tristemente, en un ejemplo de estudio de lo más conveniente.

El 28 de febrero de 1993, los «babilónicos», en la forma de la Agencia estadounidense de Alcohol, Tabaco, Armas de Fuego y Explosivos (BATF), se presentaron en la propiedad de la Rama Davidiana para arrestar a David Koresh por tenencia ilegal de armas de fuego. Pero él no estaba dispuesto a entregarse con vida. En la redada posterior, cuatro agentes del BAFT y al menos seis davidianos resultaron muertos. A los largo de los tres días siguientes, el FBI y su equipo de negociación en caso de toma de rehenes lograron asegurar la liberación de veintiún niños. Mi equipo fue convocado en aquel momento para ayudar en lo que pensábamos que sería la primera oleada de niños procedentes del recinto. Lo que ninguno de nosotros sospechaba era que no veríamos a más niños davidianos. El asedio terminaría con una segunda redada catastrófica el 19 de abril en la que ochenta miembros de la secta (incluidos veintitrés niños) murieron en un incendio atroz.

Como casi todo el mundo, me enteré de la primera incursión al recinto en las noticias por televisión. Casi de inmediato empecé a recibir llamadas de periodistas que me preguntaban cómo podría afectar la redada a los niños. Al cuestionarme qué clase de apoyo se estaba llevando a cabo para ayudar a los niños que habían conseguido salir de allí, respondí casi a la ligera que estaba convencido de que el estado se aseguraría de que recibían los debidos cuidados.

Sin embargo, nada más decir aquello me di cuenta de que seguramente no era verdad. Las agencias gubernamentales —especialmente el Servicio de Protección Infantil (SPI), el cual sufre una carencia de recursos y a la vez una sobrecarga crónicas— rara vez disponen de planes específicos para enfrentarse a mareas repentinas de grandes grupos de niños. Además, las cadenas de mando entre los federales, el estado y las agencias locales involucradas en la aplicación de la ley y el Servicio de Protección Infantil a menudo resultan confusas a la hora de responder a crisis poco claras y que se desarrollan velozmente, como en el caso del enfrentamiento sucedido en Waco.

Cuanto más pensaba sobre ello, más empujado me sentía a saber si la experiencia en trauma infantil que nuestro Equipo de Evaluación Traumática había desarrollado podría resultar útil. Supuse que seríamos capaces de proporcionar información básica a las personas que trabajaban con aquellos niños, consultas telefónicas para ayudarlos a solucionar problemas particulares y jugar un papel de apoyo que contribuyera a una mejor comprensión de la situación. Me puse en contacto con diversas agencias pero nadie parecía saber quién estaba «al mando». Por fin logré hablar con la oficina del gobernador. En cuestión de pocas horas recibí una llamada de la agencia estatal del SPI para pedirme que viajara a Waco para lo que yo creí que sería una consulta específica. La reunión de aquella tarde dio paso a seis semanas en las que me vi inmerso en uno de los casos más difíciles de toda mi carrera.

Al llegar a waco, lo primero que encontré fue un caos absoluto tanto en la respuesta a la crisis de las agencias oficiales como en el cuidado de los niños. Durante los primeros días tras su liberación, los llevaron lejos del recinto davidiano en vehículos de gran tamaño que parecían tanques. Independientemente de la hora que fuera, el FBI y los *rangers* de Texas los interrogaban nada más ser liberados, a menudo durante horas. Es cierto que el FBI tenía las mejores intenciones: querían obtener información lo más rápidamente posible para así ayudar a calmar la situación en el rancho y liberar a más personas de una forma segura. Necesitaban las declaraciones de los testigos, y los Rangers estaban encargados de reunir información para los futuros juicios penales, lo que permitiría perseguir a los implicados en los tiroteos que habían causado la muerte a los agentes del BAFT. Pero ni el FBI ni los *rangers* se habían parado a pensar en lo abrumador que todo aquello sería para un niño a quien acababan de separar de sus padres, lo habían metido en un tanque tras haber presenciado una redada en el lugar que había sido su hogar (una redada en la que, además, había habido muertos), lo habían llevado a un arsenal y numerosos hombres extraños y armados lo habían interrogado largo y tendido.

El hecho de que mantuvieran a los niños davidianos juntos tras la primera redada no fue más que pura causalidad. Inicialmente, el SPI de Texas había previsto dejarlos en casas de acogida individuales, pero no lograron encontrar hogares lo bastante rápido para todos. Permitirles estar juntos resultó ser una de las decisiones más terapéuticas que pudieron haberse tomado: aquellos niños iban a necesitarse los unos a los otros. Después de lo que acababan de vivir, separarlos de su gente, de sus hermanos, solo habría servido para incrementar su angustia.

En lugar de a casas de acogida, llevaron a los niños a un recinto agradable configurado en forma de campus universitario: el Hogar Metodista Infantil de Waco. Allí vivían en una cabaña grande, y al principio estuvieron vigilados por dos *rangers* armados. Dos parejas residentes hacían turnos en los cuidados, eran «las madres y los padres» de la casa. Por muy bienintencionados que fueran los esfuerzos estatales a la hora de proporcionar una buena atención de salud mental, la realidad es que no resultaron especialmente efectivos. Texas había llamado a profesionales que procedían de sus atareados sistemas públicos, y básicamente lo que habían hecho era emplear a cualquiera que dispusiera incluso de una hora libre. Como resultado, la duración y la consistencia de las visitas de salud mental eran aleatorias, y los niños estaban aún más confundidos al tener que tratar con un sinfin de personas extrañas.

En aquellos primeros días, el ambiente de la cabaña era asimismo caótico. Los oficiales de las diversas agencias encargadas de aplicar la ley se presentaban a cualquier hora del día o de la noche, y apartaban a un lado a ciertos niños o niñas para interrogarlos. Su vida diaria estaba desprovista de un programa, y del mismo modo no existía ninguna regularidad en sus encuentros con gente extraña. Una de las pocas cosas que para entonces ya sabía con seguridad sobre niños traumatizados era que necesitaban previsibilidad, rutina, cierta sensación de control y relaciones estables con personas que los apoyaran. Y esto todavía era más importante en el caso de los niños davidianos: procedían de un lugar en el que durante años habían vivido en un estado de alarma permanente que les había llevado a esperar una catástrofe en cualquier momento.

Durante mi primer encuentro con las principales agencias implicadas en el caso, mi asesoramiento se redujo a: crear coherencia, rutina y familiaridad. Esto significaba que era esencial establecer un orden, unos límites inequívocos, mejorar la comunicación entre las diversas organizaciones y limitar el personal de salud mental a aquellos que pudieran estar allí de manera regular para los niños. También sugerí que únicamente se permitiera conducir las entrevistas forenses a aquellos *rangers* y agentes del FBI que hubieran recibido formación en el interrogatorio a niños. Al término de la reunión, el SPI me preguntó si estaba dispuesto a dirigir la coordinación de aquellos esfuerzos. Más tarde, ese mismo día, también me pidieron que me encargara yo mismo de las entrevistas forenses. En aquel momento, todavía pensábamos que la crisis terminaría al cabo de unos cuantos días, así que acepté. Llegué a la conclusión de que sería una oportunidad interesante para aprender y simultáneamente ayudar a aquellos niños. Conduje hasta la cabaña dispuesto a conocer a un grupo extraordinario de jóvenes.

Al llegar, uno de los *rangers* me detuvo en la puerta. Era tan alto que resultaba imponente, con su sombrero, el arquetipo de agente de la ley texano. A él no pareció impresionarle en absoluto un tipo con el pelo largo y vaqueros que aseguraba ser un psiquiatra que estaba allí para ayudar a los niños. Incluso después de haber comprobado que realmente yo era el Dr. Perry, me dijo que no parecía un médico, y añadió: «Estos niños no necesitan un loquero. Lo único que necesitan es un poco de cariño y marcharse de aquí lo más lejos posible».

Lo cierto es que aquel *ranger* se convirtió en una de la figuras más sanadoras y positivas para los niños durante las semanas que permanecieron en la cabaña. Era tranquilo, se le daban bien los niños y poseía la intuición necesaria para saber cómo aportar una presencia acogedora sin resultar invasivo. Pero, en aquel primer momento, se interpuso en mi camino. Le dije: «Vale. Vamos a hacer una cosa. ¿Sabes cómo tomar el pulso?». Dirigí su atención hacia una niña que estaba profundamente dormida cerca de nosotros en un sofá. Le aseguré que, si su pulso era inferior a 100, me daría media vuelta y me marcharía por donde había venido. La frecuencia cardiaca normal para una niña de su edad en reposo es de 70-90 pulsaciones por minuto (ppm).

Se agachó con cuidado para palpar la muñeca de la niña y, en pocos instantes, ordenó muy nervioso:

—¡Llama a un médico!

—Yo soy médico —repuse.

—No, a uno de verdad. ¡Esta niña tiene un pulso de 160!

Después de asegurarle que los psiquiatras son médicos con formación médica estándar, comencé a describir los efectos fisiológicos del trauma en los niños. En aquel caso, una frecuencia cardiaca elevada probablemente era un reflejo del sistema de respuesta al estrés en continua actividad de la niña. El *ranger* comprendió las bases de las respuestas de huida o pelea; casi todos los oficiales encargados de la aplicación de la ley han tenido algún tipo de contacto directo con ello. Le expliqué que las mismas hormonas y neurotransmisores que inundaban el cerebro durante un acontecimiento traumático —adrenalina y noradrenalina— están también implicadas en la regulación del ritmo cardiaco, lo que tiene mucho sentido puesto que para reaccionar al estrés es necesario que haya cambios en la frecuencia cardiaca. A partir de mi trabajo con otros niños traumatizados, sabía que muchos de ellos seguirían mostrando una respuesta al estrés hiperactiva incluso meses y años después de que se hubiera producido el episodio. Era completamente natural que, tras haber pasado por una experiencia tan devastadora como aquella, el corazón de la niña todavía fuera a cien por hora.

El *ranger* me dejó entrar.

A lo largo de los tres primeros días tras la redada de febrero, la liberación de los niños davidianos se había realizado en grupos pequeños, de dos en dos o de cuatro en cuatro. Sus edades oscilaban entre los cinco meses y los doce años. La mayoría tenían entre cuatro y once años. Venían de diez familias diferentes, y diecisiete de los veintiuno fueron liberados junto con al menos un hermano. Aunque algunos antiguos miembros han rebatido los relatos de abusos sexuales en la Rama Davidiana (y a pesar de que me citaron erróneamente en la prensa sugiriendo que no creía que los niños hubieran vivido en una situación de abuso), nunca existió ninguna duda acerca del trauma sufrido por los niños, no solo durante el cerco a la propiedad davidiana, sino también en la vida previa a aquel suceso.

Una de las niñas fue liberada con una nota prendida a la ropa que decía que su madre habría muerto antes de que los familiares a quienes iba dirigida dicha nota pudieran leerla. La madre de otra, al entregar a su hija a un agente del FBI, le dijo: «Esta es la gente que nos matará. Nos veremos en el cielo». Mucho antes del incendio, los niños davidianos liberados (al menos uno que a ciencia cierta sabía que sus padres seguían vivos en el momento de su marcha) actuaban como si sus padres ya estuvieran muertos. Al entrar en la sala, uno de los niños más pequeños alzó la vista y me preguntó con total serenidad: «¿Ha venido a matarnos?».

Aquellos niños no tenían la sensación de que acabaran de ser liberados. Al contrario, por todo lo que siempre les habían enseñado sobre la gente de fuera y a causa de la violencia que habían sufrido, se sentían como si fueran rehenes. Nosotros les dábamos más miedo que todo lo que habían vivido en sus hogares, no solo porque de repente hubieran perdido a su familia y aquello que les era familiar, sino porque las profecías de Koresh sobre un ataque se habían hecho realidad. Si era verdad que los «no creyentes» habían venido a por ellos, dieron por hecho que las palabras de Koresh en cuanto a nuestra intención de matarlos, a ellos y a sus familias, estarían también en lo cierto.

Inmeditamente reconocimos que teníamos a un grupo de niños a los que básicamente habían criado en el miedo. La única manera de proporcionarles la ayuda que necesitaban era aplicando nuestra comprensión de cómo el miedo afecta al cerebro y, en consecuencia, modifica la conducta.

El miedo es nuestra emoción más primitiva, y con buenos motivos evolutivos. Sin él, muy pocos de nuestros ancestros habrían logrado sobrevivir. El miedo surge literalmente desde el centro del cerebro y afecta a regiones cerebrales y al modo de operar de estas a través de ondas expansivas aceleradas de actividad neuroquímica. Entre los químicos fundamentales implicados se incluyen algunos de los que ya hemos hablado anteriormente, como la adrenalina y la noradrenalina, pero también es importante una hormona del estrés llamada cortisol. Dos de las regiones fundamentales del cerebro vinculadas al miedo son el locus cerúleo, que es el origen de la mayoría de las neuronas que sintetizan adrenalina en el cerebro, y una parte del sistema límbico con forma de almendra que recibe el nombre de amígdala.

Como ya se ha señalado, la evolución del cerebro se produjo de dentro hacia fuera, y su desarrollo mantiene el mismo orden. La región más primitiva y baja —el tallo encefálico— completa gran parte de su desarrollo en el útero y durante la primera infancia. La compleja exuberancia del mesencéfalo y el sistema límbico se desarrolla a continuación. Quien haya tenido hijos adolescentes no se sorprenderá al saber que los lóbulos frontales de la corteza cerebral, que regulan la capacidad de planificación, el autocontrol y el pensamiento abstracto, no completan su desarrollo hasta la adolescencia tardía, y no es hasta bien entrada la veintena cuando muestran un importante proceso de reorganización.

El hecho de que el cerebro se desarrolle de forma secuencial —además de tan rápidamente en los primeros años de vida— ,explica por qué los niños extremadamente jóvenes se encuentran en un riesgo tan grande de sufrir efectos traumáticos duraderos: su cerebro sigue desarrollándose. La misma milagrosa plasticidad que permite a los cerebros jóvenes aprender con rapidez qué es el amor o el lenguaje, por desgracia, también los vuelve altamente susceptibles antes las experiencias negativas. Del mismo modo que los fetos son especialmente vulnerables a toxinas específicas en función de cuál sea el trimestre del embarazo en el que se vieron expuestos a ellas, los niños son más o menos vulnerables a los efectos duraderos del trauma en función del momento en que este ocurra. Por consiguiente, el mismo trauma sufrido en momentos diferentes podría dar lugar a diferentes síntomas. Por ejemplo, un bebé de uno o dos años que todavía no disponga del lenguaje necesario para describir los abusos sexuales de los que ha sido víctima de forma repetitiva y dolorosa, es posible que desarrolle una completa aversión a que le toquen, problemas serios con la intimidad y con las relaciones y ansiedad generalizada. Sin embargo, un chico de diez años que haya estado sujeto a abusos prácticamente idénticos, es más probable que desarrolle miedos más específicos que estén relacionados con el propio episodio de abuso y que deliberadamente trabaje para evitar señales particulares que estén vinculadas con el lugar, la persona y la forma de abuso. Su ansiedad aparecerá y desaparecerá en función de la exposición a recuerdos del abuso sexual. Además, alguien más mayor probablemente tendrá asociados sentimientos de vergüenza y culpa, emociones complejas mediadas por la corteza cerebral. Esta región está mucho menos desarrollada en el caso de un bebé de uno o dos años, por lo que es menos probable que aparezcan síntomas relacionados con el abuso si este comienza y termina en una etapa más temprana de la vida.

En cualquier caso, independientemente de la edad a la que una persona se enfrente a una situación espantosa, el cerebro empieza paralizando las regiones corticales más altas. Perdemos la capacidad de planear, o de sentir hambre, porque ninguna es de utilidad para la supervivencia inmediata. A menudo, durante una situación de amenaza grave perdemos la capacidad de «pensar» o incluso de hablar. Nos limitamos a reaccionar. Y el miedo prolongado puede causar cambios crónicos o casi permanentes en el cerebro. Las alteraciones cerebrales que son el resultado de un terror persistente, sobre todo si este ha tenido lugar en las primeras etapas de la vida, pueden provocar un cambio permanente que resulte en un modo más impulsivo y agresivo, y menos reflexivo y compasivo, de responder al mundo.

Esto se debe a que los sistemas que se encuentran en el cerebro cambian de manera «uso-dependiente», como ya vimos anteriormente. Igual que sucede con los músculos, cuanto más se ejercite un sistema cerebral, como la red neuronal de mecanismos de respuesta al estrés, mayores serán los cambios y aumentará el riesgo de que se produzca un funcionamiento alterado. Al mismo tiempo, un menor uso de las regiones corticales, que son las que habitualmente controlan y modulan la respuesta al estrés, da lugar a una reducción y un debilitamiento de las mismas. Exponer a una persona a un miedo y estrés crónicos es como debilitar la potencia de frenado de un coche y al mismo tiempo añadirle un motor más potente: alteramos la seguridad de los mecanismos que evitan que la «máquina» pierda peligrosamente el control. Este tipo de cambios dependientes de uso de los diversos sistemas cerebrales —igual que los patrones dependientes de uso que uno mismo crea en su propia memoria sobre cómo es el mundo— son determinantes fundamentales de la conducta humana. Comprender la importancia del desarrollo uso-dependiente resultó vital en nuestra labor con niños traumatizados, como los que tratamos inmediatamente después de la primera redada en el Rancho Apocalipsis.

No obstante, en este punto de mi trabajo, por muy raro que pueda parecerme ahora, acababa de empezar a darme cuenta de lo importantes que son las relaciones en el proceso curativo. Otros grupos y nosotros mismos habíamos observado que la naturaleza de las relaciones infantiles —tanto antes como después de un trauma— parecía desempeñar un papel fundamental a la hora de dar forma a la respuesta a dicho trauma. Los niños que tenían a su disposición cuidadores experimentados que les resultaran familiares y seguros, tendían a recuperarse con mayor facilidad y a menudo no mostraban efectos negativos duraderos del episodio traumático. Sabíamos que el efecto amortiguador del trauma que poseían las relaciones debía de estar mediado, de alguna manera, por el cerebro.

Pero ¿cómo? Para que un animal prospere biológicamente, su cerebro debe guiarlo para satisfacer tres directrices fundamentales: en primer lugar, debe permanecer con vida; en segundo lugar, debe procrear; y, en tercer lugar, en el caso de procrear crías dependientes, tal y como ocurre con los seres humanos, debe proteger y criar a su prole hasta que sean capaces de valerse por sí mismos. Incluso en los seres humamos, los miles de complejas capacidades del cerebro están conectadas, de una manera u otra, con los sistemas originalmente desarrollados para manejar estas tres funciones.

En especies sociales como la nuestra, estas tres funciones esenciales dependen en gran medida de la capacidad del cerebro para formar y mantener relaciones. Desde una perspectiva individual, los seres humanos son lentos, débiles e incapaces de sobrevivir a largo plazo en la naturaleza sin la ayuda de los demás. En el mundo en el que nuestros ancestros evolucionaron, un humano solitario no tardaba en morir. Solo sobrevivimos a través de la cooperación, de compartir con los miembros de nuestra extensa familia, de vivir en grupos y cazar y recolectar juntos. Por eso, de niños, asociamos la presencia de personas que conocemos con sentimientos de seguridad y bienestar; en ambientes familiares y seguros, nuestro ritmo cardiaco y presión arterial son más bajos y nuestros sistemas de respuesta al estrés están tranquilos.

Sin embargo, a lo largo de la historia, mientras algunos seres humanos se han comportado como nuestros mejores amigos y nos han mantenido a salvo, otros se han convertido en nuestros peores enemigos. Nuestros mecanismos de respuesta al estrés, por tanto, están estrechamente relacionados con los sistemas encargados de interpretar y reaccionar a las señales sociales humanas. De aquí proviene nuestra gran sensibilidad a las expresiones, gestos y estados de ánimo de los otros. Como veremos, interpretamos el peligro y aprendemos a lidiar con el estrés observando a los que nos rodean. Incluso disponemos de células especiales en nuestro cerebro que se disparan, no cuando nos movemos o expresamos emociones, sino cuando observamos esto mismo en los otros. La vida social humana está construida sobre esta capacidad para «reflejarnos» unos a otros y responder ante estos reflejos, tanto con resultados positivos como negativos. Por ejemplo, si una persona se siente muy bien y el encargado del sitio donde trabaja está de un humor terrible, casi con total seguridad esa persona también se sentirá de una forma pésima. Si un profesor se muestra enfadado o frustrado, es posible que sus alumnos empiecen a portarse mal, como un reflejo de la emoción poderosa expresada por el profesor. Para tranquilizar a un niño asustado, primero es necesario calmarnos a nosotros mismos.

Reconocer el poder de las relaciones y de las señales relacionales es crucial para lograr una actividad terapéutica efectiva y, de hecho, para una crianza, cuidados, enseñanza y prácticamente cualquier otra clase de empresa humana eficaz. Al empezar a trabajar con los niños davidianos, esto se convirtió en un reto de enorme dificultad porque, como enseguida descubrí, los propios trabajadores del SPI, todos los agentes de la ley y los profesionales de la salud mental involucrados en la tarea de ofrecer ayuda a los niños, estaban abrumados, estresados y en estado de alarma.

Es más, cuanto más aprendía sobre David Koresh y sus seguidores, más discernía que sería necesario acercarse a los niños davidianos como si procedieran de una cultura completamente desconocida; su visión del mundo ciertamente era muy diferente a la que compartían sus cuidadores. Lamentablemente, la misma capacidad que nos permite establecer vínculos entre nosotros, también nos permite colaborar para derrotar a un enemigo común; lo que nos permite llevar a cabo grandes actos de amor también nos faculta para marginar y deshumanizar a otros que no son «iguales» que nosotros ni forman parte de nuestro «clan». Este tribalismo puede derivar en las formas más extremas de odio y violencia. Asimismo, tras el adoctrinamiento a manos de Koresh, sabía que para aquellos niños nosotros éramos extranjeros, no creyentes… y representábamos una amenaza. Lo que no sabía era qué hacer al respecto.

Durante mis dos primeros días en Waco, me dediqué a la delicada tarea de interrogar individualmente a cada uno de los niños para tratar de obtener información útil que ayudara a los negociadores del FBI a neutralizar el punto muerto en el que se encontraban. En cualquier situación en la que exista la sospecha de que haya habido abuso infantil, la gran dificultad de los interrogatorios radica en que a los niños, de un modo bastante razonable, les preocupa meter a sus padres en problemas. En aquel caso, el hecho de que los davidianos hubieran crecido con la creencia de que engañar a los «babilónicos» era lo correcto, puesto que éramos enemigos de Dios, complicaba aún más las cosas. Yo sabía que existía la posibilidad de que les asustara la idea de que ser honestos con nosotros no solo fuera una forma de traicionar a sus padres, sino que además se tratara de un pecado atroz.

Para mi propio espanto, cada niño me dio claramente la impresión de que guardaba un secreto horrible y enorme. Cuando les preguntaba qué iba a pasar en el rancho, sus respuestas eran terriblemente inquietantes, del tipo: «Ya lo verás». Todos ellos, a la pregunta de dónde estaban sus padres, contestaban: «Están muertos» o «Todos van a morir». Me dijeron que no volverían a ver a sus padres hasta que David regresara a la Tierra para matar a los no creyentes. Pero no decían nada específico.

No es raro que los niños se muestren engañosos o retengan información o mientan de forma deliberada para evitar aquello que no tienen ningún deseo de compartir, especialmente si es algo que su familia les ha indicado ocultar. Sin embargo, les resulta mucho más difícil esconder sus verdaderos pensamientos y sentimientos en sus dibujos. Por ello, me senté a colorear con todos los que eran lo bastante mayores como para poder dibujar, y, mientras pintábamos, hablábamos. A un niño de diez años llamado Michael, que fue uno de los primeros a los que interrogué, le pedí que me hiciera un dibujo de lo que quisiera. Enseguida se puso manos a la obra y dibujó un unicornio muy bonito rodeado de un paisaje exuberante y terrenal de colinas arboladas. Había nubes en el cielo, un castillo y un arcoíris. Elogié lo bien que dibujaba y me contó que a David le gustaba mucho que pintara caballos. El grupo y su líder también le habían felicitado por su modo de interpretar los castillos celestiales y por incorporar el símbolo del grupo en sus dibujos: la estrella de David.

Después le pedí que hiciera un retrato, y lo que dibujó fue un muñeco hecho a base de palitos, tal y como lo habría hecho un niño de cuatro años. Me quedé todavía más sorprendido cuando le pedí que dibujara a su familia. Se detuvo y parecía estar confundido. Al final, me enseñó una página toda en blanco salvo por un dibujo muy pequeño de él mismo encajonado en la esquina inferior derecha. Sus dibujos eran un reflejo de lo que había aprendido en el grupo: la elaboración de aquello que Koresh valoraba, la dominancia del líder supremo, un sentimiento familiar empobrecido y confuso y una imagen de dependencia e inmadurez de sí mismo.

A medida que iba conociendo a los niños davidianos, una y otra vez me topaba con contrastes similares: islotes de talento, conocimiento y conexión rodeados de enormes espacios vacíos de abandono. Por ejemplo, sabían leer bien para su edad, puesto que debían estudiar la Biblia de manera habitual, pero prácticamente no sabían nada de matemáticas. Sus talentos estaban vinculados a aquellas regiones del cerebro que habían ejercitado y a las conductas por las que se les había premiado. Sus lagunas eran el resultado de la falta de oportunidades para elegir por sí mismos, la falta de exposición a las opciones fundamentales a las que se enfrentan la mayoría de los niños cuando empiezan a descubrir lo que les gusta y quiénes son.

Dentro del recinto davidiano, casi cualquier decisión —desde qué comer y cómo vestir a cómo pensar y rezar— había sido tomada por ellos. Y, como sucede con cualquier otra área del cerebro, las regiones implicadas en el desarrollo del sentido de la identidad crecen o se estancan en función de la frecuencia con la que se ejerciten. No es posible desarrollar un sentido de la identidad sin ejercitar la capacidad de elección y el aprendizaje de las consecuencias de dichas elecciones; si no te enseñan más que a obedecer, dispondrás de muy pocas formas de saber qué te gusta y qué es lo que quieres.

Una de las siguientes interrogadas fue una niña pequeña de casi seis años. Le pedí que me hiciera un dibujo de su casa. Dibujó el recinto. Después le pregunté qué era lo que pensaba que iba a pasar en su casa. Volvió a dibujar el mismo recinto con fuego por todas partes. En lo alto había una escalera que llevaba al cielo. Entonces supe —a los pocos días de la primera redada—, que el asedio avanzaba hacia un final potencialmente catastrófico. Durante aquellas interrogaciones, otros niños hicieron también dibujos de incendios y explosiones; algunos incluso llegaron a decir cosas como: «Vamos a volaros a todos por los aires» y «Todo el mundo va a morir». Sabía lo importante que era transmitir esta información al equipo de negociación en caso de toma de rehenes del FBI, así como al equipo directivo del FBI.

Previamente habíamos creado un grupo para facilitar la comunicación entre las diversas agencias encargadas de aplicar la ley y nuestro equipo. Habíamos hecho un trato con el FBI: si ellos respetaban los límites que habíamos establecido para ayudar en el proceso de curación de aquellos niños, compartiríamos cualquier información que pudieran revelarnos a lo largo de nuestras investigaciones que los ayudara a negociar para poner fin a los enfrentamientos. Nada más ver aquellos dibujos y escuchar esa clase de comentarios, comuniqué mi preocupación de que cualquier nuevo ataque a la propiedad tenía el potencial de precipitar alguna clase de apocalipsis. No sabía la manera exacta en la que se produciría, pero parecía que sería un final con fuego y altamente explosivo. Las palabras que habían utilizado, los dibujos y el comportamientos de los niños apuntaban a una creencia compartida de que el asedio terminaría en un desenlace mortal. Lo que describían era básicamente un suicidio precipitado en grupo. Temía que quisieran provocar al FBI para que los propios agentes iniciaran la batalla final. Me reuní en repetidas ocasiones con la persona que era mi enlace del FBI y con miembros del equipo de ciencias conductuales que, como más tarde supe, estuvieron de acuerdo conmigo en que lo más probable era que una nueva escalada por parte de los agentes de la ley no se saldaría con una rendición, sino con un desastre. Pero ellos no estaban al mando, sino el equipo táctico, y por mucho que estos nos oyeran, no nos escuchaban. Estaban convencidos de que se enfrentaban a un fraude y a un criminal. No comprendían que los seguidores de Koresh realmente creían que su líder era un mensajero de Dios, posiblemente incluso creyeran que se trataba del retorno de Cristo, con la devoción abnegada y las obligaciones que una creencia de aquella magnitud implicaba. El choque de visiones del mundo entre ambos grupos provocó la intensificación de las acciones que contribuyeron a la catástrofe final.

Tras completar los primeros interrogatorios, se reunieron conmigo en Waco más de una decena de profesionales procedentes de las instituciones de Houston en las que yo trabajaba para convertirse en miembros de la base del equipo clínico. Junto con los guardas, los trabajadores del SPI y el personal del Hogar Metodista, trabajamos en la tarea de eliminar el caos desestructurado que reinaba en la cabaña. Fijamos la hora de acostarse y la de las comidas, adjudicamos horas lectivas, de recreo y otras para que los niños nos proporcionaran información sobre lo que estaba sucediendo en el rancho. No era posible predecir cuál sería el desenlace del cerco, y por ese motivo no les permitíamos ver la televisión ni ningún otro tipo de cobertura mediática.

En los primeros días, algunas de las personas de nuestro grupo insistieron en empezar «terapia» con los niños. Yo creía que lo más importante en aquel momento era restaurar el orden y estar disponibles para apoyar, interactuar, educar, respetar, escuchar, jugar y, básicamente, estar allí presentes. La experiencia de todos aquellos niños era todavía tan reciente, y había sido algo tan crudo, que me parecía que una sesión terapéutica convencional con un extraño, sobre todo un «babilónico», podría resultarles potencialmente angustiosa.

Desde lo ocurrido en Waco, dicho sea de paso, las investigaciones han demostrado que precipitarse a la hora de interrogar a gente con un terapeuta o abogado nuevos después de un episodio traumático, a menudo resulta intrusivo, indeseado y puede llegar a ser contraproducente. De hecho, algunos estudios demuestran una duplicación de las posibilidades de trastorno por estrés postraumático en los casos en los que se ha seguido esta clase de «tratamiento». En nuestra propia labor asistencial también hemos visto que las intervenciones más efectivas implican la educación y el soporte de la red de apoyo social existente, particularmente la familia, en los efectos predecibles y conocidos de trauma agudo, así como ofrecer acceso a un apoyo más terapéutico si —y solo si— la familia observa síntomas postraumáticos extremos o prolongados.

Estaba convencido de que aquellos niños necesitaban la oportunidad de procesar lo que les había pasado a su propio ritmo y en sus propios términos. Si querían hablar, podían acudir a un miembro del personal con quien se sintieran cómodos; si no, podían jugar en un entorno seguro y desarrollar nuevos recuerdos y experiencias infantiles para empezar a compensar los anteriores, tan aterradores. El objetivo era ofrecerles una estructura, no rigidez; cariño emocional en lugar de afecto forzado.

Cada noche, después de que los niños se fueran a dormir, se reunía todo el equipo para hablar de cómo había ido el día y discutir los progresos de cada niño. Este proceso de dotación de personal comenzó a revelar patrones que sugerían que las experiencias terapéuticas sucedían a base de interacciones cortas, de escasos minutos de duración. A medida que íbamos trazando estos contactos, a pesar de que no se trataba de sesiones formales de «terapia», lo cierto es que todos los días cada niño recibía horas de conexiones terapéuticas, enriquecedoras y privadas. Ellos controlaban cuándo, con quién y cómo interactuar con los adultos que había a su alrededor y que tenían en cuenta la sensibilidad de los niños. Los miembros del personal poseían una amplia variedad de capacidades —algunos eran de trato muy cariñoso, otros tenían un gran sentido del humor y también había quien sabía escuchar o ser una fuente de información—, y los niños podían buscar aquello que más necesitaran, cuando lo necesitaran. Esto derivó en una potente red terapéutica.

De esta manera, los niños gravitaban hacia trabajadores particulares que casaban con su personalidad específica, su fase de desarrollo o estado de ánimo. Como yo soy una de esas personas a las que les gusta bromear y armar jaleo, cuando los niños querían jugar a esa clase de cosas, venían a buscarme. Con algunos me ponía a colorear o jugábamos mientras hablábamos sobre sus miedos. Con otros, desempeñaba un papel diferente. Por ejemplo, había un niño al que le gustaba asustarme apareciendo por sorpresa. Yo le seguía la corriente, a veces haciéndome el sorprendido y otras indicándole que le había descubierto, y en ocasiones de verdad lograba sorprenderme. Era una manera entrañable y entretenida de jugar al escondite, interacciones cortas que ayudaban a crear entre los dos una sensación de conexión y de, o eso creo yo, seguridad. Los niños sabían que de alguna manera yo estaba «al mando», porque los había interrogado a todos y porque los demás miembros del personal tenían siempre en cuenta mis opiniones. Debido a la educación recibida, eran extremadamente sensibles a las señales de dominancia y a cualquier pista relativa a quién ostentaba un mayor poder. Se trataba de unas señales explícitas de género, por el tipo de sistema patriarcal que Koresh había impuesto.

Para aquel niño, la idea de que «el hombre dominante del grupo está jugando conmigo» transmitía una verdadera sensación de seguridad. Saber que podía interactuar con él y que de él podía esperar simpatía, le ofrecía un sentimiento de control que contrastaba marcadamente con la impotencia y el miedo con los que había convivido antes. De manera similar, una niña pequeña que estaba preocupada por su madre podía acudir a algún trabajador para hablar sobre ello, pero, si la conversación se volvía demasiado intensa, demasiado íntima o demasiado amenazante, podía dar media vuelta y hacer otra cosa, o simplemente podía ponerse a jugar junto al trabajador o trabajadora que eligiera. En las reuniones de equipo, elaborábamos cuadros con los contactos diarios de cada niño para que todos supiéramos en todo momento qué estaba pasando con cada uno de ellos y así ser capaces de guiar sus próximas interacciones de un modo apropiado.

Sin embargo, aquellos niños necesitaban algo más que la posibilidad de elegir con quién hablar o qué temas discutir. También necesitaban la estabilidad que nace de la rutina. En los primeros días después del asalto, al no imponérseles una organización externa, inmediatamente replicaron la cultura segregada por sexos y autoritaria de la congregación davidiana, donde los chicos mayores de doce años eran separados de las mujeres y las niñas, y donde David Koresh y sus representantes gobernaban con un poder absoluto.

Dos de los niños más mayores, que eran hermanos, un niño y una niña, se erigieron como «escribas». La escriba femenina era quien dominaba y tomaba las decisiones que afectaban a todas las niñas, mientras que todos los niños seguían las indicaciones del chico escriba sin rechistar. A la hora de la comida, los niños y las niñas se sentaban en mesas separadas; jugaban por separado y evitaban cualquier tipo de interacción entre ellos siempre que fuera posible. Las niñas más mayores ya habían comenzado el proceso de convertirse en «prometidas» de David y se dedicaban a dibujar estrellas de David o a escribir «David es Dios» en *post-its* amarillos que después colocaban por toda la casa.

Pero ninguno de los niños sabía qué hacer ante las decisiones más simples: cuando tenían que elegir entre un sándwich de mantequilla de cacahuete o uno de mermelada se sentían confundidos e incluso llegaban a enfadarse. Dentro del recinto habían sido otros los que habían tomado casi todas las decisiones por ellos. Como nunca se les había permitido tomar las decisiones fundamentales que la mayoría de los niños hacen cuando empiezan a descubrir qué les gusta y quiénes son, aquellos niños no tenían ningún tipo de sentido de la identidad. La idea de la autodeterminación les resultaba, como cualquier otra cosa novedosa, extraña y, por tanto, les provocaba ansiedad. Por ese motivo recurrían a los escribas para saber qué hacer y para que fueran ellos los que tomaran las decisiones que los atañían.

No estábamos seguros de cómo afrontar este asunto. Queríamos que tuvieran un ambiente familiar y que se sintieran «en casa», y creímos que al permitirles aquellos rituales los ayudaríamos a sentirse seguros. Por otro lado, sabíamos que necesitaban aprender lo que pronto encontrarían en el mundo exterior.

Solo podíamos guiarnos por medio del procedimiento de ensayo y error. La primera vez que intenté romper la segregación entre chicos y chicas fue un desastre. Un día me senté a comer en la mesa de las niñas, e inmediatamente todas se pusieron nerviosas. Una niña de tres o cuatro años puso en tela de juicio mi comportamiento:

—No puedes sentarte aquí.

Le pregunte por qué.

—Porque eres un chico —contestó.

—¿Cómo lo sabes? —Mi intención era calmar la situación con un poco de humor, pero ella siguió cuestionándome y miró a la escriba, que le confirmó que efectivamente yo era un hombre. Pero opté por quedarme allí sentado y el ambiente se fue caldeando hasta que la hostilidad fue tal que temí que el asunto se desmadrara. Algunas niñas se pusieron de pie con visible agresividad. Retrocedí. Después de aquello, permitimos que mantuvieran las mesas separadas y las estrambóticas restricciones dietéticas impuestas por Koresh, como, por ejemplo, no comer fruta y verdura en la misma comida.

Decidimos que lo único que podíamos hacer era dejar que vieran cómo vivían e interactuaban unos adultos con otros, y confiar en que con el tiempo se dieran cuenta de que si elegían vivir como nosotros no habría consecuencias negativas.

La disciplina era un tema delicado, desde luego. Evitamos a propósito la imposición de restricciones rígidas, castigos corporales, aislamientos o limitaciones físicas, es decir, cualquiera de las técnicas disciplinarias que hubieran sido utilizadas en el recinto. En las raras ocasiones en las que los niños mostraban un comportamiento físicamente agresivo o decían algo doloroso, reorientábamos su conducta con suavidad hasta que se calmaban y, si era necesario, les hacíamos disculparse. Teniendo en cuenta que la respuesta postraumática puede llevar a un niño a un estado de miedo y excitación permanente, sabíamos que el miedo podría dar lugar a actos impulsivos o agresivos y que era posible que no fueran siempre capaces de controlar estas reacciones. No queríamos castigarlos por respuestas tan naturales como estas.

Empezamos a ver que, a medida que los niños se enfrentan a las secuelas de experiencias como la primera redada en el Rancho Apocalipsis, reaccionaban al recuerdo de lo sucedido de un modo parecido a la reacción que tuvieron en aquel momento. Por ejemplo, si habían sido capaces de salir huyendo, podían reaccionar evitando la situación; si habían luchado contra el asedio, su reacción podía ser agresiva; si habían recurrido a la disociación —el fenómeno por el que la mente y el cuerpo de una persona se desconectan de la realidad del acontecimiento—, lo repiten. Cuando se enfadaban, o cuando tenían que enfrentarse a situaciones para las que todavía no se sentían preparados —por ejemplo, durante los interrogatorios llevados a cabo por los agentes de la ley— podíamos presenciar este tipo de reacciones.

Mientras estuve reunido con una de las niñas, Susie, de seis años, vi una de las respuestas disociativas más extremas que jamás había presenciado. Le había preguntado dónde pensaba que estaba su madre. Ella hizo como si no hubiera escuchado la pregunta. Se metió debajo de la mesa, se hizo un ovillo y no se movió ni dijo nada. Incluso cuando traté de tocarla para consolarla, estaba tan inconsciente que ni siquiera se dio cuenta de que había salido de la habitación hacía seis minutos. La observé a través de un espejo de dos caras desde otra habitación durante otros tres minutos antes de que empezara a moverse y volviera a ser consciente de estímulos externos. Los niños, normalmente los chicos, pero a veces también las chicas, en ocasiones se comportaban con agresividad, tiraban cosas cuando se les hacía alguna pregunta que les recordaba a lo que había pasado o respondían con expresiones verbales de ira. Algunos rompían las ceras de colorear o se levantaban y se marchaban.

Nuestras preguntas no eran lo único que les hacía recordar lo sucedido. Un día, un helicóptero de prensa sobrevoló la cabaña mientras los niños estaban jugando fuera. Koresh les había dicho que los helicópteros del FBI sobrevolarían la propiedad davidiana, los rociarían con gasolina y les prenderían fuego. En cuestión de segundos, los niños habían desaparecido con la misma rapidez que un batallón de combate en una película. Cuando el helicóptero se marchó, formaron dos filas, una de chicos y otra de chicas, y entraron en la casa a paso marcial mientras entonaban una canción sobre ser soldados de Dios. Es una de las cosas más espeluznantes que he visto en mi vida.

También huían y corrían a esconderse en cuanto veían una furgoneta de reparto blanca, similar a los vehículos de la Agencia de Alcohol, Tabaco, Armas de fuego y Explosivos que habían aparecido cerca del recinto justo antes de la redada. Tal y como habíamos conjeturado (y otros investigadores han confirmado desde entonces), el trastorno de estrés postraumático no viene expresado por una constelación de síntomas nuevos desarrollados a partir de un episodio estresante, sino, en muchos sentidos, por la persistencia inadaptada de las respuestas antaño adaptativas que en un principio se pusieron en marcha como mecanismos de ayuda en respuesta al propio acontecimiento.

Durante el enfrentamiento que se produjo en Waco, nuestro equipo vivió literalmente con los niños davidianos. De vez en cuando yo conducía unas cuantas horas hasta Houston para ocuparme lo mínimo indispensable de mis responsabilidades administrativas y familiares. Dediqué muchas horas a reunirme con las organizaciones asociadas para hacer frente a la crisis y tratar de asegurarme de que cuando dejaran de estar con nosotros, los niños irían a un lugar seguro, con familias saludables, y también de que aquellos que lo necesitaran continuarían recibiendo cuidados de salud mental. También pasé muchas horas de frustrante espera intentando comunicar la información que habíamos descubierto sobre la alta posibilidad de suicidio en masa o ataque terrorista suicida a los oficiales que rodeaban el recinto, confiando en que alguien terminara por escucharme y se produjera un cambio en las tácticas que se estaban llevando a cabo. Hablé al FBI de los dibujos exaltados y de las amenazas que los niños no dejaban de repetir; les describí el modo en que, cada vez que entraban en la sala de interrogatorio, que estaba llena de juguetes, tanto los niños como las niñas se iban de cabeza a por un rifle de juguete que parecía de verdad y comprobaban el cañón para ver si estaba cargado. Una niña de cuatro años lo agarró, quitó el cerrojo falso y, a continuación, dijo disgustada: «No es de verdad».

Sin embargo, el equipo táctico que estaba a cargo de las operaciones todavía consideraba a Koresh un estafador, no un líder religioso. Del mismo modo que la dinámica de grupo de la propia secta los empujaba hacia aquel final espantoso, la dinámica de grupo de los propios responsables de la aplicación de la ley hacía lo mismo. Cada grupo despreciaba trágicamente al otro al no encajar en la concepción y los patrones que cada uno tenía del mundo. La cámara de resonancia de los agentes de la ley magnificaba los rumores sobre Koresh hasta el punto de que resultaban inverosímiles; en un momento determinado, se llegó incluso a temer que hubieran sido capaces de desarrollar un arma nuclear y planearan utilizarla en el rancho. Básicamente, ambos grupos se dedicaban a escuchar a personas que lo único que hacían era confirmar lo que ya creían.

El hecho de trabajar con los niños davidianos —y de ser testigo del modo en que la gente de Waco hizo frente a la crisis— me reiteró una y otra vez lo poderosa que puede llegar a ser la influencia de un grupo en la vida humana, y cómo no es posible comprender el cerebro humano fuera de este contexto como el cerebro de un miembro de las especies altamente sociales.

El 19 de abril me encontraba en Houston y, por la mañana temprano, recibí la llamada de un agente del FBI a quien no conocía. Me anunció que debía regresar a Waco inmediatamente: el Gobierno había iniciado una redada en la propiedad davidiana con la intención de poner fin al asedio y liberar a la gente joven que seguía dentro. En el camino de vuelta, llevaba la radio del coche encendida y, al llegar a lo alto de la colina que bordeaba la ciudad, contemplé una enorme columna de humo denso y gris y un fuego de color naranja. Sin perder un instante me dirigí al Hogar Metodista Infantil. A pesar de que los adultos parecían muy afectados, hasta el momento habían sido capaces de no mostrar su angustia a los niños. Se habían estado preparando para cuidar a los veintitrés niños que todavía quedaban dentro, los habían ido conociendo a través de sus hermanos y de los vídeos que Koresh grababa desde dentro y después entregaba al FBI. Ahora sentían su pérdida y eran muy conscientes de cómo afectarían sus muertes a los niños con los que ya estaban trabajando.

A nuestro dolor se sumaba el hecho de que sabíamos que mucha de la confianza que habíamos construido con los niños probablemente se esfumaría. Les habíamos asegurado que no éramos sus enemigos y que no matarían a sus padres, hermanos y amigos. Pero lo que acababa de pasar en el recinto no haría sino dar todavía más credibilidad a las profecías de Koresh, quien les había dicho que los «hombres malos» atacarían su hogar, y además había previsto con exactitud el espantoso final de la congregación. Su trauma presente se haría aún más agudo. Y, por supuesto, era lógico que pensaran que la continuación de la profecía, es decir, el regreso de Koresh a la Tierra para acabar con todos los «no creyentes», también los incluía a ellos, a un grupo de niños que se habían alejado de sus enseñanzas.

Debíamos elegir con cuidado el mejor modo de darles la noticia. Debido a cómo se habían desarrollado los acontecimientos, decidimos esperar al día siguiente, cuando por fin tuvimos información sobre los supervivientes.

Organizamos una reunión en el salón de la cabaña. Cada niño había entablado una estrecha relación con al menos una o dos personas de nuestro equipo. El plan era que yo explicaría a los niños lo que había sucedido de la manera más clara y objetiva posible. Luego dejaríamos que nos hicieran preguntas, si las tenían, y después cada niño o grupo de hermanos podría pasar tiempo con los dos o tres miembros del personal a los que más unidos se sintieran.

Fue uno de los momentos más difíciles de mi carrera. ¿Cómo le cuentas a una docena de niños que sus padres, hermanos, madres, hermanas y amigos habían muerto? Y que además habían muerto tal y como Koresh había profetizado. Sin contar con que debíamos asegurarles que aquello no volvería a pasar. Al principio, algunos simplemente se negaron a creerme. «No es verdad —repetían una y otra vez, igual que hace mucha gente cuando se enfrenta a la muerte de sus seres queridos—. No puede ser». Otros decían: «Sabía que esto pasaría» u «Os lo dije».

Lo peor de todo era tener la certeza de que las cosas no tenían por qué haber acabado de esa manera. Los davidianos habían reaccionado al asalto de una forma predecible, por lo que aunque no hubiera sido posible prevenir por completo la pérdida de vidas, sin duda podría haberse mitigado. Sin embargo, el Gobierno federal había tomado la medida que más probabilidades tenía de acabar en desastre; habían muerto ochenta personas, prácticamente toda la gente que aquellos niños conocían.

En el momento del incendio, muchos de los niños ya se habían marchado a vivir con familiares que no pertenecían a la secta de los davidianos. En la cabaña solo quedaban aproximadamente once niños y niñas. Como era de esperar, la redada fue un revés para todos ellos. Volvieron a aflorar los síntomas traumáticos, así como el cumplimiento de las reglas dietéticas y de segregación sexual impuestas por Koresh.

Para entonces ya habíamos aprendido lo cuidadosos que debíamos ser. Hubo un gran debate en torno al hecho de que las niñas y los niños todavía comían en mesas separadas. Terminé sugiriendo que quitáramos una de las mesas para ver qué pasaba. Cuando una de las niñas preguntó que por qué nos la llevábamos, le dije que no la necesitábamos más. Aceptó mi respuesta sin hacer más preguntas; era evidente que el número de niños que vivían en la cabaña se había reducido. Al principio las niñas se sentaron en un extremo y los niños en el otro, hasta que poco a poco, y de la manera más natural, comenzaron a interactuar y a mezclarse entre ellos. Pasado un tiempo, los síntomas postraumáticos y el cumplimiento de las reglas de Koresh volvieron a retroceder.

Hoy, catorce años después, hemos tenido diferentes oportunidades (todas informales) de seguir la pista a los niños davidianos. Sabemos que lo que ocurrió afectó permanente y profundamente a todos y cada uno de ellos. Alrededor de la mitad se fueron a vivir con familiares que seguían creyendo en el mensaje de Koresh, y algunos aún profesan la religión en la que se criaron. Algunos estudiaron en la universidad, desarrollaron una carrera y actualmente tienen sus propias familias; otros han llevado vidas caóticas y problemáticas.

Se realizaron investigaciones, audiencias en el Congreso, se escribieron libros, se hicieron públicos datos y se rodaron documentales. No obstante, a pesar de toda la atención que se generó alrededor de este suceso, en cuestión de muy pocos meses desapareció cualquier tipo de interés por aquellos niños. Se celebraron juicios penales y juicios civiles, pero no fueron más que mucho ruido y pocas nueces. Todos los sistemas, el SPI, el FBI, los *rangers*, nuestro grupo de Houston, etc., regresaron, en muchos sentidos, a los viejos modelos y a los modos antiguos de hacer las cosas. Pero, aunque desde el punto de vista de la práctica no se hubieran producido grandes cambios, nuestra manera de pensar se vio enormemente afectada.

Aprendimos que algunas de las experiencias más terapéuticas no suceden durante la «terapia», sino en relaciones saludables surgidas de manera natural, tanto entre un niño y un profesional como yo, una tía y su sobrina pequeña asustada o entre un tranquilo *ranger* de Texas y un niño muy nervioso. A los niños que mejor les fue después del apocalipsis davidiano no fue a aquellos que experimentaron un menor nivel de estrés o que exhibieron un mayor entusiasmo a la hora de hablar con nosotros en la cabaña, sino los que más tarde ingresaron en universos más saludables y llenos de cariño, tanto en familias que seguían creyendo en los valores davidianos como con familiares queridos que sentían un rechazo absoluto hacia Koresh. De hecho, es posible resumir las investigaciones sobre los tratamientos más efectivos para ayudar a las personas que han sido víctimas de traumas infantiles así: lo que mejor funciona es cualquier cosa que aumente la calidad y el número de relaciones en la vida de un niño.

También me di cuenta de cómo juntar grupos dispares —incluso aquellos con intereses contradictorios— a menudo puede resultar efectivo. Decenas de agencias locales, federales y estatales habían trabajado codo con codo para cuidar a estos niños. El poder que tiene la proximidad —pasar tiempo unos con otros— nos empujó a todos a ceder en nuestros esfuerzos para ayudarlos. Las relaciones importan: la moneda de cambio para obtener una transformación sistémica fue la confianza, y esta se consigue al formar relaciones de trabajo saludables. Es la gente, y no los programas, la que cambia a las personas. La cooperación, el respeto y la colaboración que experimentamos nos brindaron la esperanza de que podíamos marcar una diferencia, incluso aunque las propias redadas hubieran culminado en una catástrofe como aquella. Las semillas de una nueva manera de trabajar con niños traumatizados fueron sembradas en las cenizas de Waco.

04

Hambre de afecto físico

Como cualquier otra persona, los doctores disfrutan al ver sus logros reconocidos. Una forma segura de obtener fama médica es mediante el descubrimiento de una nueva enfermedad o la resolución de algún desafío médico. Los doctores de un hospital de Texas donde yo pasaba consulta estaban convencidos de que la niña pequeña de la habitación 723E era uno de aquellos desafíos. Con cuatro años, Laura pesaba menos de doce kilos a pesar de que llevaba semanas enteras recibiendo una dieta alta en calorías por un tubo insertado en la nariz. La enorme pila de fichas médicas que había esperándome nada más llegar a la sala de enfermería debía de medir más de un metro veinte; era más alta que la propia niña, de tan encogida como estaba. La historia de Laura, igual que la de los niños de Waco, nos ayudó a aprender más sobre la respuesta infantil a las experiencias tempranas. Ilustra cómo no es posible tratar por separado la mente y el cuerpo, revela qué necesitan tanto los niños como los bebés para que su cerebro se desarrolle de un modo saludable y demuestra que el abandono de estas necesidades puede tener un profundo impacto en todos los aspectos del crecimiento de un niño.

El historial de Laura contenía literalmente miles de páginas y documentos en los que se detallaban las visitas al endocrino, al gastroenterólogo, al nutricionista y a otros especialistas médicos. Había incontables informes de análisis de sangre, exámenes cromosómicos, de niveles de hormonas, biopsias… Entre los documentos se incluían resultados de pruebas aún más agresivas que requerían el uso de un tubo insertado por la garganta para examinar el estómago y tubos insertados por vía rectal para examinar los intestinos. Había decenas de informes de médicos de atención primaria. La habían sometido incluso a una laparoscopia, que consiste en la introducción de un tubo dentro del abdomen para examinar los órganos internos; le habían cortado un trozo de intestino y lo habían enviado a analizar a los Institutos Nacionales de Salud.

Finalmente, tras permanecer un mes en la unidad especial de investigación gastrointestinal, un trabajador social presionó a los médicos de Laura para que la visitara un psiquiatra. Del mismo modo que, nada más conocerla unos años antes, los compañeros gastroenterólogos pensaron que habían descubierto un caso de «epilepsia intestinal», los psiquiatras también ofrecieron una teoría novedosa sobre Laura. El psicólogo que llevó a cabo la primera consulta estaba especializado en trastornos alimenticios y parecía convencido de que se encontraba ante el primer caso documentado de «anorexia infantil». Fascinado y contentísimo, discutió el caso con sus colegas de salud mental. En última instancia, solicitó consultarme a mí porque yo tenía más experiencia en el terreno de las publicaciones científicas y él confiaba en que se tratara de un caso publicable. Me aseguró que la niña debía de estar vomitando a escondidas, o quizá se levantaba por las noches para hacer ejercicio frenéticamente. De lo contrario, ¿cómo era posible que se la alimentara con tantas calorías y aun así siguiera sin crecer? Quería conocer mi opinión sobre aquel problema nuevo y alarmante que por primera vez podía advertirse en un niño pequeño.

Sentí curiosidad. Nunca había oído hablar de anorexia infantil. Llegué al hospital con la idea de empezar la consulta tal y como hago siempre: revisando la historia médica para asegurarme de que conozco todos los datos posibles. Pero, en cuanto vi el montón de documentos de metro veinte de altura con las veinte admisiones previas y los estudios de seis especialistas clínicos para una niña de tan solo cuatro años, miré por encima el informe de ingreso y fui directamente a conocer a la paciente y a su madre.

Al llegar a la habitación me encontré con una escena alarmante. Virginia,* la madre de Laura, de veintidós años, estaba sentada viendo la televisión aproximadamente a un metro y medio de su hija. No había interacción alguna entre ellas. Laura, diminuta y esquelética, permanecía tranquilamente sentada con sus grandes ojos clavados en el plato de comida. También tenía una sonda de alimentación que le inyectaba nutrientes en el estómago. Más tarde supe que un psicólogo con experiencia en trastornos alimenticios había desaconsejado a Virginia interactuar con Laura a la hora de la comida. Se suponía que, al mantenerse al margen, detendría el modo en que Laura —quien supuestamente era una niña anoréxica muy astuta— manipulaba a su madre en el terreno de la comida y de los alimentos. Por aquel entonces imperaba una teoría según la cual las personas con anorexia disfrutaban de la atención que recibían al no comer, y la usaban para controlar a sus familiares; se creía que al negarles esta «recompensa» se ayudaba a su recuperación. Pero lo único que yo veía era a una niña pequeña flaquísima y abatida y a su madre desconectada de ella.

El cerebro es un órgano con memoria. Almacena nuestras vivencias personales. Las experiencias de nuestra vida moldean en quiénes nos convertimos creando nuestro catálogo cerebral de patrones de memoria, que son los que guían nuestra conducta, a veces de un modo que nos resulta fácil de reconocer y más a menudo mediante procesos que van más allá de nuestra consciencia. Por tanto, un elemento crucial a la hora de comprender cualquier problema clínico relacionado con el cerebro es obtener una historia precisa de las experiencias del paciente. Como gran parte del cerebro se desarrolla en las primeras etapas de la vida, el tipo de crianza recibida influye de forma dramática en el desarrollo de nuestro cerebro. Así, como tendemos a cuidar de nuestros hijos de la misma manera que nos cuidaron a nosotros durante nuestra infancia, una buena historia del «cerebro» comienza con la historia de la infancia y primeras experiencias de aquellos que nos cuidan. Para comprender a Laura iba a necesitar entender a su familia, que en su caso consistía en su madre.

Lo primero que hice fue plantearle a Virginia cuestiones básicas e inofensivas, y casi inmediatamente comencé a sospechar que la fuente de los problemas de Laura residía en el pasado de su joven, bienintencionada pero inexperta madre.

—¿De dónde es? —pregunté.
—De Austin, supongo.
—¿Y de dónde son sus padres?
—No lo sé.

En cuestión de pocos minutos había descubierto que Virginia era hija del sistema de hogares de acogida. Su madre fue una drogadicta que la abandonó nada más nacer, y nunca se supo quién era el padre. Virginia había crecido en una época en la que el sistema de bienestar infantil trasladaba de forma habitual a los niños y a los bebés cada seis meses para que no sintieran un apego demasiado fuerte por ningún cuidador en concreto. Ahora ya sabemos que los apegos tempranos que un niño siente por un número reducido de cuidadores constantes es crucial para su salud mental e incluso para su desarrollo físico. Pero en aquella época este conocimiento todavía no había empezado a penetrar en la burocracia del sistema de bienestar infantil.

Al nacer, los seres humanos son más vulnerables y dependientes que las crías de cualquier otra especie. El embarazo y la primera infancia suponen un desgaste energético tremendo para la madre e, indirectamente, para el conjunto de la familia. Sin embargo, a pesar del intenso dolor del parto, de las numerosas incomodidades del embarazo, de dar el pecho y de las demandas continuas y ruidosas del recién nacido, las madres humanas muestran una tendencia casi unánime a dedicarse por entero a proteger, alimentar y consolar a sus hijos. De hecho, la mayoría son felices al hacerlo, y cuando no lo son, lo encontramos patológico.

Para un marciano —o incluso para mucha gente que no tiene hijos—, este comportamiento puede entrañar un misterio. ¿Qué puede llevar a los padres a privarse de sueño, sexo, amigos, tiempo propio y básicamente cualquier otro placer de la vida para satisfacer las demandas de un pequeño ser necesitado, incontinente y con frecuencia exasperantemente escandaloso? El secreto radica en que cuidar a niños es, en muchos sentidos, indescriptiblemente reconfortante. Nuestros cerebros nos recompensan por interactuar con nuestros hijos, especialmente cuando son bebés: todo, desde su aroma, los balbuceos y los arrullos que hacen cuando están tranquilos hasta la suavidad de la piel y, sobre todo, sus caras, está diseñado para llenarnos de alegría. Lo que llamamos «preciosidad» es en realidad una adaptación evolutiva que ayuda a asegurar el cuidado de los hijos por parte de los padres; los bebés verán sus necesidades satisfechas y los padres se encargarán de esta tarea aparentemente ingrata de buen grado.

Así, a lo largo de nuestro desarrollo, en el curso normal de los acontecimientos recibiremos cuidados cariñosos, gratos y atentos. Cuando tenemos frío, hambre, sed, miedo o nos sentimos inquietos por algo, nuestros lloros consiguen que aparezcan los cuidadores, que enseguida satisfacen nuestras necesidades y eliminan cualquier atisbo de angustia gracias a su cariñosa atención. Estos cuidados amorosos estimulan de forma simultánea dos redes neuronales fundamentales de nuestro cerebro en desarrollo. La primera es el complejo conjunto de percepciones sensoriales asociadas a las interacciones relacionales humanas: la cara del cuidador, la sonrisa, la voz, el tacto y el olor. La segunda es la estimulación de los circuitos neuronales que controlan el «placer». Este «sistema de recompensas» puede activarse de muchas maneras, y una de ellas es el alivio del sufrimiento. Aplacar la sed, satisfacer el hambre, calmar la ansiedad… Todo esto genera una sensación de placer y confort. Y, como ya hemos visto, cuando dos patrones de actividad neuronal ocurren simultáneamente con la suficiente repetición, se crea una asociación entre ambos.

En el caso de una paternidad receptiva, el placer y las interacciones humanas se entrelazan de manera compleja. Esta interconexión, asociar el placer con la interacción humana, es el «pegamento» neurobiológico esencial que vincula y crea relaciones saludables. En consecuencia, las recompensas más poderosas que podemos recibir son la atención, la aprobación y el afecto de las personas que queremos y respetamos. De un modo parecido, el dolor más fuerte que podemos experimentar es la pérdida de esta atención, aprobación o afecto, siendo el ejemplo más evidente la muerte de un ser querido. Por este motivo, nuestros mayores triunfos profesionales, atléticos o intelectuales parecen vacíos si no tenemos con quién compartirlos.

La mayoría de los bebés nacen en un hogar acogedor, en el que un cuidador constante —un padre o una madre— está siempre presente y satisface las necesidades de los niños en todo momento. Uno o ambos progenitores aparecerán una y otra vez cuando el bebé llore y lo calmarán cuando sienta hambre, frío o miedo. A medida que el cerebro se va desarrollando, estos cuidadores afectuosos proveen las pautas que los bebés emplean para las relaciones humanas. El cariño es, por tanto, un patrón de la memoria que posibilita los lazos entre seres humanos. Este patrón constituye la «visión del mundo» primaria en cuanto a relaciones humanas. Está profundamente influido por la clase de experiencia vivida, es decir, en función de si se trató de una paternidad receptiva y afectuosa o de «cuidados» negligentes, abusivos, frecuentemente perturbadores o inconstantes.

Como ya se ha señalado, el cerebro se desarrolla de manera uso-dependiente. Los sistemas neuronales más utilizados se vuelven más dominantes, al contrario que los menos desarrollados. A medida que un niño crece, muchos sistemas del cerebro necesitan estimulación para poder desarrollarse. Es más, este desarrollo uso- dependiente debe ocurrir en momentos específicos para que los diversos sistemas funcionen de la mejor forma posible. Si este «periodo sensible» no llegara a producirse, es posible que ciertos sistemas nunca sean capaces de alcanzar su máximo potencial. En algunos casos, un déficit relacionado con el abandono o la negligencia puede ser permanente. Por ejemplo, si se mantiene cerrado uno de los ojos de un gatito durante sus primeras semanas de vida, se quedará ciego de ese ojo, incluso a pesar de que a ese ojo no le pase absolutamente nada. El circuito visual del cerebro requiere una experiencia de visión normal para poder desarrollarse; ante la falta de estímulos visuales, las neuronas del ojo cerrado no son capaces de realizar las conexiones fundamentales y se pierde la oportunidad de ver y de percibir en profundidad. De manera parecida, si en las primeras etapas de la vida un niño no está expuesto al lenguaje, es posible que nunca llegue a hablar o a comprender el habla con normalidad. Si un niño no habla un segundo idioma con fluidez antes de la pubertad, casi siempre hablará cualquier nuevo idioma que aprenda con acento.

Aunque no sabemos si existe un «periodo sensible» concreto para el desarrollo del apego normal similar al que parece haber en el caso del lenguaje y en el de la vista, las investigaciones sugieren que experiencias como la de Virginia, en las que no se proporciona a los niños la oportunidad de desarrollar relaciones permanentes con uno o dos cuidadores principales durante los tres primeros años de vida, poseen efectos duraderos que afectarán a la capacidad de las personas para relacionarse con afecto y normalidad con los demás. Los niños que no reciben cariño físico constante o la oportunidad de construir lazos amorosos, simplemente no reciben la estimulación repetitiva y pautada necesaria para construir adecuadamente los sistemas cerebrales que conectan la recompensa, el placer y las interacciones humanas. Eso era precisamente lo que le había sucedido a Virginia. Al ser el resultado de unos cuidados efímeros y fragmentados durante la infancia, no había obtenido el mismo grado de recompensa —o, si prefieren, de placer— que la mayoría de las madres experimentan a la hora de coger en brazos, oler e interactuar con su bebé.

A los cinco años, Virginia al fin se había establecido en el que sería su hogar infantil más permanente. Sus padres de acogida eran cariñosos y altamente morales. Eran cristianos y buenos padres. Le enseñaron buenos modales y a tratar a los demás como a ella le gustaría que la trataran. Le ofrecieron un guion básico y humano para desarrollar una conducta normal. Le enseñaron que robar estaba mal, así que ella no cogía nada que no fuera suyo sin permiso. Le enseñaron que las drogas no eran buenas, así que no tomó drogas. Le enseñaron que había que trabajar duro e ir al colegio, así que eso fue lo que hizo. Quisieron adoptarla y ella quería que ellos la adoptaran, pero el estado nunca había extinguido la patria potestad de sus padres biológicos y de vez en cuando sus cuidadores hablaban de la posibilidad de reunirla con su madre biológica, de modo que el proceso de adopción jamás culminó. Por desgracia, esto significó que, al cumplir dieciocho años, el estado dejó de ser su responsable legal. Por consiguiente, tuvo que marcharse de su casa de acogida y a los padres sustitutos se les dijo que en adelante no podrían ponerse en contacto con ella. Su futuro como padres de acogida estaba ligado al cumplimiento de lo solicitado por los trabajadores sociales. A causa de un nuevo ejemplo inhumano de política de bienestar infantil —enfocada a reducir las responsabilidades del sistema legal, no a proteger a los niños—, Virginia perdió a los únicos padres que realmente había conocido.

Por aquella época acababa de terminar el instituto. La trasladaron a un hogar de transición para jóvenes que estaban a punto de llegar a la edad en la que deberían salir del sistema de acogida; el hogar estaba en una comunidad de ingresos bajos. Separada de sus seres queridos, sin disponer de reglas bien definidas y debido a la falta de cariño que sufría, Virginia tardó muy poco tiempo en quedarse embarazada. El padre de su hija la dejó, pero ella quería un bebé a quien amar y quería hacer las cosas bien, tal y como sus padres de acogida le habían enseñado. Buscó atención prenatal y rápidamente se inscribió en un programa para embarazos de alto riesgo. Sin embargo, en cuanto nació el bebé, dejó de reunir los requisitos para permanecer en el programa, puesto que ya no estaba embarazada. Después de dar a luz, se quedó sola.

Tras recibir el alta en el hospital, Virginia no supo qué hacer con su bebé. Al haber visto sus primeros apegos brutalmente interrumpidos, no tenía lo que algunos podrían denominar «instinto maternal». Desde un punto de vista cognitivo, comprendía qué acciones básicas debía llevar a cabo: alimentar, vestir y bañar a Laura. Pero emocionalmente estaba perdida. A nadie se le había ocurrido enseñarle de manera específica las interacciones físicas y cariñosas que los bebés necesitan, y ella tampoco se sintió obligada a hacerlo. Virginia simplemente no obtenía ningún placer de cosas como estas y nadie le había enseñado que debía hacerlas. Ni sus sistemas emocionales límbicos ni la corteza cognitiva encargada de transportar la información la empujaban a ello, de modo que Virginia educó a su hija de un modo emocionalmente desconectado. No dedicó demasiado tiempo a tener al bebé en brazos; la alimentaba con un biberón en lugar de ponérsela sobre el pecho. No la acunaba, no le cantaba, no la arrullaba ni se quedaba mirándola ni contaba sus deditos una y otra vez ni se dedicaba a hacer ninguna de las tonterías tremendamente importantes que la gente que ha tenido infancias normales hace de forma instintiva al cuidar de un bebé. Y, sin estas señales físicas y emocionales que todos los mamíferos necesitan para estimular el crecimiento, Laura dejó de ganar peso. Virginia hizo lo que pensó que era lo correcto, no porque lo sintiera de corazón, sino porque su mente le decía que eso era lo que una madre «debía» hacer. Cuando se frustraba, podía llegar a ejercer una severa disciplina sobre la niña o a ignorarla. No sentía la satisfacción y la alegría de las interacciones positivas que por norma general ayudan a los padres a superar las dificultades emocionales y los desafíos físicos de criar a un hijo.

El término empleado para describir a los bebés que nacen normales y saludables pero que no crecen, o que incluso pierden peso tras padecer este tipo de abandono emocional, es «retraso del desarrollo o del crecimiento». Ya en la década de los ochenta, cuando Laura era un bebé, el «retraso del desarrollo» era un síndrome bien conocido en niños que habían sufrido abusos o abandono, sobre todo en aquellos que habían crecido sin suficientes cuidados ni atención individualizada. Se trata de un trastorno que lleva documentándose desde hace siglos, más comúnmente en orfanatos y otras instituciones que no disponen de cuidados ni atención suficiente para todos. Un estudio realizado en los años cuarenta descubrió que más de un tercio de los niños criados en una institución donde no se ofrecía atención individual a los pequeños murieron a la edad de dos años, un índice mortal elevadísimo. Los niños que sobreviven con semejante carencia emocional —como ha sucedido recientemente con huérfanos de Europa del Este, a uno de lo cuales conoceremos más adelante—, a menudo presentan problemas de comportamiento severos, hacen acopio de alimentos y pueden mostrarse muy cariñosos con personas extrañas mientras que tienen dificultades para relacionarse con aquellos a los que deberían sentir más cercanos.

Cuando, a las ocho semanas de dar a luz, Virginia buscó atención médica para su bebé, Laura fue correctamente diagnosticada con «retraso del desarrollo» y la ingresaron en el hospital para trabajar en su estabilización nutricional. Pero nadie le explicó el diagnóstico a Virginia. Lo único que le ofrecieron al darle el alta fueron consejos nutricionales, no consejos de cuidados maternales. Sugirieron una consulta de trabajo social, pero en ningún momento llegó a ordenarse. El equipo médico ignoró la cuestión del abandono entre otros motivos porque para muchos facultativos los aspectos sociales o «psicológicos» de los problemas médicos resultan menos interesantes y menos importantes que las cuestiones «fisiológicas» primarias. Además, Virginia no parecía una madre negligente. Después de todo, ¿qué madre que no estuviera preocupada buscaría una actuación temprana para su bebé?

Y, por este motivo, Laura continuó sin crecer. Al cabo de varios meses, Virginia volvió a urgencias con ella. Los siguientes doctores que trataron a su hija, y que no estaban al tanto del historial de apego interrumpido temprano de Virginia, pensaron que los problemas de Laura tenían que estar relacionados con el sistema gastrointestinal, no con su cerebro. Así comenzaron los cuatro años de odisea médica en los que Laura se vio sometida a exámenes, tratamientos, dietas especiales, cirugías y alimentación intravenosa. Virginia todavía seguía sin saber que su bebé necesitaba que la cogieran en brazos, la acunaran, jugaran con ella y le ofrecieran cuidados afectuosos.

Los bebés nacen con los elementos básicos de los mecanismos de respuesta al estrés intactos y centrados en las partes más primitivas e inferiores de sus cerebros en desarrollo. Cuando el cerebro del bebé recibe señales desde el interior del cuerpo —o de los sentidos externos— de que algo no va bien, estas señales quedan registradas como angustia. La angustia puede ser «hambre» en el caso de que necesite calorías, «sed» si está deshidratado o «ansiedad» si percibe una amenaza externa. Una vez calmada la angustia, el bebé se siente bien, y esto es porque nuestra neurobiología de respuesta al estrés está interconectada con las áreas cerebrales de «placer o recompensa» y con otras áreas que representan dolor, malestar o ansiedad. Las experiencias que disminuyen la angustia y mejoran la supervivencia tienden a producirnos placer; las experiencias que aumentan el riesgo habitualmente nos provocan una sensación de malestar.

Los bebés se encuentran inmediatamente tranquilos y relajados al ser cuidados, abrazados, acariciados y acurrucados. Si se les cría con amor y siempre que sienten hambre o miedo aparece alguien, asocian la alegría y el alivio de verse alimentados y calmados con el contacto humano. Por eso, en una infancia normal, como la descrita más arriba, las interacciones humanas enriquecedoras se vinculan íntima y poderosamente con el placer. Gracias a las miles de veces que respondemos a los lloros de nuestro bebé ayudamos a construir su capacidad saludable para obtener satisfacción en futuras relaciones humanas.

Dado que tanto los sistemas neuronales relacionales y los que median el placer están vinculados a nuestros sistemas de respuesta al estrés, interaccionar con nuestros seres queridos es nuestro principal mecanismo para controlar el estrés. Al principio, los bebés deben confiar en quienes los rodean no solo para aplacar su hambre, sino también para calmar la ansiedad y el miedo provocados por el hecho de no ser capaces de obtener comida y cuidados por ellos mismos. De sus cuidadores aprenden la manera de responder a estos sentimientos y necesidades. Si sus padres los alimentan cuando tienen hambre, los calman cuando están asustados y en general responden a sus necesidades físicas y emocionales, lo que en definitiva consiguen es construir la capacidad de los bebés para calmar y consolarse a sí mismos, una habilidad que más adelante los ayudará a enfrentarse a los altibajos habituales de la vida.

Todos hemos visto a niños pequeños que buscan con la mirada a su madre después de hacerse un rasguño en la rodilla; pero en el momento en que un bebé ve una cara de preocupación, comienza el llanto fuerte. Este es el ejemplo más evidente del complejo baile que tiene lugar entre cuidador y niño y que a este último le permite aprender a impulsar una autorregulación emocional. Por supuesto, algunos niños pueden ser genéticamente más o menos sensibles a los factores estresantes y a la estimulación, pero las fuerzas o las vulnerabilidades genéticas se ven aumentadas o mitigadas en el contexto de las primeras relaciones de un niño. Para la mayoría de nosotros, incluidos los adultos, la mera presencia de personas que nos resultan familiares, el sonido de la voz de un ser querido o la visión de su figura acercándose, ciertamente pueden modificar la actividad de los sistemas neuronales de respuesta al estrés, cortar el flujo de hormonas del estrés y reducir nuestra sensación de angustia. El simple hecho de darle la mano a una persona a la que queremos funciona como una poderosa medicina para reducir el estrés.

En el cerebro también encontramos una clase de células nerviosas conocidas como neuronas «espejo» que responden en sincronía con el comportamiento de los demás. Esta capacidad de regulación mutua proporciona otra base para el apego. Por ejemplo, cuando un bebé sonríe, las neuronas espejo que se encuentran en el cerebro de la madre suelen responder con una serie de patrones que son casi idénticos a los que se producen cuando la propia madre sonríe. Esta réplica normalmente lleva a la madre a responder con otra sonrisa. Resulta sencillo ver cómo la empatía y la capacidad para reaccionar a las relaciones tienen su origen aquí, en el momento en que una madre y su hijo se sincronizan y refuerzan el uno al otro mediante sus conjuntos de neuronas espejo, que reflejan la alegría y el sentimiento de unión que siente cada uno.

Por el contrario, si se ignora la sonrisa de un bebé, si se le deja llorar solo con frecuencia, si no se le alimenta o se hace con brusquedad, sin ternura de ningún tipo o sin cogerle en brazos, es posible que las asociaciones positivas que se producen entre el contacto humano y la seguridad, la previsibilidad y el placer no lleguen a desarrollarse. Si, como había sido el caso de Virginia, se le abandona en cuanto comienza a establecer un vínculo con una persona con cuyo olor, ritmo y sonrisa particulares empezaba a sentirse cómodo, y de nuevo se le vuelve a abandonar la vez siguiente que se acostumbra a un nuevo cuidador, es posible que estas asociaciones nunca lleguen a consolidarse. No se producen las suficientes repeticiones capaces de asegurar la conexión; las personas no son intercambiables. A partir de la infancia, el precio del amor es el dolor de la pérdida. El vínculo afectivo entre un bebé y los cuidadores que le dispensan sus primeros cuidados no es despreciable: el amor que un bebé siente por sus cuidadores es tan profundo como la conexión romántica más intensa. De hecho, el patrón de la memoria de este primer apego es el que permitirá al bebé establecer relaciones íntimas saludables en la edad adulta.

Cuando era un bebé, Virginia no llegó a tener nunca la oportunidad de aprender que la querían; en cuanto se acostumbraba a los cuidados de una persona, la sacaban de allí y cambiaba de cuidador. Sin uno o dos cuidadores constantes a lo largo de su vida, nunca pudo experimentar las repeticiones relacionales particulares que un niño necesita para asociar el contacto humano con el placer. No desarrolló la capacidad neurobiológica básica para empatizar con la necesidad de amor físico de su propio bebé. En cualquier caso, como sí había vivido en un hogar afectuoso y estable en el momento en que las regiones cognitivas superiores de su cerebro estaban en pleno desarrollo, fue capaz de aprender qué era lo que «debía» hacer como progenitora. Aun así, seguía sin contar con los apoyos emocionales que le ayudarían a sentir su comportamiento protector como algo natural.

De modo que, al nacer Laura, Virginia sabía que debía «amar» a su bebé, pero no sentía aquel amor de la misma manera que la mayoría de la gente, y por eso no lo expresaba a través del contacto físico.

Para Laura, esta falta de estimulación resultó devastadora. Su cuerpo respondió con una desregulación hormonal que impidió el crecimiento normal a pesar de haber recibido una nutrición más que adecuada. Es un problema similar que en otros mamíferos recibe el nombre de «síndrome del animal renacuajo». En camadas de ratas y ratones, e incluso en cachorros de perro y en gatitos, si no se lleva a cabo ninguna clase de intervención externa, los animales más débiles y pequeños suelen morir a los pocos días de haber nacido. El pequeño animal no tiene fuerza para estimular el pezón de la madre y obtener la cantidad de leche que necesita (en muchas especies, cada bebé prefiere un pezón específico y mama exclusivamente de él) o para obtener de la madre el comportamiento de aseo adecuado. Al no lamerlo ni asearlo tanto como a las demás crías, la madre abandona físicamente al animal pequeño, y este, por su parte, limita aún más su crecimiento. La falta de atención hace que sus propias hormonas del crecimiento se detengan, de modo que, aunque de alguna manera consiga alimento suficiente, seguirá sin crecer adecuadamente. Este mecanismo, más que cruel para el animalillo, redirige los recursos hacia aquellos animales que mejor sepan utilizarlos. Al conservar estos recursos, la madre alimenta de manera preferencial a los animales más saludables, puesto que estos cuentan con mayores oportunidades de sobrevivir y transmitir sus genes.

A menudo se descubre que los bebés diagnosticados con «retraso del desarrollo» han reducido sus niveles de la hormona del crecimiento, lo que sin duda explicaba la incapacidad de Laura para ganar peso. Sin la estimulación física que se necesita para liberar estas hormonas, el cuerpo de Laura trataba los alimentos como si fueran desperdicios. No necesitaba purgar ni hacer ejercicio para evitar ganar peso: la falta de estimulación física había programado a su cuerpo para que hiciera exactamente eso. Sin amor, los niños literalmente no crecen. Laura no era anoréxica; igual que un animalillo escuálido en una camada de cachorros, simplemente no estaba recibiendo los cuidados físicos que su cuerpo necesitaba para saber que la querían y que crecer era seguro.

Al poco tiempo de llegar a Houston, conocí a una madre de acogida que a menudo llevaba a sus hijos a nuestra clínica. Era una persona cálida y acogedora poco amiga de las ceremonias y que siempre decía lo que pensaba. Mamá P.* parecía saber de un modo intuitivo qué era lo que necesitaban los niños maltratados y frecuentemente traumatizados que nos traía.

Mientras consideraba el modo de lograr que Virginia ayudara a Laura, me puse a pensar en lo que había aprendido de Mamá P. La primera vez que la vi, yo era relativamente nuevo en Texas. Había establecido una clínica de enseñanza donde trabajaban alrededor de una docena de psiquiatras, psicólogos, residentes de psiquiatría y pediatría, estudiantes de medicina, más el resto de personal y aprendices. Era una clínica de enseñanza diseñada, en parte, para permitir que los aprendices observaran a los doctores más experimentados y «expertos» mientras llevaban a cabo su labor asistencial. Me presentaron a Mamá P. durante la sesión de comentarios tras la visita de evaluación inicial de uno de sus hijos de acogida.

Mamá P. era una mujer grande y poderosa que hacía gala de una gran fuerza y seguridad en sí misma. Vestía un traje hawaiano largo de colores brillantes y una bufanda alrededor del cuello. Había venido a consulta con Robert, un niño de siete años que tenía en acogida. Tres años antes de aquella visita, la madre de Robert había perdido la custodia de su hijo. Era una prostituta que había sido adicta al alcohol y a la cocaína a lo largo de toda la vida de su hijo. No le atendía y le pegaba; el niño también había visto cómo los clientes y chulos pegaban a su madre, y él mismo había sufrido abusos y había sido aterrorizado por las parejas de ella.

Desde que se lo llevaron de su casa, Robert había estado en seis casas de acogida y en tres albergues. Lo habían hospitalizado en tres ocasiones distintas por presentar una conducta fuera de control. Había recibido una decena de diagnósticos, incluido el trastorno por déficit de atención e hiperactividad (TDAH), trastorno oposicional desafiante, trastorno bipolar, trastorno esquizoafectivo y diversos trastornos de aprendizaje. A menudo se mostraba como un niño cariñoso y afectuoso, pero otras veces tenía episodios de «arrebatos» y agresividad que asustaban a sus compañeros, profesores y padres de acogida lo bastante como para rechazarlo y expulsarlo de cualquiera de los emplazamientos en los que estuviera después de sufrir alguno de estos ataques. Mamá P. lo trajo a la clínica para que lo evaluáramos porque había vuelto a tener problemas en el colegio a causa de su falta de atención y agresividad, y el colegio había exigido que se hiciera algo al respecto. Me recordaba a uno de los muchos chicos con los que había trabajado en Chicago en el centro de tratamiento residencial.

Al empezar la consulta, intenté que Mamá P. participara para que estuviera más cómoda. Sabía que la gente puede «escuchar» y procesar la información de un modo mucho más efectivo cuando están tranquilos. Quería que se sintiera segura y respetada. Pensándolo ahora, debí de parecerle muy paternalista. Me sentía demasiado confiado; pensaba que sabía lo que le pasaba a su hijo de acogida, de modo que el mensaje implícito era: «Yo entiendo a este niño y tú no». Ella me miraba desafiante, sin sonreír y con los brazos cruzados. Yo me enfrasqué en una explicación probablemente ininteligible e interminable sobre la biología de los mecanismos de respuesta al estrés y cómo podría explicar los síntomas de agresividad e hipervigilancia del niño. Todavía no había aprendido a ilustrar con claridad el impacto del trauma en los niños.

—Entonces ¿qué puede hacer para ayudar a mi bebé? —me preguntó. La manera en que se refirió a él me dejó muy sorprendido: ¿por qué llamaba «bebé» a aquel niño de siete años? No estaba seguro de qué pensar sobre ella.

Sugerí clonidina, la medicación que había utilizado con Sandy y con los niños del centro. Mamá P. me interrumpió tranquila pero firme:

—De ninguna manera le dará drogas a mi bebé.

Intenté explicarle que éramos relativamente conservadores en el uso de la medicación, pero ella no quería ni oír hablar sobre ello. «Ningún doctor va a drogar a mi bebé», dijo. Llegados a este punto, el residente de psiquiatría infantil, que era el médico principal de Robert y estaba sentado a mi lado, empezó a ponerse nervioso. Fue una situación muy incómoda. El vicepresidente mandamás y jefe de psiquiatría se estaba comportando como un perfecto idiota. Con aquella actitud, lo único que conseguía era alienar a la madre de aquel niño sin llegar a ningún sitio. Una vez más traté de explicarle la biología de los sistemas de respuesta al estrés, pero ella me cortó.

—Explíquele todo esto que acaba de contarme al colegio de Robert —dijo con gran énfasis—. Mi bebé no necesita fármacos, necesita que la gente sea cariñosa y amable con él. Ni el colegio ni todos esos profesores lo comprenden.

—De acuerdo. Podemos hablar con el colegio —me retracté.

Y después me rendí:

—Mamá P., ¿cómo lo ayudaría usted?

Sentía mucha curiosidad por saber por qué Robert no tenía con ella los «arrebatos» que le habían llevado a ser expulsado de otras casas de acogida y colegios.

—Simplemente le cojo en brazos y le mezo. Le quiero. Por las noches, cuando se levanta asustado y deambula por la casa, le meto en la cama a mi lado, le froto la espalda y le canto un poquito hasta que se queda dormido.

El residente había empezado a buscarme con la mirada; se le veía claramente preocupado: los niños de siete años no deberían dormir en la misma cama que sus cuidadores. Pero yo estaba intrigado y seguí escuchando.

—¿Hay algo que logre calmarlo cuando le da alguno de sus enfados durante el día?

—Lo mismo. Simplemente dejo de hacer lo que sea que estuviera haciendo y le abrazo y le mezo en una silla. Pobrecito mío, enseguida se calma.

Al decir eso, me acordé de un patrón recurrente que aparecía en los informes de Robert. En todos ellos, incluido el último procedente del colegio, el personal se mostraba muy enfadado y frustrado con la desobediencia y la conducta inmadura «similar a la de un bebé», y se quejaban de lo necesitado y pegajoso que parecía. Le pregunté a Mamá P.:

—Entonces, cuando se comporta así, ¿nunca se siente frustrada y enfadada?

—¿Usted se enfada cuando un bebé protesta? —contestó—. Claro que no. Eso es lo que hacen los bebés. Se portan lo mejor que pueden y cuando les da una rabieta siempre les perdonamos, igual que cuando lloran o nos escupen.

—¿Y Robert es su bebé?

—Todos son mis bebés. Lo que pasa es que Robert lleva siete años siendo un bebé.

Terminamos la sesión y concertamos una nueva cita para la semana siguiente. Le prometí que llamaría al colegio de Robert. Mama P. se quedó mirándome mientras me alejaba con Robert por el pasillo de la clínica. Le dije en broma lo bien que nos vendría que Robert volviera para enseñarnos más cosas. Aquello por fin le arrancó una sonrisa.

A lo largo de los años, Mamá P. continuó trayendo a sus hijos en acogida, y nosotros continuamos aprendiendo de ella. Mamá P. descubrió, mucho antes que nosotros, que muchas víctimas jóvenes de malos tratos y abandono necesitan estimulación física, como ser mecidos y sujetados suavemente, un consuelo aparentemente apropiado para niños mucho más pequeños. Sabía que no hay que interactuar con estos niños en función de su edad, sino en función de lo que necesitan, de lo que puede haberles faltado durante los «periodos de sensibilidad» de su desarrollo. Casi todos los niños que acogía tenían una tremenda necesidad de sentirse abrazados y de tener contacto físico. Cada vez que algún miembro del personal la veía en la sala de espera sujetando y meciendo a aquellos niños, se mostraban preocupados de que los estuviera infantilizando.

Sin embargo, terminé comprendiendo por qué el estilo de afectividad física que a nosotros nos resultaba tan abrumador, y que en un principio me preocupó que pudiera sofocar a los niños más mayores, a menudo debía ser exactamente lo que el doctor recetara. Estos niños nunca habían recibido los cuidados físicos pautados y repetidos necesarios para desarrollar un sistema de respuesta al estrés sensible y bien regulado. Nunca habían conocido lo que era sentirse amados y seguros, no contaban con la seguridad interna que se necesita para explorar el mundo y crecer sin miedo. Tenían hambre de afecto físico... y Mamá P. se lo proporcionaba.

En aquel momento, sentado con Laura y con su madre, sabía que ambas podían beneficiarse, no solo de la sabiduría de Mamá P. acerca del modo de tratar a los hijos, sino también de su propia naturaleza increíblemente maternal y afectuosa. Volví al área de enfermería, busqué por todas partes hasta dar con su número de teléfono y la llamé. Le pregunté si estaba dispuesta a acoger a una madre y a su hija para que Virginia aprendiera a criar a Laura. Aceptó de inmediato. Afortunadamente, ambas familias formaban parte de un programa de financiación privada que nos permitía pagar a nosotros esta clase de cuidados, algo que el sistema de acogida, que suele mostrarse inflexible, no permite.

Solo me quedaba convencer a Virginia y a mis compañeros médicos. Cuando regresé a la habitación donde estaba esperándome, Virginia parecía muy nerviosa. Mi colega de psiquiatría le había facilitado uno de mis artículos sobre el trabajo clínico que llevábamos a cabo con niños que han sufrido abusos. Virginia asumió que yo la consideraba una madre incompetente. Antes incluso de dejarme hablar, me dijo: «Si va a ayudar a que mi bebé se encuentre mejor, por favor, llévesela». Virginia quería tantísimo a su bebé que estaba dispuesta a dejarla marchar si eso era lo que Laura necesitaba para recuperarse.

Le expliqué lo que de verdad pretendía hacer, es decir, que quería que se fuera a vivir con Mamá P. Ella estuvo de acuerdo enseguida, dijo que estaba dispuesta a hacer lo que hiciera falta para ayudar a su hija.

Los compañeros pediatras, no obstante, seguían extremadamente preocupados por las necesidades nutricionales de Laura. Estaba tan por debajo de su peso que tenían miedo de que no pudiera ingerir las suficientes calorías sin apoyo médico. Después de todo, en aquel momento la alimentaban a través de una sonda. Les aseguré que yo me encargaría de una estricta monitorización de su dieta para asegurarme de que recibía las calorías necesarias, y al final resultó ser positivo, porque de ese modo pudimos documentar sus espectaculares progresos. Durante el primer mes con Mamá P., Laura consumió exactamente el mismo número de calorías que había ingerido el mes anterior en el hospital, a lo largo del cual su peso apenas se había mantenido en once kilos y setecientos gramos. Sin embargo, en el entorno afectivo de Mamá P., Laura ganó cuatro kilos y medio en un mes, pasando de casi doce a dieciséis kilos. Su peso aumentó un 35 por ciento con las mismas calorías que previamente no habían sido suficientes para prevenir la pérdida de peso, porque ahora recibía el afecto físico que su cerebro requería para liberar las hormonas necesarias para el crecimiento.

Observando a Mamá P. y recibiendo los afectos físicos con los que prodigaba a todos los que la rodeaban, Virginia fue aprendiendo lo que Laura necesitaba y cómo proporcionárselo. Antes de conocer a Mamá P., las comidas habían sido mecánicas o llenas de conflictos: los cambios constantes en las instrucciones dietéticas y los consejos ofrecidos por los diversos doctores y hospitales que trataban de ayudar, lo único que conseguían era añadir confusión a la experiencia vacía que para Laura suponía comer. Además, debido a la falta de comprensión de las necesidades de su hija, Virginia pasaba de mostrarse afectuosa a ser dura y punitiva o simplemente ignorar a Laura. Sin la recompensa que la crianza habitualmente proporciona tanto a la madre como a sus hijos, Virginia se había visto especialmente propensa a la frustración. Criar a un hijo es difícil, y, sin la capacidad neurobiológica para sentir la alegría de ser padres, los enfados y los fastidios alcanzan magnitudes colosales.

El sentido del humor de Mamá P., su calidez y sus abrazos permitieron a Virginia recibir parte de los cuidados maternales que no había conocido. Y, viendo la manera en que Mamá P. reaccionaba ante sus otros hijos y ante Laura, Virginia empezó a registrar las señales de Laura. Sabía reconocer mejor cuándo su hija tenía hambre, cuándo quería jugar o cuándo necesitaba dormir un rato. La niña de cuatro años que parecía haberse quedado estancada en la fase desafiante de los «terribles dos años», comenzó a madurar, tanto física como emocionalmente. A medida que crecía, desaparecía la tensión entre madre e hija durante las comidas. Virginia se relajó y fue capaz de mostrar mayores dosis de paciencia y regularidad a la hora de reaccionar.

Virginia y Laura vivieron en casa de Mamá P. aproximadamente un año. Las dos mujeres se hicieron grandes amigas y Virginia se mudó al barrio de Mamá P. para poder permanecer en estrecho contacto. Laura se convirtió en una niña brillante, parecida a su madre en el sentido de que tendía a ser emocionalmente distante, pero con una sólida brújula moral; ambas tenían valores positivos. Cuando tuvo su segundo hijo, Virginia desde el principio supo cuál era la manera adecuada de cuidarlo, y este no sufrió problemas de crecimiento. Virginia fue a la universidad y a sus hijos les va muy bien en el colegio. Tienen amigos, una comunidad parroquial de la que forman parte y, sobre todo, a Mamá P. al final de la calle.

Sin embargo, tanto Laura como Virginia aún presentan las cicatrices de su primera infancia. Si fuera posible observar a la madre o a la hija sin ser vistos, quizá contemplaríamos una expresión facial ausente, o incluso triste. En cuanto fueran conscientes de nuestra presencia, se camuflarían bajo su «persona social» y mostrarían un comportamiento completamente apropiado, pero, si prestáramos especial atención a nuestra «intuición», advertiríamos que en nuestras interacciones con ellas habría algo incómodo o poco natural. Ambas poseen la capacidad de imitar muchas de las señales de interacción social habituales, pero ninguna se siente naturalmente empujada a socializar con los demás, a sonreír con espontaneidad o a expresar comportamientos físicos reconfortantes y cálidos, como por ejemplo un abrazo.

Aunque hasta cierto punto todos «actuamos» de cara a los demás, a aquellos que han sufrido un abandono temprano la careta se les cae con mayor facilidad. En un nivel cognitivo «superior», madre e hija son personas muy buenas. Han aprendido a utilizar las reglas morales y cuentan con un poderoso sistema de creencias para domesticar sus miedos y deseos. Pero en los sistemas de relaciones y de comunicación social de su cerebro, que es la fuente de su conexión emocional con otras personas, existen sombras de los cuidados interrumpidos que recibieron durante los primeros años de vida. La naturaleza y el momento en que suceden nuestras experiencias de desarrollo es lo que nos moldea. Del mismo modo que la gente que aprende a hablar un idioma tarde en la vida, Virginia y Laura nunca llegarán a hablar el lenguaje del amor con el acento adecuado.

05

El corazón más frío

Entrar a una prisión de máxima seguridad siempre resulta sobrecogedor: después del exhaustivo proceso de verificación de la identidad en la entrada, tienes que entregar tus llaves, cartera, teléfono y cualquier otra cosa susceptible de ser robada o utilizada como arma. Te confiscan todo aquello que te identifica, salvo la ropa. Una de las primeras puertas cerradas que atraviesas tiene un letrero que advierte que si te toman como rehén tendrás que valerte por ti mismo. Supuestamente esto es para impedir que los visitantes finjan un secuestro y de este modo posibiliten el escape de prisioneros, pero al mismo tiempo infunde un gran desasosiego. Antes de llegar a la sala donde me reuniría con el prisionero a quien debía examinar, tuve que superar al menos tres o cuatro puertas dobles metálicas y gruesas con numerosos niveles de seguridad humana y electrónica entre ellas que se iban cerrando firmemente a mi espalda. Leon, de dieciséis años, había asesinado sádicamente a dos chicas adolescentes, y después había violado los cadáveres.

Virginia y Laura habían ilustrado una de las formas en las que una situación de abandono durante la primera infancia puede perjudicar el desarrollo de las áreas del cerebro que controlan la empatía y la habilidad para establecer relaciones saludables, una pérdida que frecuentemente convierte a las personas en socialmente ineptas, solitarias e incómodas. Sin embargo, las carencias emocionales en los primeros años de vida también pueden predisponer a la persona a la maldad y la misantropía. Por fortuna, en el caso que acabamos de ver, a pesar de su capacidad subdesarrollada para la empatía, tanto la madre como la hija se volvieron unas personas altamente morales. Sus experiencias en la primera infancia las habían dejado lisiadas emocionalmente y a menudo ajenas a las indicaciones sociales, pero no llenas de ira y odio. La historia de Leon ilustra otro posible resultado mucho más peligroso y, afortunadamente, menos común. Leon me enseñó cuánto daño puede infligir la negligencia de los progenitores, incluso aquella que no es intencionada, y cómo la cultura occidental moderna puede erosionar las extensas redes familiares que tradicionalmente han protegido a muchos niños.

Leon había sido acusado de delito capital y se enfrentaba a la pena de muerte. Su equipo de abogados me había contratado para testificar durante la fase de sentencia del juicio. Esta audiencia determina si existen circunstancias «atenuantes», como por ejemplo antecedentes de problemas de salud mental o abuso, que debieran ser sopesadas antes de proceder a adoptar sentencias penales. Mi testimonio debía ayudar al tribunal a decidir entre cadena perpetua sin libertad condicional y la pena máxima.

Visité la prisión un día precioso de primavera, uno de esos días capaces de hacer que la mayoría de la gente se sienta feliz de estar viva. El sonido alegre del canto de los pájaros y el calor del sol me parecieron casi inapropiados al encontrarme delante del enorme edificio gris. Tenía cinco pisos y estaba hecho de bloques de cemento. Había muy pocas ventanas enrejadas y una caseta de centinela minúscula pintada de verde que resultaba incongruentemente pequeña comparada con la arquitectura imponente de la prisión. Las instalaciones estaban rodeadas de una alambrada de siete metros y medio con tres bobinas de alambre de concertina en lo alto. No había un alma fuera, salvo unos cuantos coches viejos aparcados.

Me acerqué a la puerta roja. El corazón me latía deprisa y me sudaban las manos. Tuve que repetirme varias veces que debía calmarme. La tensión parecía cercar el lugar. Atravesé una puerta doble, pasé por un detector de metales, me cachearon sumariamente y una guardia que parecía igual de enjaulada y resentida que un prisionero me llevó al interior del recinto.

—¿Es psicólogo? —me preguntó mientras me miraba con desaprobación.

—No. Soy psiquiatra.

—Vale, lo que sea. Podrías pasarte la vida entera aquí dentro. —Se rio con desdén.

Yo forcé una sonrisa.

—Este es el reglamento. Tiene que leerlo.

Me entregó un documento de una página y continuó:

—El contrabando está prohibido. No está permitido llevar armas, ni puede meter regalos dentro ni sacar nada de la prisión.

Por el tono que empleaba y por su actitud me quedaba muy claro que si por ella fuera yo no estaría allí. Quizá estaba molesta porque tenía que pasar aquel día maravilloso en la prisión. O puede que estuviera resentida porque pensaba que los profesionales de la salud mental que colaboran con el sistema judicial principalmente ayudan a que los criminales eviten las responsabilidades de sus acciones.

—De acuerdo —dije intentando ser respetuoso, aunque estaba seguro de que ella ya se había formado una opinión sobre mí. En realidad, no me sorprendía que se mostrara hostil. El cerebro se adapta al ambiente, y aquel lugar probablemente no tendría la capacidad de suscitar amabilidad ni confianza.

La sala donde se realizaban las entrevistas era pequeña y en ella había una mesa individual de metal y dos sillas. El suelo era el clásico suelo institucional de baldosas grises con manchitas verdes y las paredes eran bloques de hormigón pintados. Leon llegó acompañado por dos guardas varones. Una vez lo tuve delante de mí, vi que era pequeño, parecía un niño. Llevaba un mono naranja y tenía los brazos y las piernas esposados, encadenados unos con otros. Era delgado y bajito para su edad. Su aspecto, lo miraras por donde lo miraras, no era letal. A pesar de que su actitud sí era agresiva, de que estaba lleno de tatuajes carcelarios y de que llevaba el antebrazo marcado con una «X» curvada, su supuesta dureza parecía falsa y artificial, como si no fuera más que un gato pequeño con el pelo erizado que trataba de aparentar que era más grande de lo que en realidad era. Resultaba casi imposible creer que aquel niño-hombre de dieciocho años recién cumplidos había asesinado brutalmente a dos personas.

Había visto a sus dos jóvenes víctimas en el ascensor del edificio alto donde vivía. Aunque no eran más que las tres o las cuatro de la tarde, ya había estado bebiendo cerveza. Hizo una cruda proposición a las adolescentes y estas, como cabía esperar, la rechazaron. Entonces él las siguió hasta su apartamento y, tras una supuesta confrontación física, mató a ambas a puñaladas con un cuchillo de mesa. Cherise tenía doce años y su amiga Lucy, trece. Apenas habían alcanzado la pubertad. Debido a lo rápido que fue el ataque y a la desmesurada ventaja física que Leon les sacaba, ninguna pudo defenderse. Inmovilizó rápidamente a Cherise con un cinturón y, cuando Lucy trató de luchar con él, la mató. Después, o bien para que no hubiera testigos o porque todavía seguía encolerizado, mató también a la chica que estaba atada. A continuación violó ambos cuerpos y, como su furia aún no estaba saciada, se dedicó a golpearlos y a pisotearlos.

A pesar de que sus encontronazos con la ley eran frecuentes, en ninguno de sus informes se indicaba que fuera capaz de llegar a aquel nivel de violencia. Sus padres eran una pareja legítimamente casada de inmigrantes, muy trabajadores, ciudadanos serios y responsables sin antecedentes penales. Su familia nunca había estado implicada en asuntos de los servicios de protección infantil; no había antecedentes de maltrato, ni de cuidado tutelar ni ninguna señal de alerta obvia en cuanto a problemas de apego. Sin embargo, lo que sí sugerían todos los informes es que Leon era un maestro en el arte de manipular a la gente de su alrededor y, lo que resulta mucho más ominoso, que estaba absolutamente despojado de vínculos emocionales con los demás. A menudo le describían como una persona incapaz de sentir ni un ápice de empatía: sin remordimientos, desalmado, indiferente a la mayoría de las «consecuencias» de sus actos establecidas por el colegio o en los programas de justicia de menores.

Al tenerlo delante, con aquel aspecto tan pequeño y esposado dentro de una terrible prisión, estuve tentado de sentir lástima de él. Pero entonces nos pusimos a hablar.

—¿Tú eres el médico? —me preguntó, mirándome de arriba abajo, evidentemente decepcionado.

—Pues sí.

—Dije que quería una loquera chica —repuso con desdén. Empujó la silla y la alejó de la mesa de una patada. Le pregunté si había hablado de mi visita con su abogada y si entendía el propósito de nuestra entrevista.

Afirmó con la cabeza. Quería aparentar indiferencia y que era un tipo duro, pero yo sabía que tenía que estar asustado. Era muy probable que jamás lo admitiera o incluso que nunca pudiera llegar a comprenderlo, pero por dentro siempre estaba alerta, vigilante, y en todo momento estudiaba a las personas de su entorno para intentar descubrir quién le servía y quién podría lastimarlo. ¿Cuál es el punto débil de esta persona? ¿Qué quiere? ¿A qué le tiene miedo?

Nada más entrar por la puerta me di cuenta de que también me estudiaba a mí, en busca de debilidades y formas de manipularme. Era lo bastante listo como para reconocer el estereotipo de psiquiatra sensiblero y liberal. Había sabido leer sin ningún problema a la abogada principal de su caso y había logrado que ella sintiera lástima; la había convencido de que el perjudicado había sido él. Las chicas le habían invitado al apartamento y le habían prometido acostarse con él, pero las cosas se habían complicado y hubo un accidente. Había tropezado con los cuerpos y eso explicaba la sangre que había aparecido en sus botas. No tuvo ninguna intención de hacerles daño. Y ahora se proponía a convencerme a mí también de que él era la víctima incomprendida de dos arpías adolescentes que le habían provocado para después burlarse de él.

—Háblame de ti.

Empecé con preguntas directas para tratar de ver a dónde me llevaban.

—¿Qué quieres decir? ¿Es algún tipo de truco de loquero o qué? —preguntó receloso.

—No. Simplemente he supuesto que la mejor persona para hablarme de ti eres tú mismo. Ya he leído las opiniones de muchísima gente, la de tus profesores, terapeutas, agentes de vigilancia, la prensa... Todos tienen una opinión, por eso me interesa saber la tuya.

—¿Qué quieres saber?

—¿Qué quieres contarme?

El baile continuó y nos dedicamos a hablar en círculo un buen rato. Era un juego que yo conocía a la perfección, y a él también se le daba bastante bien. Pero yo estaba acostumbrado a esa clase de comportamientos.

—Vamos a empezar con el ahora. ¿Cómo es vivir en una prisión?

—Es aburrido. No está tan mal. No hay mucho que hacer.

—Cuéntame qué horario tienes.

Así fue como empezamos. Poco a poco fue relajándose, a medida que describía las rutinas de la prisión y sus experiencias previas en el sistema de justicia juvenil. Dejé que hablara y al cabo de varias horas hicimos un descanso para que él pudiera fumar un cigarrillo. A la vuelta, había llegado la hora de ir al grano:

—Cuéntame qué es lo que pasó con aquellas chicas.

—La verdad es que no fue para tanto. Estaba por allí sin más y las dos chicas se acercaron. Empezamos a hablar y me invitaron a subir con ellas a su apartamento para jugar un rato, pero cuando llegamos arriba cambiaron de idea y yo me cabreé.

Esta versión de los hechos era distinta a su declaración inicial y a las otras explicaciones que había dado. Parecía que, conforme pasaba el tiempo, la historia perdía violencia. Cada vez que la contaba, se volvía menos responsable de lo sucedido; él, en lugar de las chicas, se convertía más y más en la víctima.

—Fue un accidente. Solo quería asustarlas. Las muy zorras no se callaban —siguió. Se me revolvió el estómago. No reacciones. Quédate quieto. Si se da cuenta de lo horrorizado y asqueado que te sientes, no será honesto. Editará los hechos. Cálmate. Me limité a afirmar con la cabeza.

—¿Gritaban mucho? —pregunté de la manera más neutral que pude.

—Sí. Les dije que si se callaban no les haría daño.

Me estaba ofreciendo una versión abreviada y depurada de los asesinatos. No mencionó las violaciones ni la brutalidad con la que las había golpeado.

Le pregunté si lo que le había enfurecido habían sido sus gritos, si ese había sido el motivo de que golpeara los cuerpos de aquella manera. El informe de la autopsia indicaba que la chica de trece años había recibido golpes en la cara y le habían pisoteado el cuello y el pecho.

—En realidad no las golpeé, simplemente tropecé. Iba algo bebido, ya sabes... —dijo, confiando en que yo rellenara los espacios en blanco. Miró hacia arriba para comprobar si le había creído. Había muy poca emoción en su cara y en su voz. Había descrito los asesinatos como si hubiera estado exponiendo un reportaje geográfico en el colegio. El único rastro de emoción era el desdén empleado para contar que había tenido que matarlas obligado por las propias víctimas, por lo furioso que se había puesto a causa de la resistencia y defensa mostradas.

Su frialdad era impresionante. Era un verdadero depredador, alguien cuya única preocupación por los demás era qué podía obtener de ellos, qué podía obligarles a hacer y cómo podían servir a sus fines egoístas. Ni siquiera era capaz de desempeñar el papel de persona compasiva delante del profesional de la salud mental contratado por su propia defensa legal, alguien que buscaba el más mínimo atisbo de bondad o promesa en él.

No es que no supiera que debía aparentar arrepentimiento, simplemente no era capaz de tener en cuenta los sentimientos de los demás más que para aprovecharse de ellos. No podía sentir compasión de nadie, de modo que tampoco podía fingirla demasiado bien. No le faltaba inteligencia. De hecho, su coeficiente intelectual era significativamente superior a la media en ciertos aspectos. En cualquier caso, presentaba disparidades: mientras que su coeficiente intelectual verbal estaba dentro del rango normal bajo, su puntuación del rendimiento, que mide cosas como la habilidad para secuenciar correctamente una serie de fotografías o manipular objetos en un espacio, era bastante alta. Había obtenido una puntuación especialmente buena en la habilidad para leer las situaciones sociales y comprender las intenciones de los demás. Esta ruptura entre las calificaciones verbales y de desempeño a menudo se da en niños traumatizados que han sido víctimas de maltrato y puede indicar que las necesidades de desarrollo de ciertas regiones del cerebro, en especial las de aquellas áreas corticales implicadas en la regulación de las regiones más bajas y reactivas del cerebro, no han sido satisfechas. Alrededor del 5 por ciento de la población general muestra este patrón, pero en prisiones y centros de tratamiento juvenil esta proporción aumenta hasta el 35 por ciento. Esto es un reflejo del desarrollo uso dependiente del cerebro: cuanto mayores sean el caos y la amenaza en las etapas de desarrollo, los sistemas de respuesta al estrés y aquellas regiones del cerebro responsables de interpretar las señales sociales relacionadas con las amenazas crecerán, mientras que un menor afecto y crianza darán lugar al subdesarrollo de los sistemas que codifican la compasión y el autocontrol. Los resultados de aquel test ofrecían la primera pista de que algo probablemente había ido mal durante su primera infancia.

Tras nuestro encuentro, traté de determinar qué era lo que podría haber sucedido, pero no llegué muy lejos. Muy poca gente recuerda los años cruciales del desarrollo, los que van desde el nacimiento al jardín de infancia. No obstante, existían pruebas indicativas de que había tenido problemas desde muy temprana edad. Sus informes evidenciaban denuncias de conducta agresiva que se remontaban a los años preescolares. Asimismo, de nuestra conversación pude deducir que había tenido muy pocos amigos o relaciones duraderas fuera de su familia. Sus historiales daban cuenta de una vida dedicada a intimidar, repleta de delitos menores, como hurtos y robos, pero hasta ese momento nunca había estado en una cárcel para adultos. Sus encontronazos con la ley en la adolescencia habían derivado principalmente en libertad condicional; a pesar de haber cometido varios ataques de gravedad, no había permanecido mucho tiempo en centros de detención juvenil.

Lo que sí pude descubrir, sin embargo, fue que había cometido, o había sido sospechoso de cometer, varias ofensas mayores por las que no había sido acusado o condenado porque no había habido suficientes pruebas para probar las acusaciones. Por ejemplo, en una ocasión fue hallado en posesión de una bicicleta robada. El dueño adolescente de la bicicleta había recibido tal paliza que había terminado en el hospital con lesiones potencialmente mortales. Pero no había testigos que hubieran presenciado el asalto —o al menos ninguno dispuesto a comparecer— de modo que

Leon solo fue acusado de estar en posesión de propiedad robada. En el transcurso de diversas visitas de evaluación, finalmente se jactó delante de mí de asaltos sexuales anteriores con el mismo desprecio y frialdad con el que hablaba de los asesinatos.

Con la intención de detectar alguna señal de arrepentimiento, le hice una pregunta que debería haber sido sencilla.

—Cuando piensas ahora sobre aquello, ¿qué habrías hecho diferente?

Esperaba que al menos articulara algún que otro tópico sobre controlar su ira o sobre no herir a la gente.

Se quedó pensativo durante un minuto y a continuación respondió:

—No lo sé. ¿A lo mejor deshacerme de las botas?

—¿Deshacerte de las botas?

—Sí. Me pillaron por las huellas de las botas y por la sangre que había en ellas.

Muchos psiquiatras se habrían marchado de la cárcel convencidos de que Leon respondía al arquetipo de «mala hierba», una anomalía genética de la naturaleza, un niño demoníaco incapaz de sentir empatía, cuando en realidad existen disposiciones genéticas que aparentemente pueden afectar a los sistemas cerebrales implicados en la empatía. No obstante, el curso de mis investigaciones me había llevado a creer que una conducta tan extrema como la de Leon era muy poco común en el caso de personas que no han sufrido ciertas formas de carencias físicas o emocionales tempranas.

Es más, si Leon poseía la constitución genética que aumenta el riesgo de un comportamiento sociópata —si tales genes existen—, la historia de su familia debería haber revelado a otros parientes, como un padre, un abuelo o quizá un tío, con problemas similares, aunque es posible que menos extremos. Por ejemplo, un historial de numerosos arrestos; pero no había nada. Además, había sido el hermano de Leon, que parecía ser todo lo que él no era, el que lo había entregado a la policía.

Frank,* el hermano de Leon, igual que sus padres y demás familiares, ejercía una profesión retribuida. Era fontanero, estaba casado, era un padre ejemplar para sus dos hijos y gozaba del respeto de la comunidad. El día del crimen, al volver a casa había encontrado a Leon viendo la televisión en su salón, todavía con las botas manchadas de sangre puestas. Un boletín informativo urgente informaba de la reciente aparición de los cuerpos violados de dos chicas jóvenes en el edificio donde vivía Leon. Frank miraba de soslayo las botas de su hermano y esperó hasta que Leon se hubo marchado para llamar a la policía y comunicar sus sospechas sobre la conexión de su hermano con el crimen.

Los hermanos comparten como mínimo el 50 por ciento de su genética, de modo que, mientras Frank podía haber sido genéticamente bendecido con una capacidad mucho mayor que Leon para la empatía, era poco probable que únicamente este hecho explicara la diferencia de temperamentos y de recorridos vitales entre los dos hermanos. Sin embargo, hasta donde yo sabía, Leon y Frank habían compartido la misma casa y los mismos padres, por lo que el entorno en el que Leon había crecido tampoco era probable que fuera el culpable. No descubrí lo que ahora creo que se halla en la raíz de los problemas de Leon hasta que no me reuní con Frank y sus padres, Maria* y Alan.* En nuestro primer encuentro, todos se mostraron evidentemente angustiados con la situación.

Maria era pequeña y vestía de manera conservadora, con una chaqueta de punto abotonada hasta arriba. Se sentaba muy recta, con las rodillas juntas y sujetaba con ambas manos el bolso que tenía apoyado en el regazo. Alan iba vestido de verde oscuro; su nombre estaba bordado dentro de un óvalo blanco en el bolsillo. Frank llevaba una camisa de cuello clásico con botones y pantalones caqui. Maria tenía un aspecto triste y frágil, a Alan se le veía avergonzado y Frank parecía enfadado. Les estreché la mano uno a uno, tratando de establecer contacto visual.

—Siento que hayamos tenido que conocernos en estas circunstancias —dije, observándolos con atención. Quería ver cómo se relacionaban entre ellos, si mostraban la capacidad de sentir empatía o si existía algún indicio de comportamiento extraño o patológico que pudiera no haber aparecido en los informes médicos de Leon y en su historial familiar. Pero respondieron de manera apropiada. Se sentían angustiados, culpables, preocupados y todo lo que se esperaría de una familia que acababa de descubrir que uno de los suyos había cometido un crimen indecible.

—Como ya saben, la abogada de su hijo me ha pedido que lo evalúe para la fase de imposición de condena del juicio. Ya me he reunido con Leon en dos ocasiones. Quería pasar algún tiempo con ustedes para obtener una mejor comprensión sobre cómo era Leon cuando era más joven.

Los padres me escuchaban, pero ninguno me miraba a la cara. Frank, sin embargo, tenía la vista clavada en mí como si quisiera defender y proteger a sus padres de nuestra conversación.

—Todos estamos tratando de comprender por qué lo hizo —concluí. Los padres me miraron y afirmaron con la cabeza; el padre tenía los ojos llenos de lágrimas. La tristeza de todos ellos llenaba toda la sala; finalmente Frank desvió su mirada, tratando de contener sus propias lágrimas.

Era evidente que aquellos padres habían pasado muchas horas rotos de dolor, confusión y culpabilidad intentando averiguar el «por qué». *¿Por qué había hecho eso su hijo? ¿Somos malos padres? ¿Nació siendo mala persona?* Hablaban de Leon con un desconcierto total y me explicaron que lo habían hecho lo mejor que habían podido, que habían trabajado duro y que le habían dado todo cuanto habían sido capaces. Lo habían llevado a la iglesia, habían hecho todo lo que los profesores, los colegios y los terapeutas les habían pedido. Podía oír cómo se recriminaban a sí mismos: *quizá deberíamos haber sido menos estrictos. Quizá tendría que haberlo enviado a vivir con mi madre la primera vez que se metió en un lío.* Les costaba sudor y lágrimas superar el día a día, agotados por la pena y las noches en vela, y también cansados de pretender que no veían las miradas fijas y reprobatorias de sus vecinos y compañeros de trabajo.

—Empecemos por el principio. Cuéntenme cómo se conocieron ustedes dos —pedí. Alan fue el primero en hablar, y sonreía ligeramente al recordar su propia infancia y noviazgo. Alan y Maria se habían conocido siendo niños. Las familias de ambos eran grandes y procedían de la misma pequeña comunidad rural. Habían ido juntos al colegio, habían rezado en la misma iglesia y vivido en el mismo barrio. Desde un punto de vista económico habían sido pobres, pero ricos en términos familiares. Habían crecido rodeados de primos, tías, tíos y abuelos. Todo el mundo sabía en qué andaban metidos los demás, y esto significaba que se importaban los unos a los otros. En el pueblo natal de Alan y Maria, los niños nunca estaban lejos de la atenta mirada de un pariente u otro.

A los quince años, Maria dejó la escuela y empezó a trabajar como criada en un hotel de la localidad. Alan continuó sus estudios hasta que se graduó y a continuación entró a trabajar en una fábrica cercana. Se casaron cuando él tenía veinte años y ella, dieciocho. El trabajo en la fábrica se le dio bien y obtenía buenos ingresos. Maria no tardó en quedarse embarazada.

Para ambas familias, este embarazo supuso gran alegría. Maria recibió toda clase de mimos y pudo dejar el trabajo para quedarse en casa con su hijo. La joven familia vivía en el apartamento del sótano de un edificio que era propiedad de algún tío. Los padres de ella vivían al lado y la familia de él, a una manzana de distancia. A medida que recordaban aquella época de sus vidas, se sonreían el uno al otro. El que más hablaba era Alan, y Maria afirmaba con la cabeza. Frank escuchaba atentamente como si nunca hubiera oído hablar de aquella parte de la vida de sus padres. Hubo momentos en los que la familia casi pareció olvidarse del motivo por el que estaban allí.

Como Alan era el que dominaba la conversación, de vez en cuando yo trataba de dirigir una pregunta a Maria, pero la mayoría de las veces ella se limitaba a sonreír educadamente, miraba a su marido y era este quien respondía en su lugar. Pasado un tiempo se hizo evidente que Maria, aunque bondadosa y amable, padecía alguna clase de discapacidad mental. Parecía que le costaba entender muchas de mis preguntas. Al fin, le pregunté:

—¿Te gustaba el colegio?

Alan me miró y tranquilamente repuso:

—Esa clase de cosas no se le dan muy bien. Quizá es un poco más lenta en ese sentido.

Ella me miró con timidez y yo afirmé con la cabeza y le sonreí. Tanto el padre como el hijo claramente se mostraban muy protectores hacia ella.

Alan siguió hablando y describió el nacimiento de su primer hijo, Frank. Tras volver del hospital, las abuelas, tías y primas mayores se pasaron horas y horas acompañando a la joven madre y al recién nacido. La atención y el amor que los dos recibieron de ambas familias fueron enormes. Siempre que Maria se sentía abrumada por la responsabilidad de tener que hacerse cargo de un ser tan pequeñito y dependiente, no faltaba una tía, una prima o su propia madre dispuesta a ayudarla. Cuando no podía aguantar más los lloros del bebé, siempre podía tomarse un respiro pidiéndole a algún familiar que cuidara un rato de Frank.

Entonces, Alan perdió su empleo. Busco diligentemente uno nuevo, pero el cierre de la fábrica hizo que encontrar un buen trabajo fuera prácticamente imposible para la gente que carecía de educación universitaria. A los seis meses de estar desempleado, consiguió un puesto en otra fábrica, pero estaba en una ciudad a ciento sesenta kilómetros de distancia. Sintió que no le quedaba más remedio que aceptarlo.

En aquel momento, Frank ya tenía tres años y la familia se trasladó a un complejo de apartamentos en la ciudad. El único sitio que pudieron permitirse estaba en un barrio pobre y marginal donde había un alto índice de violencia, delincuencia y consumo de drogas. El trabajo escaseaba para muchos y casi nadie tenía raíces en aquel lugar. Como sucede con frecuencia en este país, las familias estaban desperdigadas, ya no vivían unos cerca de otros como habían hecho en su ciudad natal. Muchos de los hogares con hijos estaban encabezados por madres solteras.

Maria enseguida se quedó embarazada de Leon. Sin embargo, este embarazo fue muy diferente al primero. Maria se pasaba el día sola en un apartamento pequeño con un niño como única compañía. Su nueva vida le hacía sentirse desconcertada y sola. No conocía a nadie y no sabía cómo comunicarse con sus vecinos. Alan trabajaba largas horas y volvía a casa agotado. Frank, de tres años, se convirtió en el mejor amigo de Maria. Pasaron innumerables horas juntos. Caminaban hasta un parque cercano, cogían el autobús y visitaban los museos gratuitos de la ciudad y participaban en un programa de atención inmediata de una iglesia. Maria fijó una rutina: salía de casa por la mañana temprano y no regresaba en todo el día; recogía la compra justo antes de volver a casa. Era una rutina reconfortante. Creó un modelo repetitivo de actividades y las caras familiares que veía cada día suponían una minúscula conexión con otras personas, pues le recordaban la familiaridad del mundo que había dejado atrás. Aun así, echaba mucho de menos a su familia, su vecindario, el grupo de mujeres experimentadas que le habían ayudado a criar a su primogénito.

Entonces nació Leon. Maria volvió a sentirse abrumada por las necesidades inevitables de un recién nacido. Nunca antes había tenido que criar a un hijo sola. Ya me había quedado claro que la familia era consciente de las limitaciones de Maria y que habían proporcionado un entorno seguro, predecible y afectuoso para Frank siempre que había sido necesario. Pero al nacer Leon, Maria no disponía de aquella red de protección familiar. Comenzaba a darme cuenta de por qué Leon y Frank se habían convertido en dos personas tan distintas.

—Fue un bebé de lo más quisquilloso. Lloraba sin parar —me explicó Maria.

Me sonrió y yo le devolví la sonrisa.

—¿Y qué hacías para calmarlo?

—Intentaba darle de comer. A veces agarraba la botella y paraba.

—¿Algo más?

—A veces no se callaba, así que nos íbamos a dar nuestro paseo.

—¿Nos?

—Frank y yo.

—Ah.

—¿Venía alguna vez alguien para ayudarte a cuidar de Leon?

—No. Nos levantábamos, le dábamos de comer y después nos íbamos a pasear.

—¿Se parecía a los paseos que dabais antes de que Leon naciera?

—Sí. Caminábamos al parque. Jugábamos un rato. Luego íbamos a la iglesia en autobús y comíamos. Después al museo infantil hasta que volvíamos a coger el autobús al mercado para comprar la comida de la cena y volvíamos a casa.

—¿Entonces pasabais la mayor parte del día fuera?

—Sí.

Poco a poco se hizo evidente que, desde que Leon tuvo cuatro meses, la madre había retomado los «paseos» con su hijo mayor, que para entonces ya tenía cuatro años, dejando al bebé solo en una casa oscura. Se me iba cayendo el alma al suelo —tan inocente pero tan ignorante de las necesidades fundamentales de un bebé— mientras la escuchaba describir el abandono sistemático de su hijo menor. No era fácil ser crítico: había colmado de atención y cariño a su hijo de cuatro años, pero al mismo tiempo había privado a su bebé recién nacido de las experiencias necesarias para que formara y mantuviera relaciones saludables.

—Dejó de llorar tantísimo —indicó, pensando que su solución al problema había funcionado.

El padre y la madre coincidían en que, a medida que crecía, Leon nunca respondía a la crianza del mismo modo en que lo había hecho Frank. Siempre que le regañaban, Frank se sentía mal por haber defraudado a sus padres y corregía su conducta; cuando le decían que había hecho algo bien, sonreía y era fácil adivinar que agradar a sus padres le resultaba gratificante. Era un niño muy cariñoso que siempre estaba abrazando a alguien o llegaba corriendo hasta sus padres y se agarraba a ellos.

En cambio, si regañaban o castigaban a Leon, este no mostraba ninguna emoción. Parecía no importarle defraudar a sus padres o herir a alguien física o mentalmente. No corregía su conducta. Cuando sus padres o profesores estaban complacidos con él y le prestaban atención positiva, parecía igual de inalterado. Evitaba por todos los medios que le tocaran o tocar a los demás.

Con el tiempo aprendió a utilizar la adulación, el flirteo y otras formas de manipulación para conseguir lo que quería. Si le pillaban haciendo algo que estaba mal, mentía, y si se daban cuenta de que mentía, se mostraba indiferente a las reprimendas y castigos. Lo único que parecía aprender de los castigos era el modo de perfeccionar sus engaños y camuflar mejor su mal comportamiento. Todos los profesores, los terapeutas, los consejeros juveniles y los orientadores coincidían en lo mismo: nada ni nadie parecía importarle, solo él mismo. Las recompensas y consecuencias relacionales normales —enorgullecer a tus padres, hacer feliz a un amigo, sentirte mal si lastimas a un ser querido— le daban completamente igual.

Así, empezó a meterse en líos, primero en el jardín de infancia, luego en preescolar y después en la escuela primaria. Al principio eran cosas pequeñas: robo de caramelos, intimidaciones leves, clavaba lápices a los compañeros, contestaba desafiante a los profesores, ignoraba las reglas... En tercer curso ya le habían referido a los servicios de salud mental. En quinto era una presencia habitual en el sistema de justicia juvenil, acusado de absentismo escolar, robo y vandalismo. Este comportamiento criminal e insensible le llevó a satisfacer el diagnóstico de «trastorno de conducta» a la edad de diez años.

Al principio, mientras Maria salía a pasear con Frank, Leon se quedaba berreando en la cuna, pero pronto aprendió que por mucho que llorara no conseguiría auxilio, de modo que dejó de hacerlo. Se quedaba allí tumbado, solo y desatendido, sin nadie que le hablara o que lo elogiara por aprender a darse la vuelta o a gatear (aunque tampoco puede decirse que tuviera demasiado espacio para explorar). Durante la mayor parte del día no oía hablar a nadie, ni veía cosas nuevas ni recibía atención de ningún tipo.

Igual que Laura y Virginia, Leon se había visto privado de los estímulos fundamentales necesarios para desarrollar las áreas del cerebro que regulan el estrés y vinculan el placer y el confort con la compañía humana. Nadie había respondido a sus lloros ni había cubierto sus necesidades tempranas de calidez y contacto. Virginia al menos había conocido cuidados constantes en sus hogares de acogida, a pesar de que la trasladaron en repetidas ocasiones de uno a otro, y Laura como mínimo había contado con la presencia constante de su madre, incluso aunque no hubiera recibido la suficiente atención física de ella. Pero los primeros años de Leon habían sido desesperadamente inconsistentes. En ocasiones, Maria le prestaba atención, mientras que otras veces le dejaba solo en casa durante todo el día. Había momentos en los que Alan estaba en casa y jugaba con él, pero lo habitual era que estuviera fuera trabajando o demasiado cansado para poder hacerse cargo de un bebé. Un medio ambiente con semejantes cuidados intermitentes enfatizados por un abandono total puede ser el peor de los mundos para un niño. Para un desarrollo óptimo, el cerebro necesita estímulos repetitivos y pautados. Una atención imprevisible y espástica, la soledad y el hambre mantienen el sistema de estrés de un bebé en un estado de alerta elevada. Al no recibir respuestas cariñosas y constantes a sus miedos y necesidades, Leon nunca desarrolló la asociación normal entre el contacto humano y el alivio del estrés. En su lugar, aprendió que la única persona en quien podía confiar era en él mismo.

Cuando interactuaba con los demás, sus necesidades le hacían parecer alternativamente exigente, agresivo y frío. En vano trataba de conseguir el amor y la atención que tan desesperadamente necesitaba con dar golpes, pegar a la gente, coger cosas y destrozarlas. Como lo único que recibía eran castigos, su rabia crecía y, cuanto «peor» se portaba, más confirmaba a la gente de su alrededor que en verdad era «malo» y, por tanto, no merecía su afecto. Era un círculo vicioso y, a medida que se fue haciendo mayor, su mal comportamiento escaló de acoso a delincuencia.

Leon podía ver que a otras personas les gustaba que las abrazaran y las tocaran, pero como sus propias necesidades de cariño físico habían sido descuidadas, empezó a encontrarlo repulsivo. Veía que otras personas disfrutaban interactuando unas con otras, pero como a él se le había negado una atención temprana, ahora le dejaba frío. Simplemente no entendía las relaciones.

Podía disfrutar de la comida, de placeres materiales como los juguetes y la televisión o de sensaciones físicas, incluidas aquellas asociadas con el desarrollo de su sexualidad. Sin embargo, como había estado desatendido en el momento en que se desarrollaba el circuito social fundamental del cerebro, no pudo realmente apreciar el placer de agradar a alguien o de recibir sus elogios, tampoco sufría particularmente si su comportamiento disgustaba a profesores o compañeros y le rechazaban por ello. Al no haber podido desarrollar una asociación entre las personas y el placer, no sentía la necesidad de seguir sus deseos, no sentía la alegría de hacerlos felices y no le importaba si sufrían o no.

Con dos años y medio, los problemas de comportamiento de Leon le calificaron para asistir a un programa de intervención preescolar, algo que podía haber sido una gran oportunidad para él, pero con lo que, en la práctica, lo único que consiguió fue empeorar sus problemas. Su madre ya no lo dejaba solo durante el día y estaba expuesto a una estimulación cognitiva suficiente para aprender a hablar y a comprender intelectualmente lo que se esperaba de él, pero esto no compensó las carencias que había sufrido. A pesar de la buena intención, el programa no contaba más que con un cuidador para hacerse cargo de cinco o seis niños pequeños extremadamente problemáticos, una proporción niño-adulto que ya habría sido insuficiente para ofrecer una atención adecuada a niños normales de esa edad, por lo que lo era más aún en el caso de niños con trastornos emocionales.

El desarrollo cognitivo de la corteza cerebral, sin embargo, permitió a Leon tomar nota de cómo se comportaban los demás. Al cabo de un tiempo fue capaz de imitar conductas apropiadas siempre que quisiera. Esto le permitía manipular a los demás para conseguir sus intereses, aunque el subdesarrollo de sus sistemas neuronales relacional y límbico lo limitaban a mantener relaciones superficiales. Para él, los demás eran simples objetos que, o bien estaban en su camino, o bien accedían a sus necesidades. Era un sociópata de manual; el diagnóstico psiquiátrico es trastorno de personalidad antisocial (TPA), y personalmente estoy convencido de que había sido casi el producto del medio ambiente en el que se había criado, no de su genética. De haberlo criado de la misma manera que a su hermano Frank, probablemente habría crecido teniendo una vida normal, y estoy casi seguro de que nunca se habría convertido en un asesino y violador.

Incluso los diversos pasos que se habían dado para ayudarlo —por ejemplo, el programa de intervención preescolar que le había juntado con un grupo de niños problemáticos— solo habían servido para empeorar su condición. Las investigaciones han encontrado repetidas veces que rodear a un niño de compañeros perturbados solo tiende a intensificar el mal comportamiento. Este patrón de intervenciones contraproducentes continuaría a lo largo de toda su infancia y adolescencia a medida que lo derivaron a «educación especial» y otros programas en los que también se encontró con más compañeros antisociales, donde se reforzaban unos a otros su impulsividad. Se convirtieron en cómplices, se alentaban entre ellos imponiendo la idea de que la violencia era la mejor manera de resolver los problemas. Es más, con lo que veía en su barrio, en las películas y en la televisión (en la mayoría de los lugares donde estaba siempre había una encendida), entendió el mensaje de que la violencia soluciona los problemas y de que era posible sentir placer en el hecho de ejercer un control físico sobre los demás. Leon aprendió a copiar los peores comportamientos humanos, pero siguió siendo incapaz de comprender por qué debía imitar los mejores.

Existen otros trastornos del cerebro que disminuyen la capacidad de empatía y que pueden dar una idea de conductas sociópatas como la de Leon. Destaca sobre todo el autismo y su forma menos severa, el síndrome de Asperger; ambos parecen estar muy influidos por la genética. En torno a un tercio de los niños autistas nunca aprenden a hablar, y todos ellos tienden a aislarse de los demás y a concentrar su atención en objetos más que en personas. No suelen participar en juegos imaginativos y tienen gran dificultad para establecer y comprender las relaciones. Se trata de un trastorno que a menudo aparece acompañado de problemas de integración sensorial e hipersensibilidades sensoriales, como, por ejemplo, ser incapaces de tolerar tejidos «que pican» o sentirse abrumados por sonidos fuertes o luces brillantes. Los niños autistas presentan una conducta repetitiva, como es el caso de mecerse, y tienen obsesiones extrañas, típicamente con objetos en movimiento, por ejemplo con trenes o con las ruedas de los coches de juguete. Algunas personas autistas están especialmente dotadas para las matemáticas o el dibujo y la mayoría desarrolla intereses centrados en objetos o ideas particulares. Las personas con síndrome de Asperger tienen una mayor capacidad para conectar con los demás y funcionar en el mundo que aquellos con formas de autismo más severas, pero sus obsesiones y su incapacidad para leer señales sociales a menudo los mantienen aislados. Su falta de habilidades sociales también puede dificultar que consigan o mantengan un trabajo, aunque, en algunos casos, sus habilidades matemáticas y para la ingeniería compensan con creces sus otras torpezas. Es posible que muchos niños a los que se califica de frikis o *nerds* a causa de su incapacidad para relacionarse con sus compañeros tengan el síndrome de Asperger o cumplan muchos de los criterios específicos de este diagnóstico.

Para poder desenvolverse socialmente, la gente necesita desarrollar lo que se conoce como «teoría de la mente». Dicho de otro modo, necesitan saber que las demás personas son distintas a ellos, que tienen un conocimiento distinto del mundo, así como deseos e intereses diferentes a los suyos. En el autismo, esta distinción está borrosa. Una de las razones por las que los niños autistas pueden no hablar es porque no reconocen la necesidad de comunicarse; no son conscientes de que hay otras personas que no saben lo que ellos saben. En un experimento muy famoso, los investigadores metieron un lápiz en un tubo donde habitualmente se guardaban caramelos y preguntaron a niños autistas qué esperaría encontrar dentro del tubo una persona que estuviera fuera de la habitación. Los niños de preescolar normales, e incluso aquellos con síndrome de Down, dijeron que caramelos, pero los niños autistas insistían en que los demás pensarían que dentro estaba el lápiz, sin darse cuenta de que los que no hubieran visto cómo sacaban los caramelos del tubo seguirían pensando que estaban allí dentro. Estos niños sabían que ya no había caramelos, y suponían que lógicamente todos los demás también debían saberlo. Se cree que las regiones del cerebro implicadas en la codificación de la «teoría de la mente» se encuentran en la corteza frontal medial, justo encima de los ojos.

En cualquier caso, a diferencia de los sociópatas como Leon, aunque las personas autistas suelen ser un poco raras, no muestran tendencias violentas ni criminales a pesar de su incapacidad para la empatía y para reconocer, por ejemplo, que es posible que alguien se sienta dolido si se le ignora. Su falta de empatía es conceptual. Las personas autistas a menudo pueden mostrarse insensibles a los sentimientos y necesidades de los demás, pero es debido a que no son capaces de percibir del todo estos sentimientos, no porque deseen hacer daño o ser desagradables. Poseen la capacidad de amar y de sentir dolor emocional, pero no disponen del cableado que les permitiría entender plenamente cómo interactuar y mantener relaciones. Su falta de empatía significa que tienen dificultad para ponerse en la piel de otras personas —lo que a menudo se conoce como «ceguera mental»—, pero, una vez que son conscientes de ellas, son capaces de sentir simpatía por las experiencias de las personas.

Otra cosa distinta son los sociópatas como Leon. Su incapacidad para sentir empatía corresponde a una dificultad para reflejar los sentimientos de los demás junto a una falta de compasión por ellos. En otras palabras, no solo no reconocen completamente lo que sienten las demás personas, sino que no les importa lastimarlos, o incluso precisamente ese es su deseo. Son capaces de ponerse en la piel de los demás y pueden predecir cómo se comportarán gracias a esta capacidad para ponerse en el lugar de los otros, pero les da igual lo que allí pase. Su única preocupación es cómo podrán afectarles los demás.

En esencia, disponen de una «teoría de la mente», pero está distorsionada. Al no ser capaces de experimentar completamente el amor, lo ven como algo que se promete para obtener sexo, por ejemplo, no como un sentimiento genuino. Como usan los sentimientos de los demás para manipularlos, los sociópatas dan por hecho que esto es algo que todo el mundo hace. Al no producirles placer las relaciones, tampoco creen que los demás lo sientan de verdad. Como son egoístas, consideran que todo el mundo también actúa en función de su propio interés. En consecuencia, rechazan cualquier tipo de llamamiento para prestar una mayor atención o consideración como meros intentos manipuladores para tomar el poder, no como verdaderos alegatos emocionales. Están emocionalmente helados; una capa de hielo que distorsiona no únicamente sus propios sentimientos, sino además el modo en que ven los de los demás y su manera de responder a ellos.

Como era de esperar, actualmente las investigaciones han identificado que algunos de los correlatos químicos de la sociopatía pueden encontrarse en algunos de los mismos sistemas neurotransmisores que componen nuestros mecanismos de respuesta al estrés: las alteraciones en los sistemas de serotonina, norepinefrina y dopamina están implicadas en conductas antisociales, violentas y agresivas. Los jóvenes que exhiben rasgos antisociales y conductas insensibles suelen presentar niveles anormales de la hormona del estrés llamada cortisol (es posible medir estos niveles con una prueba de saliva). Los sociópatas son célebres por ser capaces de engañar a los detectores de mentiras, que normalmente miden las respuestas físicas relacionadas con la ansiedad y el estrés, no el engaño. Al parecer, sus sistemas de respuesta al estrés —tanto porque se vieron obligados a trabajar por encima de sus capacidades debido a un trauma temprano o a causa de alguna clase de vulnerabilidad genética o, lo más probable, por alguna combinación de ambas— están desregulados, han dejado de responder a todo excepto a estímulos extremos. Esto les hace parecer «fríos» y faltos de emoción y les permite mentir con impunidad puesto que no muestran los signos de miedo a ser detectados que delatan a otros. También puede significar que, para que ellos puedan llegar a sentir algo, necesitan alcanzar unos niveles mucho mayores de estimulación dolorosa o placentera. A diferencia de las personas que responden al trauma quedándose atascadas en un estado altamente sensibilizado en el que cualquier mínimo estrés activa una respuesta masiva, los sistemas de los sociópatas parecen haberse quedado atascados en el extremo opuesto del espectro, en un entumecimiento total que en ocasiones puede llegar a ser mortífero.

Mientras preparaba mi testimonio, reflexioné mucho sobre lo que diría de Leon y sobre mis propias consideraciones en torno a la responsabilidad de sus actos. ¿Por qué mató? ¿Por qué mata nadie? Incluso, ¿eran esas preguntas las correctas? Pensé que quizá debía tratar de entender qué nos impide al resto matar, qué fue incapaz de frenar el comportamiento de Leon, la manera exacta en la que las cosas le habían ido tan mal a aquel chico, cómo había forjado su infortunio, abandono y trauma en odio... ¿o acaso era verdad que todo esto le había formado por completo?

No había ninguna duda acerca de su culpabilidad y no cumplía con la definición legal de demencia, que requiere que una persona sea incapaz de discernir entre el bien y el mal. Leon sabía que matar iba contra la ley y que era reprensible; lo había admitido y no tenía ninguna enfermedad mental diagnosticable que afectara a su raciocinio moral.

Había cumplido con los criterios diagnosticados para el trastorno por déficit de atención y trastorno de conducta durante la mayor parte de su infancia y adolescencia. Como adulto, Leon ciertamente se ajustaba al perfil tanto de trastorno por déficit de atención con hiperactividad como al trastorno antisocial de la personalidad, pero estos diagnósticos, que simplemente describen síntomas como resistencia o desafío, comportamiento insensible e incapacidad para centrar la atención, no suponen un enturbiamiento mental que abrume la capacidad de cada uno para saber que matar y violar no es aceptable. Estos trastornos implican un control de impulsos disminuido, pero un control de impulsos perjudicado no significa que exista una completa falta de voluntad.

Pero ¿qué hay de la incapacidad de Leon para dar y recibir amor? ¿Podemos culparlo por haber tenido una infancia que ajara la parte de su cerebro que le habría permitido sentir las grandes alegrías que la mayoría de nosotros ha tenido en la vida: el dolor y el placer de las conexiones humanas? Por supuesto que no. Él es responsable, según creo yo, del modo de reaccionar a sus vulnerabilidades. Virginia y Laura lucharon contra problemas similares, pero no se convirtieron en personas violentas, y mucho menos en asesinas.

Se podría argumentar que esta diferencia en cuanto a resultados radica en el género y que, de hecho, el género masculino es el mayor indicador de conducta violenta. Los asesinos masculinos sobrepasan en número a los femeninos al menos nueve a uno, aunque parece ser que desde hace muy poco tiempo las mujeres han empezado a cerrar la brecha. No obstante, a lo largo de la historia, en todas las culturas y en la mayoría de las especies, la violencia masculina es la predominante. Entre nuestros primos evolutivos más cercanos, los chimpancés, son los machos los que hacen la guerra contra los otros, son los machos los que son propensos a usar la fuerza. Sin embargo, había tratado a otros chicos adolescentes con historias de desatención, abuso y abandono muchísimo peores y muchísimas menos oportunidades amorosas y afectivas de las que había tenido Leon. Algunos habían sido criados literalmente en jaulas sin ni siquiera un atisbo de amor familiar, mientras que Leon había contado con dos progenitores y un hermano que lo habían abandonado por ignorancia, no por malicia. La mayoría de estos chicos a los que había tratado crecieron en un entorno difícil y solitario; muchos mostraban severas enfermedades mentales, pero la inmensa mayoría no era perversos.

¿Qué hay de la genética? ¿Podía explicar la conducta de Leon? Una genética desfavorable combinada con un medio ambiente lejos de ser ideal probablemente había sido un factor decisivo a la hora de cómo lo habían criado y en quién se había convertido. Si Leon hubiera tenido un temperamento más fácil, por ejemplo, es posible que Maria no se hubiera visto superada por sus necesidades; si Maria hubiera sido más inteligente, podría haber encontrado mejores formas de lidiar con un bebé exigente.

Pero lo que creo que pasó en la vida de Leon fue una espiral de decisiones negativas pequeñas e inconsecuentes en sí mismas tomadas por él y para él que gradualmente condujeron a un resultado espantoso para sus víctimas, su familia y él mismo. Es posible que hayan oído hablar del «efecto mariposa»: la idea de que los sistemas complejos —siendo el que determina las condiciones meteorológicas del mundo el más conocido— son extraordinariamente sensibles a la menor fluctuación en ciertos puntos cruciales. Esta clase de sistemas son tan sensibles a perturbaciones minúsculas que, en el ejemplo que acabamos de mencionar, el aleteo de una mariposa en un instante equivocado en Brasil puede desencadenar una serie de acontecimientos que en última instancia pueden generar un tornado capaz de devastar una pequeña localidad texana. El cerebro humano, el más complejo de cuantos sistemas existen —de hecho, el objeto más complicado de todo el universo conocido—, es igual de vulnerable a su propia versión del efecto mariposa.

En ocasiones también recibe el nombre de «efecto bola de nieve»: cuando desde un principio las cosas salen bien, suelen tender a continuar por el buen camino e incluso a autocorregirse en el caso de que surjan problemas menores. Sin embargo, cuando parecen ir mal desde un principio, tienden a seguir yendo mal.

Este efecto está construido literalmente en la arquitectura de nuestros cerebros y cuerpos. Por ejemplo, es un gradiente químico que determina cuáles de nuestras células primitivas se convertirán en piel, cuáles se convertirán en cerebro y cuáles en hueso, corazón o intestino. Otras diferencias extremadamente pequeñas llevan a una neurona a formar parte del cerebelo, a otra a convertirse en cerebro y diferencias igual de mínimas en cuanto a la posición y concentración de ciertas sustancias químicas determinan qué células viven y cuáles morirán.

No disponemos de los genes suficientes para empezar a determinar la localización o incluso el tipo de cada célula: únicamente hay 30.000 repartidas por todo el cuerpo, mientras que solo el cerebro tiene 100 billones de células nerviosas (y diez células gliales de apoyo para cada una de ellas). Cada una de estas neuronas realiza entre 5.000 y 10.000 conexiones sinápticas, llegando a producir redes extraordinariamente complejas. Nuestros cuerpos y sobre todo nuestros cerebros están construidos para magnificar las incongruencias iniciales prácticamente imperceptibles en resultados enormemente diferenciados. Y eso, a su vez, nos permite dar respuesta a los complicados entornos físicos y sociales a los que nos enfrentamos.

De este modo, mientras que para la mayoría de los bebés el hecho de nacer con cólicos no supone mucho más que una frustración para sus padres, en el caso de Leon abatió a los recursos emocionales ya de por sí limitados de su madre. A diferencia de lo que había sucedido con Frank, sin la presencia de su extensa red familiar, no había nadie con quien poder dejar al bebé cuando ya no sabía qué hacer con él. Al abandonar a su bebé durante el día, le privó del aporte fundamental que necesitaba para tranquilizarse y, en último término, de organizar sus sistemas de respuesta al estrés que ya de por sí estaban ligeramente desregulados, lo que los volvió todavía más caóticos y desorganizados.

Esto, a su vez, dejó a Leon alternativamente inseguro, dependiente y agresivo y dificultó sus habilidades sociales, que potencialmente le habrían permitido obtener el cariño y los cuidados que necesitaba de alguna otra parte. También lo alienó de sus padres y generó un bucle de mal comportamiento, castigos, furia creciente y angustia. Más tarde, desde que tuvo edad preescolar en adelante, le metieron en un grupo de compañeros problemáticos, lo que contribuyó todavía más a aumentar el daño.

De haber estado rodeado de compañeros normales, podría haber llegado a conocer a personas capaces de llegar hasta él, que habrían podido brindarle una amistad saludable que hubiera podido alejarlo de una conducta antisocial. Pero, en vez de eso, al estar en compañía de otros niños igual de necesitados, angustiados y enfadados, además de estigmatizados por las etiquetas que les aplicaban, se convirtió en alguien cada vez más consternado y fuera de control, lo que le condujo a reaccionar con una agresividad e impulsividad cada vez mayores.

Leon en ningún momento tomó la decisión consciente de volverse un ser malévolo, pero cada pequeña elección tomada tanto por él como por su familia lo empujó todavía más hacia la sociopatía, y cada una de las consecuencias de aquellas elecciones hacía cada vez más probables nuevas elecciones negativas. Había habido numerosos obstáculos en el camino que, en el caso de que las circunstancias hubiesen sido otras, habrían podido conducir al comienzo de un círculo virtuoso, que no vicioso. Lamentablemente, Leon rechazó cada oportunidad de dar la espalda a su furia e impulsividad y en ninguna de aquellas encrucijadas llegó a recibir la ayuda y el apoyo que necesitaba de otras personas para salir del atolladero en el que estaba atascado.

El cerebro está formado —nosotros mismos estamos formados— por millones de pequeñas decisiones; aunque algunas son conscientes, la mayoría no lo son. Lo que en un principio podrían parecer elecciones irrelevantes, más adelante pueden generar resultados tremendamente diferentes. El momento lo es todo. No podemos saber cuándo la más mínima elección o «estímulo» empujará a un cerebro en desarrollo por el camino de la genialidad o por una autopista al infierno. Quiero recalcar que esto no significa que los padres tengan que ser perfectos, pero es importante saber que los niños pequeños son muy susceptibles a la espiral de consecuencias de las elecciones que nosotros —y después ellos— hacemos, tanto para bien como para mal.

Afortunadamente, el efecto en cascada y autoamplificador del círculo virtuoso es igual que el del círculo vicioso. Una palabra de elogio en el momento oportuno, por ejemplo, puede llevar a que un niño con un interés moderado por el arte se vuelva mucho más apasionado al respecto. Esta intensidad puede escalar, lo que le conduciría a desarrollar una mayor habilidad, por la que recibiría nuevos elogios y, por último, construir un genio artístico en su cerebro, allí donde una vez no hubo más que un modesto potencial. Algunas investigaciones recientes han enfatizado el poder de este efecto en el deporte. La mitad de la élite inglesa de jugadores de fútbol que nutre sus ligas profesionales ha nacido en los tres primeros meses de año. El resto está distribuido por igual en los demás meses. ¿A qué puede deberse esto? En primer lugar, todos los equipos juveniles tienen un límite de edad; cuanto antes hayas nacido en un año determinado, más probabilidades hay de que seas más maduro desde un punto de vista físico, poseas mayores habilidades y recibas más elogios por tu destreza que aquellos del grupo que hayan nacido más tarde. El placer de la recompensa conduce a una mayor práctica; gravitamos hacia nuestras capacidades. Y, en el ciclo de retroalimentación positiva que existe dentro del círculo virtuoso, a mayor práctica, mayores habilidades; las habilidades atraen recompensas y las recompensas alimentan la práctica. Esta pequeña diferencia, realzada a lo largo del tiempo mediante la práctica, da lugar a enormes diferencias y otorga mejores oportunidades a los jugadores que han nacido en los primeros meses de año para pasar el corte cuando alcanzan la categoría profesional. No obstante, estas espirales positivas no son fáciles de predecir. No podemos saber en qué momento el aleteo de una mariposa se convertirá en un huracán.

Entonces, ¿qué podía decir en el juicio de Leon y cuáles consideraba que fueran sus posibilidades de rehabilitación? Decidí testificar que el desarrollo de su cerebro se había visto distorsionado por lo que había sucedido mientras era un bebé. Y confirmaría los trastornos de déficit de atención y de conducta, que eran factores atenuantes a pesar de que no lo absolvían de la responsabilidad de sus actos.

Explicaría al tribunal que sus problemas cognitivos, sociales y emocionales, así como los diagnósticos neuropsiquiátricos, estaban relacionados con el abandono no intencionado de su madre. Sus sistemas de respuesta al estrés desde luego habían recibido un aporte anormal: al dejarlo solo cuando era un bebé, los había incrementado, y no hubo nadie cerca en aquel momento crucial para enseñarle a tranquilizarse. Al mismo tiempo que los sistemas inferiores del cerebro se desarrollaban excesivamente, las regiones corticales superiores que los envuelven, las áreas que regulan nuestro modo de responder al mundo, nuestra atención y nuestro autocontrol, permanecieron subdesarrolladas.

También había que tener en consideración el hecho de que Leon había estado bebido en el momento de cometer el crimen. El alcohol desinhibe, reduce el autocontrol e incrementa la impulsividad. Leon ya era propenso a actuar sin pensar, por lo que el alcohol simplemente exacerbó esta tendencia, con consecuencias mortales para sus víctimas. ¿Habría cometido el crimen si no hubiera estado bebido? Sospecho que no. El alcohol liberó los ya de por sí abrumados e indebidamente desarrollados frenos de su conducta, lo que permitió que su furia y su deseo se apoderasen de todo. Si no hubiera estado borracho, es posible que hubiera llegado a frenarse mucho antes de matar e incluso de asaltar a las chicas.

Finalmente testifiqué sobre la primera infancia de Leon y sus efectos en su capacidad para mantener relaciones, en su control de impulsos y en su atención. Expuse cómo una desatención temprana es capaz de predisponer a los niños a una capacidad reducida para la empatía y a la violencia. Incluí todos los factores atenuantes que encontré. Es todo cuanto pude hacer: en ningún caso se le podía declarar legalmente no responsable de sus actos, y no podía negar que era un peligro constante para los que lo rodeaban.

En uno de los descansos me encontré cerca del acusado mientras este observaba los llantos de las familias de las víctimas y cómo trataban de calmarse unos a otros. Estaban inconsolables, con las lágrimas cayéndoles por las mejillas, agarrándose los unos a los otros como si fueran supervivientes a bordo de un bote salvavidas. Leon me preguntó:

—¿Por qué lloran? Soy yo el que va a ir a la cárcel.

Una vez más, su frialdad era estremecedora. Estaba emocionalmente ciego.

Cuando sacaron a Leon de la sala después de que el jurado se retirara a deliberar, la madre de Cherise vino a hablar conmigo.

Su dolor era visible a cada paso que daba, en los movimientos lentos de las manos y en la expresión de su rostro: «¡Doctor, doctor!». Me llamó con gran urgencia, como si temiera que fuera a marcharme antes de que pudiéramos hablar. Me detuve, me di la vuelta y la vi acercarse despacio. Casi como si fuera un ruego, me preguntó:

—¿Por qué lo hizo? Usted ha hablado con él. ¿Por qué mató a mi hija? Por favor, dígamelo. ¿Por qué?

Yo sacudí la cabeza para dar a entender que, a pesar de mi experiencia, no era capaz de ofrecerle una respuesta que pudiera satisfacerle.

Colgada de mi brazo y sin dejar de llorar, volvió a preguntarme:

—Usted sabe de esta clase de cosas. ¿Por qué mató a mi hija?

—Sinceramente, no estoy seguro —repuse avergonzado por la ineptitud de mis palabras. Traté de encontrar alguna manera de ayudar a aquella madre acongojada—. Creo que su corazón está frío. Hay algo que está roto dentro de él. No es capaz de amar como usted y como yo…, como su hija podía hacer. A usted le duele tanto por lo muchísimo que la quería. Él no siente las cosas como las siente usted, ni las buenas ni las malas.

Se quedó un instante callada. Durante un momento fugaz apareció una sonrisa en su cara, seguramente al conjurar la imagen de su hija, y enseguida regresaron las lágrimas. Suspiró y afirmó con la cabeza:

—Sí, debe de estar roto por dentro para matar a una niña tan preciosa que nunca hizo daño a nadie.

La abracé torpemente durante un minuto y después se marchó para reunirse de nuevo con el resto de su familia. Pensé en Maria, Alan y Frank. Nuestras investigaciones están comenzando a descubrir los secretos del cerebro y las causas de tragedias como esta, pero, en aquel momento, fui dolorosamente consciente de lo mucho que nos falta por averiguar.

06

El chico a quien criaron como perro

¿Qué es lo que le permite a alguien tomar la decisión correcta, incluso a pesar de que no se le hayan ofrecido las oportunidades necesarias para su óptimo desarrollo? ¿Qué llevó a Virginia a seguir buscando ayuda para su bebé en lugar de simplemente abandonarla? ¿Qué podemos utilizar del libro de recetas de Mamá P. y prescribir a otros niños como Laura? ¿Puede el tratamiento adecuado ayudar a prevenir que niños como Leon se conviertan en un peligro? ¿Hay algo nuevo que pudiera decir a la madre de Cherise —y a Frank, a Alan y a Maria— sobre por qué había cometido Leon aquellos crímenes terribles?

Así como poco a poco vamos comprendiendo el modo en que el desarrollo secuencial del cerebro infantil se ve afectado por el trauma y el abandono, del mismo modo solo poco a poco nos damos cuenta de que esta comprensión podría ayudarnos a encontrar posibles tratamientos. Estas observaciones nos han llevado a desarrollar lo que hemos venido a denominar el enfoque neurosecuencial de los servicios terapéuticos para niños traumatizados y maltratados. Uno de los primeros niños a los que tratamos con este método había sufrido un abandono muchísimo peor que el de Leon.

Conocí a Justin en 1995, cuando él tenía seis años. Estaba en la Unidad de Cuidados Intensivos Pediátricos (UCIP). Llegué invitado por la UCIP para, *utilizando ese vudú psiquiátrico que se te da tan bien*, conseguir que dejara de lanzar heces y comida al personal del hospital. El UCIP casi siempre estaba a rebosar y lo habitual era que estuviese ajetreado a todas horas del día y de la noche, todos los días de la semana.

Me hice paso a través del bullicio sin llamar la atención hasta llegar al sector de enfermería y examiné el tablón, buscando el nombre del niño que me habían pedido que visitara. No me hizo falta buscar más: giré la cabeza de inmediato al oír un chillido muy fuerte y extraño y mis ojos se encontraron con un niño pequeño y escuálido que llevaba un pañal medio suelto y estaba sentado en el interior de una jaula. La cuna de Justin tenía barrotes de hierro y un panel de contrachapado encima. Parecía la jaula de un perro, y estaba a punto de descubrir la terrible ironía del asunto. El niño se mecía hacia delante y atrás mientras tarareaba, o más bien gemía, una nana muy rudimentaria que parecía tranquilizarle. Estaba manchado con sus propias heces, tenía la cara llena de restos de comida y el pañal estaba tan empapado de orina que se notaba lo mucho que debía de pesar. Le habían ingresado por neumonía grave, pero se había resistido a todos los procedimientos y para sacarle sangre habían tenido que sujetarlo. Se había arrancado las vías intravenosas, había soltado toda clase de gritos al personal y lanzaba la comida que le daban. Lo más cercano a una unidad psiquiátrica de aquel hospital era la UCIP (donde la proporción de personal médico por paciente era muy elevada), así que habían decidido transferir a Justin allí, improvisando una jaula que hacía las veces de cuna. Nada más meterlo dentro, el niño empezó a lanzar las heces y cualquier cosa que pudiera agarrar. Por eso habían llamado a psiquiatría.

A lo largo de los años he aprendido que tomar a un niño por sorpresa no es una buena idea. Todo el mundo siente angustia ante la imprevisibilidad y lo desconocido, y por lo tanto somos menos capaces de procesar la información de un modo apropiado. Además, para la evaluación clínica resulta fundamental saber que, cuanta más ansiedad siente una persona, más difícil le resulta recordar y describir sus sentimientos, pensamientos e historia con exactitud. Y, lo que es más importante, cuando un niño siente ansiedad, es mucho más difícil crear una relación positiva, que es el verdadero vehículo para que se produzca cualquier cambio terapéutico.

Por supuesto, ya conocía el poder de las primeras impresiones. Podía obtener una mejor visión del diagnóstico de un niño si la primera impresión que él tenía de mí era favorable o, cuanto menos, neutral. Así que, en lugar de lanzarme a hacer preguntas hacia un niño desprevenido, asustado y desorientado, decidí que lo mejor sería ofrecerle la oportunidad de que primero nos conociéramos. La idea era mantener una conversación interesante y divertida con él, permitir que se hiciera alguna idea de quién era yo, proporcionar una explicación simple y clara de lo que yo quería aprender de él y después dejarle un tiempo a solas para que pudiera procesar la información. Le aseguraría que el control de la situación era suyo. El niño no tendría que decir nada que no quisiera: si de repente salía un tema sobre el que no tenía ganas de hablar conmigo, le diría que no tenía más que decírmelo y yo cambiaría de tema. Si en algún momento deseaba parar, la conversación terminaría. En todos estos años solo me he encontrado con una niña adolescente que no quisiera hablar; al cabo de varios días informó al personal de que la única persona con la que estaba dispuesta a tratar era con el «psiquiatra de pelo rizado».

En cuanto vi a Justin supe que aquel caso iba a ser diferente. Necesitaba saber mucho más sobre él antes de poder acercarme. Cogí su historial médico, volví a la sala de enfermería y leí sus viejos informes. De tanto en tanto echaba un vistazo rápido en su dirección y lo veía mecerse con las rodillas apretadas contra el pecho y sujetándose las piernas con los brazos. Tarareaba o gemía para sí mismo y cada pocos minutos soltaba un chillido enojado. El personal de la UCIP ya se había acostumbrado a los gritos y nadie le prestaba atención.

A medida que iba leyendo los informes, fui descubriendo que los primeros años de vida de Justin no habían sido normales. Su madre lo había tenido con quince años y lo dejó permanentemente con su propia madre cuando tuvo dos meses. A decir de todos, la abuela de Justin era una mujer bondadosa y maternal que adoraba a su nieto. Por desgracia, también tenía obesidad mórbida y problemas de salud derivados de ella que la llevaron a estar muy enferma. Cuando Justin tenía aproximadamente once meses, la hospitalizaron y murió al cabo de varias semanas.

Durante su enfermedad, su novio, Arthur,* que vivía con ella, cuidaba de Justin. El comportamiento del bebé se volvió muy difícil, seguramente a causa de haber perdido a su madre y a su abuela en tan poco tiempo. Arthur, quien a su vez también estaba de duelo, no sabía qué hacer con un niño que no dejaba de llorar y de tener rabietas. A esto hay que sumar que a sus sesenta y muchos no estaba preparado mental ni físicamente para un desafío como aquel. Llamó a los servicios de protección infantil en busca de una ubicación permanente para el niño que, después de todo, ni siquiera era familiar suyo. Parece ser que el SPI consideró que el niño estaba bien y en un lugar seguro y pidieron a Arthur que se quedara con Justin hasta que le encontraran un lugar alternativo. Arthur estuvo de acuerdo; era un hombre generalmente pasivo, y paciente, y supuso que el SPI terminaría por conseguir un nuevo hogar para Justin. Pero el SPI es una agencia reactiva, centrada en solucionar crisis, y, sin nadie que les presionara, no actuaron al respecto.

Arthur carecía de maldad, pero ignoraba qué clase de necesidades tienen los niños. Se ganaba la vida como criador de perros y, tristemente, aplicó aquellos conocimientos al cuidado del bebé. Lo primero que hizo fue meter a Justin en una jaula para perros. Se aseguraba de que el niño estuviera alimentado y aseado, pero rara vez hablaba, jugaba o hacía con él las cosas normales que los padres realizan al criar a sus hijos. Justin pasó cinco años viviendo en una jaula y la mayor parte del tiempo la única compañía que tuvo fueron perros.

Si pudiéramos ser testigos de los momentos de confort, curiosidad, exploración y recompensa de un niño —así como de sus momentos de terror, humillación y privación— conseguiríamos saber mucho más sobre él, quién es y en quién podría llegar a convertirse. El cerebro es un órgano histórico, una reflexión de nuestras historias personales. Nuestros dones genéticos solo se manifestarán si obtenemos las experiencias de desarrollo adecuadas en el momento oportuno. En los primeros años de vida, este tipo de experiencias están controladas principalmente por los adultos que nos rodean.

Mientras leía el historial de Justin, empecé a imaginarme su vida a medida que se había ido desarrollando. Con dos años le habían diagnosticado «encefalopatía estática», que significa que sufría un daño cerebral grave cuyo origen era desconocido y con escasas probabilidades de mejoría. Lo habían llevado a ver a un médico a causa del grave retraso del desarrollo que mostraba: a la edad en la que la mayoría de los niños han comenzado a explorar y a decir frases, Justin no podía andar ni decir siquiera unas pocas palabras. Trágicamente, cuando Arthur lo llevó a hacerle unos chequeos médicos, nadie le preguntó cuáles eran sus condiciones de vida, ni tampoco anotaron un buen historial de desarrollo. Le sometieron a pruebas de diversas enfermedades físicas y le hicieron un escáner cerebral, lo que reveló una atrofia (encogimiento) de la corteza cerebral y un ensanchamiento de los ventrículos llenos de líquido en el centro del cerebro. De hecho, su cerebro parecía el de alguien que se encontrara en un estado de Alzheimer avanzado; la circunferencia de su cabeza era tan pequeña que estaba por debajo del segundo percentil para un niño de su edad.

Por aquel entonces, muchos doctores todavía ignoraban el daño que la simple desatención podía ocasionar en el cerebro. Suponían que algo que era tan claramente visible en los resultados del escáner tenía que evidenciar un fallo genético o una agresión intrauterina como, por ejemplo, haber estado expuesto a toxinas o a una enfermedad; no podían imaginar que el simple medio ambiente de las primeras etapas de la vida pudiera tener unos efectos físicos tan profundos. Pero estudios posteriores realizados por nuestro grupo y por otros descubrieron que los huérfanos a quienes se deja languidecer en escenarios institucionales sin que reciban el afecto y la atención individualizada necesarios, en verdad presentan un tamaño de la cabeza visiblemente menor y cerebros más pequeños. En sus cerebros pueden advertirse anormalidades evidentes que son prácticamente idénticas a las que pudieron observarse en Justin.

Por desgracia, como en el caso de Laura, los problemas de Justin se vieron exacerbados por un sistema médico fragmentado. A lo largo de los años, a pesar de que le habían sometido a exámenes tan complicados como escáneres cerebrales de alta tecnología y análisis cromosómicos en busca de problemas genéticos, en muy pocas ocasiones le trataba un mismo doctor dos veces. Nadie siguió su caso conforme avanzaba el tiempo o llegó a saber cuáles eran las condiciones en las que vivía. Al cumplir los cinco años, una prueba repetida mostró que se había producido un progreso mínimo de las capacidades del habla y del lenguaje, cognitivas, conductuales y de las habilidades motoras finas y gruesas. Seguía sin poder caminar o hablar. Los doctores, que desconocían las privaciones que el niño experimentaba, simplemente creían que la mayoría de sus capacidades relacionadas con el cerebro no funcionaban de un modo correcto. Suponían que la «encefalopatía estática» de Justin se debía a alguna clase de defecto de nacimiento aún desconocido y no tratable. La conclusión tácita a la que se llegaba con los niños que exhibían este tipo de daño cerebral grave era que no respondían a las intervenciones terapéuticas. Básicamente, los médicos informaron a Arthur de que el niño sufría un daño cerebral permanente y que nunca podría valerse por sí mismo, por lo que no lo incentivaron a seguir buscando ayuda.

Bien fuera por este pesimismo médico o por las irregularidades de su crianza, Justin nunca recibió terapia del lenguaje, ni terapia física ni ocupacional, y tampoco ofrecieron servicios sociales domiciliarios a su cuidador de edad avanzada. Abandonado a su suerte, Arthur tomó las decisiones relativas al cuidado infantil que encajaban con su comprensión de la crianza de niños. Nunca había tenido hijos propios y la mayor parte de su vida había sido un hombre solitario. Él mismo estaba limitado, probablemente con un retraso mental leve. Crio a Justin de la misma manera que había criado a sus otros animales: dándole comida, cobijo, disciplina y compasión directa episódica. Arthur no era intencionadamente cruel: todos los días sacaba a Justin y a los perros de las jaulas para que jugaran, era su manera de mostrarles afecto. Pero lo que no entendía era que Justin actuaba como un animal porque se le había tratado como tal y por eso, cuando el niño «no obedecía», volvía a la jaula. Justin pasó la mayor parte de aquel tiempo desatendido, sin más.

Yo fui el primer profesional médico a quien Arthur habló de estas prácticas de crianza porque, lamentablemente para Justin, yo fui el primero en preguntarle.

Después de entrevistarme con Arthur, de haber leído los informes de Justin y de haber observado su conducta, me di cuenta de que existía la posibilidad de que algunos de los problemas del niño no se debieran a una completa ausencia de potencial. Quizá no hablaba porque muy rara vez le habían hablado. Quizá, a diferencia de un niño normal, que a los tres años ya ha oído tres millones de palabras, Justin había estado expuesto a muchísimas menos. Quizá no se tenía en pie ni caminaba porque nadie le había convencido, dándole la mano, de que se pusiera de pie, nadie le había animado a hacerlo. Quizá no sabía usar cubiertos al comer porque nunca había cogido nada con las manos. Decidí acercarme a Justin con la esperanza de que sus déficits fueran verdaderamente debidos a una ausencia de estimulación apropiada, a una falta de oportunidades en lugar de a una falta de capacidades.

El personal de enfermería me observaba mientras me acercaba con cuidado a su cuna.

—Va a ponerse a lanzar cosas —dijo alguien con cinismo.

Traté de acercarme a cámara lenta. Quería que me mirara. Supuse que la novedad de mis pasos sosegados en contraste con el ritmo típicamente apresurado de la UCIP llamaría su atención. No le miraba. Sabía que, igual que ocurre con muchos animales, un contacto directo podría resultarle amenazador. Corrí las cortinas que rodeaban la cuna y las cerré parcialmente para que solo pudiera verme a mí o la sala de enfermería. De esa manera los niños de las camas adyacentes no lo distraerían.

Traté de imaginarme el mundo desde su perspectiva. Seguía enfermo, la neumonía no estaba curada del todo. Parecía aterrorizado y confuso; no comprendía ese nuevo terreno caótico en el que le habían colocado. Al menos su hogar en la perrera le resultaba familiar; conocía a los perros que le rodeaban y sabía qué esperar de ellos. También imaginé que tendría hambre, puesto que llevaba tres días lanzando casi toda su comida fuera de la jaula. Cuando me acerqué, hizo una mueca, se revolvió en el pequeño espacio de la cuna y soltó uno de sus chillidos.

Me quedé inmóvil, hasta que poco a poco me fui quitando la bata blanca y dejé que cayera al suelo. Él se quedó mirándome. Despacio, deshice el nudo de la corbata y me la saqué. Me remangué la camisa. Con cada una de estas acciones daba un nuevo paso hacia delante. Avanzaba sin decir nada, trataba de parecer lo menos amenazante posible: sin hacer movimientos rápidos ni establecer un contacto directo, hablando con un tono rítmico, melódico y bajo, casi como si fuera una nana. Llegué hasta él de la misma forma que uno se acercaría a un bebé aterrorizado o a un animal asustado.

—Soy el Dr. Perry, Justin. No entiendes qué pasa aquí, ¿verdad que no? Voy a intentar ayudarte, Justin. ¿Ves? Mira, me estoy quitando la bata blanca. Eso está bien, ¿a que sí? Deja que me acerque un poquito más. ¿Estoy lo bastante lejos? Vale. Vamos a ver qué podría funcionar… Hum. Me voy a quitar la corbata. Seguro que no estás acostumbrado a verlas. Voy a quitármela.

Dejó de dar vueltas en la cuna. Le oía respirar: era una especie de gruñido silbante y acelerado. Tenía que estar muerto de hambre. Vi que había un *muffin* en una bandeja que estaba fuera de su alcance pero que sí podía ver. Fui hacia allí. Los gruñidos de Justin se hicieron más fuertes e insistentes. Cogí el *muffin*, rompí un pedacito y lentamente me lo llevé a la boca y lo mastiqué a conciencia, para indicar el placer y la satisfacción que me producía.

—Mmmm, qué bueno está... ¿Quieres un poco, Justin? —Seguí hablándole y alargué el brazo. Cada vez estaba más cerca. De hecho, estaba lo bastante cerca para que él pudiera alcanzar mi mano extendida. Me quedé otra vez quieto sin dejar de hablar y le ofrecí el *muffin*. Parecieron horas, pero en treinta segundos Justin me tendió la mano tímidamente. Se detuvo a medio camino y volvió a meter el brazo en la cuna. Parecía que aguantaba la respiración. Y entonces, de repente, agarró el *muffin* y lo dejó en la cuna. Se apartó enseguida a la esquina más alejada y me observó. Yo seguía en el mismo lugar, sonreí y traté de quitarle peso a mi voz:

—Muy bien, Justin. Es tu *muffin*. Está bien. Muy bien.

Empezó a comer. Le dije adiós con la mano y regresé caminando despacio a la sala de enfermería.

—Espera un minuto y empezará a gritar y a lanzar cosas otra vez —dijo una de las enfermeras, que hasta parecía decepcionada por que Justin no hubiera exhibido su «mal» comportamiento delante de mí.

—Puede ser —repuse antes de marcharme.

Con todo lo que había aprendido hasta ese momento sobre los efectos de la desatención en el cerebro, sabía que la única forma de saber si Justin simplemente no había podido expresar su potencial o si en verdad no tenía la capacidad de un desarrollo futuro, era ver si sus sistemas neuronales podían moldearse mediante experiencias repetitivas y pautadas en un entorno predecible y seguro. Sin embargo, todavía no sabía cuál era la mejor manera de estructurar esta experiencia.

Lo que sí sabía era que lo primero que necesitaba hacer era disminuir la sobrecarga sensorial y caótica que le rodeaba. Le trasladamos a una de las habitaciones «privadas» de la UCIP y a continuación minimizamos el número de miembros del personal que podían interactuar con él. Establecimos terapias del habla y el lenguaje, ocupacionales y físicas. Uno de nuestros psiquiatras pasaba tiempo con él todos los días, y yo también le visitaba a diario.

Mejoró con una rapidez espectacular. Cada día se superaba y cada día parecía sentirse más seguro. Dejó de lanzar la comida y de restregar las heces. Empezó a sonreír. Mostraba signos claros de reconocimiento y comprensión de los comandos verbales. Descubrimos que sí había recibido alguna estimulación social y afecto por parte de los perros con los que había convivido; los perros son animales increíblemente sociales y en sus jaurías presentan una sofisticada jerarquía social. Había veces en las que respondía a personas que no le resultaban familiares de un modo muy parecido a como lo haría un perro asustado: acercándose con cuidado, echándose hacia atrás y luego avanzando otro poco.

A medida que pasaban los días, empezó a mostrarse cariñoso conmigo y con otros miembros del personal. Incluso comenzó a mostrar signos de tener sentido del humor. Por ejemplo, sabía que «lanzar la caca» volvía loco al personal. Una vez que alguien le dio una chocolatina, dejó que el chocolate se derritiera en sus manos y levantó el brazo como si estuviera a punto de lanzarlo. Los que estaban cerca de él dieron un paso para atrás, y entonces Justin se echó a reír a carcajadas. Fue este sentido del humor primitivo —que demostraba que comprendía los efectos que sus acciones tenían en los demás y que, por tanto, los conectaba a sí mismo— lo que enseguida me dio esperanzas en cuanto a su capacidad de cambio.

Mis colegas en un principio pensaron que estaba malgastando los recursos del hospital al pedir que terapeutas físicos lo ayudaran a mantenerse erguido y a mejorar la fuerza y el control de las habilidades motoras finas y gruesas. Pero en cuestión de una semana, Justin se sentaba en la silla y se ponía de pie con ayuda. Al cabo de tres semanas, ya había dado sus primeros pasos. En aquel momento, un terapeuta ocupacional vino a ayudarme con el control de la motricidad fina y los aspectos fundamentales de los cuidados personales: vestirse solo, utilizar una cuchara, lavarse los dientes… Aunque muchos niños que han sufrido esta clase de privaciones desarrollan un elevado sentido del olfato y a menudo tratan de oler y chupar la comida y a las personas, en el caso de Justin fue particularmente pronunciado y es posible que se debiera a su vida anterior rodeado de perros. Hubo que enseñarle que hacer aquello no siempre resultaba apropiado.

Durante este tiempo, terapeutas del lenguaje y logopedas le ayudaron a que empezara a hablar exponiéndole a palabras que no había oído a lo largo de la infancia. Sus redes neuronales, hasta ahora subdesarrolladas y latentes, comenzaron a responder a estos patrones de estimulación nuevos y repetitivos. Su cerebro, sediento de las experiencias que necesitaba, actuaba como si fuera una esponja y se empapaba de ellas con entusiasmo.

Pasadas dos semanas, Justin había mejorado lo bastante como para recibir el alta del hospital y ser colocado en una familia de acogida. A lo largo de los meses siguientes, su progreso fue prodigioso. Era la recuperación por abandono grave más rápida que habíamos observado, y modificó mi punto de vista en cuanto al potencial para poder cambiar en casos de desatención temprana. El futuro en cuanto al pronóstico de los niños que habían sufrido abandono resultaba mucho más esperanzador.

Seis meses depués, trasladaron a Justin a vivir con una familia de acogida muy lejos del hospital. Aunque ofrecimos un servicio de consulta a su nuevo equipo clínico, con la lista interminable de casos que nuestro grupo comenzaba a atraer, terminamos perdiéndole la pista. De todas formas, al pasar consulta a otras familias que habían adoptado a niños que habían sufrido gravísimas experiencias de abandono, el caso de Justin siempre salía a relucir; nos había llevado a reevaluar el modo de valorar y tratar a estos niños. Por lo menos ya sabíamos que algunos de ellos podían mejorar de forma radical, mucho más de lo que hasta ese momento nos habíamos atrevido a imaginar.

Aproximadamente dos años después de que Justin hubiera pasado por el hospital, llegó a la clínica una carta procedente de una pequeña ciudad: una breve nota de la familia de acogida donde nos informaban de lo bien que le iban las cosas. Había alcanzado hitos fundamentales del desarrollo, algo en lo que nadie había confiado. A los ocho años, estaba preparado para empezar el jardín de infancia. La carta venía acompañada de una fotografía de Justin muy bien vestido en la parada del autobús escolar con una tartera en las manos. En la parte de atrás de la nota, el propio Justin había escrito con una cera: «Gracias, Dr. Perry. Justin». Me hizo llorar.

Gracias a lo que había aprendido con el caso de Justin —que las experiencias repetitivas y pautadas en un ambiente seguro pueden tener un impacto tremendo en el cerebro— comencé a integrar las lecciones de Mamá P. sobre la importancia del afecto físico y de la estimulación en nuestros cuidados. Uno de los casos siguientes que nos ayudaría a desarrollar el enfoque neurosecuencial fue el de un joven adolescente cuyas primeras experiencias de vida resultaron ser similares a las que habían llevado a Leon por un camino destructivo y, en último término, homicida.

Connor, igual que Leon, tenía una familia nuclear intacta y una primera infancia que, en la superficie, no parecía traumática. Sus padres eran personas de éxito que habían estudiado en la universidad y se dedicaban a los negocios. Como Leon, Connor poseía un coeficiente intelectual por encima de la media pero, a diferencia de aquél, era bueno en el colegio. Al realizar una simple revisión de su tratamiento psiquiátrico anterior descubrimos que había recibido, en diversos momentos, más de una decena de diagnósticos neuropsiquiátricos diferentes, desde autismo a trastorno generalizado del desarrollo, esquizofrenia infantil, trastorno bipolar, trastorno por déficit de atención con hiperactividad, trastorno obsesivo-compulsivo, depresión grave, trastorno de ansiedad y otros.

La primera vez que vi al chico, tenía catorce años y le habían diagnosticado trastorno explosivo intermitente, trastorno psicótico y trastorno por déficit de atención. Tomaba cinco medicamentos psiquiátricos y lo trataba un terapeuta de la rama psicoanalítica. Caminaba de forma extraña, algo torpe. Cuando se sentía angustiado o en peligro, se balanceaba, flexionaba las manos de forma rítmica y canturreaba para sí mismo con una especie de zumbido desafinado que ponía de los nervios a casi todo el mundo. A menudo se quedaba sentado y se mecía hacia delante y hacia atrás, igual que Justin la primera vez que lo vi en aquella jaula-cuna. No tenía amigos: no se había convertido en un abusón como Leon, pero sí en un blanco predilecto para ellos. Le habían metido en un grupo de habilidades sociales con el objetivo de abordar su aislamiento y sus pobres habilidades de relación, pero, hasta el momento, el fracaso había sido estrepitoso. Estaba a punto de descubrir que su presencia en aquel grupo era como tratar de enseñar cálculo a un niño de dos años.

Desde luego, Connor era peculiar desde el punto de vista relacional, pero no presentaba los síntomas clásicos de autismo o esquizofrenia. Se comportaba de un modo parecido a los niños que sí sufren estas condiciones, pero, por ejemplo, no daba muestras de la «ceguera mental» y de la indiferencia hacia las relaciones que marcan el autismo o los pensamientos desordenados comunes a la esquizofrenia. Al examinarlo, vi que buscaba activamente relacionarse con otras personas, algo nada común en los casos de autismo genuino. Aunque sí podía decirse que era socialmente inepto, no se correspondía con el completo desinterés por las conexiones sociales que es, básicamente, el sello distintivo del autismo. Además, debido a las múltiples medicaciones que tomaba, era imposible afirmar cuáles de sus «síntomas» estaban relacionados con su problemática original y cuáles estaban causados por los efectos secundarios de los fármacos. Decidí interrumpir la medicación y volver a introducirla solo si de verdad era necesaria.

Los síntomas particulares de Connor y su falta de concordancia con los casos típicos de autismo y esquizofrenia me recordaron a los que había visto en otros niños que habían sufrido un trauma o desatención en la primera infancia, como Justin. En particular, su curioso modo de andar inclinado me hizo sospechar que, lo que fuera que hubiera ido mal en su vida, debió de empezar a una edad muy temprana, puesto que caminar de manera coordinada responde a un mesencéfalo y un tronco encefálico bien regulados, regiones cruciales para la coordinación de la respuesta al estrés. Teniendo en cuenta que el mesencéfalo y el tronco encefálico están entre las primeras regiones en organizarse durante el desarrollo del cerebro, si algo había podido salir mal en aquellas áreas, probablemente habría sucedido en el primer año de vida.

Registré con cuidado su historial de desarrollo y pregunté a la madre de Connor, Jane,* sobre la primera infancia de su hijo y también sobre la suya propia. Era una mujer inteligente pero claramente nerviosa que no sabía qué hacer. No había tenido una infancia traumática, al contrario, sus padres habían sido muy cariñosos con ella. Por desgracia para Connor, sin embargo, el resto de su familia vivía lejos y no había pasado mucho tiempo cuidando a niños durante la adolescencia, por lo que su experiencia con bebés y niños pequeños había sido mínima hasta que tuvo a su propio hijo. En la sociedad moderna en la que vivimos, es común tener menos hijos, vivir lejos de nuestras familias y movernos en un mundo cada vez más segregado por edad, y por tanto muchos de nosotros no estamos lo bastante rodeados de niños para aprender cómo deberían comportarse en cada etapa del desarrollo. Es más, nuestra educación pública no incluye nada teórico ni tampoco práctico relativo al desarrollo infantil, a los cuidados infantiles o a los aspectos básicos del desarrollo del cerebro. Como resultado, vivimos en una especie de «analfabetismo infantil», algo que por desgracia jugó un papel muy importante en aquello que se había torcido para Connor, igual que ocurrió con Leon.

Varios años antes del nacimiento de su hijo, Jane y su marido, Mark,* se mudaron de Nueva Jersey a Nuevo México para empezar un nuevo negocio que prosperó. Una vez establecidos económicamente, la pareja decidió tener un hijo. Jane se quedó embarazada enseguida. Recibió excelentes cuidados prenatales, tuvo un parto normal y el niño creció sano y robusto. Pero el negocio familiar demandaba tanto esfuerzo que Jane volvió a la oficina a las pocas semanas de dar a luz. Jane había oído historias espantosas sobre guarderías, así que su marido y ella decidieron contratar a una niñera. Dio la casualidad de que una prima de Jane acababa de mudarse a la comunidad y buscaba trabajo, de modo que contratarla parecía la solución ideal para todos.

Desafortunadamente, lo que Jane y Mark no sabían era que nada más empezar a trabajar para ellos, la prima de Jane había encontrado otro trabajo. Quiso contar con algo de dinero adicional y no le contó a nadie que dejaba al niño solo mientras se iba a trabajar al otro sitio. Por las mañanas le daba de comer y le vestía y después se iba al trabajo, volvía para darle de comer y cambiarle a mediodía y regresaba justo antes de que lo hicieran los padres. Le preocupaba que el bebé sufriera dermatitis del pañal o que hubiera un incendio o alguna otra clase de peligro mientras el bebé estaba solo en casa, pero no era consciente de lo perjudiciales que serían sus acciones. La ignorancia de su prima en temas relativos al desarrollo infantil era incluso mayor que la de Jane: no sabía que los bebés necesitan la misma cantidad de afecto y atención que de nutrientes, hidratación, ropa seca y cobijo.

Jane me explicó que se había sentido culpable de volver al trabajo tan pronto. Me describió cómo los lloros de Connor durante las dos primeras semanas que volvió al trabajo habían sido terriblemente angustiosos para ella. Pero después había dejado de llorar, y Jane pensó que todo estaba bien.

—Mi bebé estaba contento —me explicó, hasta el punto de que incluso una vez que le clavó un imperdible sin querer, Connor ni siquiera lloriqueó—. Nunca lloraba —dijo con énfasis, inconsciente de que pocas señales de problemas potenciales son tan evidentes como la falta de lloros de un bebé. Una nueva pista obstaculizada por la falta de conocimiento de los aspectos básicos del desarrollo infantil. Igual que Maria, pensó que un bebé callado era un bebé feliz.

En cualquier caso, a los pocos meses Jane comenzó a sospechar que algo no iba bien. No parecía que Connor estuviera madurando con la misma rapidez que otros bebés. No se sentaba ni se daba la vuelta ni gateaba a la edad en la que otros habían alcanzado estos hitos del desarrollo. Preocupada por su falta de progreso, lo llevó a la pediatra de la familia, que era una médica excelente a la hora de reconocer y tratar las enfermedades físicas, pero sin mucha idea sobre cómo detectar dificultades emocionales y mentales. No tenía hijos propios, por lo que no estaba familiarizada personalmente con su desarrollo psicológico y, como la mayoría de los médicos, no había recibido demasiada educación sobre este tema. La doctora, además, conocía a los padres, por lo que no tenían ningún motivo para sospechar que se estuvieran produciendo abusos o descuidos. Por consiguiente, no preguntó, por ejemplo, si Connor lloraba o cómo se comportaba con la gente. Se limitó a decirle a Jane que cada bebé se desarrolla a su ritmo y le aseguró lo mejor que pudo que muy pronto habría alcanzado a los demás.

Sin embargo, cuando Connor debía de tener unos dieciocho meses, Jane se marchó del trabajo en mitad del día porque no se encontraba bien. La casa estaba a oscuras y supuso que la niñera había salido con el bebé. De la habitación de Connor llegaba un olor espantoso. La puerta estaba medio abierta y se asomó. Vio a su hijo solo, sentado en la oscuridad, sin juguetes, sin música, sin niñera y con el pañal sucísimo. Se quedó horrorizada. Cuando confrontó a su prima, esta le confesó que dejaba solo a Connor para ir al otro trabajo. Jane despidió a su prima y dejó el trabajo para quedarse en casa con el bebé. Pensó que así evitaría futuros males; como no lo habían secuestrado, ni se había desatado un incendio ni se había puesto enfermo, aquella experiencia no tendría efectos secundarios. No conectó su conducta cada vez más extraña con el hecho de que lo hubieran dejado abandonado durante más un año.

A medida que fue creciendo aislado socialmente y comenzó a desarrollar comportamientos singulares y repetitivos, nadie en el sistema de salud mental, en el colegio ni ningún profesor de educación especial, terapeutas ocupacionales o psicoterapeutas a los que visitó descubrió la historia de desatención temprana de Connor. Gastaron cientos de miles de dólares y cientos de horas en vano intentando tratar sus diversos «trastornos». El resultado de todo aquello era un chaval de catorce años que se mecía y canturreaba para sí mismo, sin amigos y desesperadamente solo y deprimido; un niño que no miraba a nadie a los ojos, que seguía teniendo las rabietas de un pequeño de tres años; un niño que necesitaba urgentemente que su cerebro recibiera la estimulación que le había faltado durante los primeros meses de vida.

Al mecer y sujetar a los niños traumatizados y abandonados a los que cuidaba, Mamá P. había descubierto de manera intuitiva lo que se convertiría en la base de nuestro enfoque neurosecuencial: estos niños necesitaban experiencias repetitivas y pautadas que fueran apropiadas para sus necesidades de desarrollo, necesidades que reflejaban la edad a la que se habían perdido importantes estímulos o a la que habían sufrido un trauma, no su edad cronológica actual. Cuando se sentaba en una mecedora abrazando a un niño de siete años, le estaba proporcionando el contacto y la cadencia que este no había tenido siendo un bebé, una experiencia necesaria para un correcto desarrollo del cerebro. Un principio fundacional del desarrollo cerebral es que los sistemas neuronales se organizan y se vuelven funcionales de forma secuencial. No solo eso, la organización de una región menos madura depende, en parte, de señales provenientes de las regiones más bajas y, por tanto, más maduras. Si un sistema no recibe lo que necesita cuando lo necesita, es posible que los que dependen de él tampoco funcionen como es debido, aunque el sistema cuyo desarrollo es posterior reciba los estímulos adecuados en el momento oportuno. La clave de un desarrollo saludable es obtener las experiencias correctas en los momentos adecuados.

Pronto reconocí que una de las causas de la rápida respuesta de Justin a nuestra terapia había sido el hecho de haber tenido experiencias enriquecedoras durante el primer año de vida, antes de que muriera su abuela. Esto significa que las regiones más bajas y centrales del cerebro habían gozado de un buen comienzo. De haber sido criado en una caja desde que nació, probablemente habría tenido un futuro menos esperanzador. Me preocupaba que Connor, igual que le había pasado a Leon, hubiera sufrido abandono desde casi su nacimiento hasta los dieciocho meses. La única esperanza que había era que por las tardes y los fines de semana sus padres le habían cuidado, de modo que sí había estado expuesto a experiencias sensoriales reconfortantes.

Basándonos en estos conocimientos, decidimos sistematizar nuestro enfoque para ajustarlo al periodo de desarrollo en el que había surgido el daño por primera vez. Confiábamos en que un atento estudio de los síntomas de Connor y de su historial de desarrollo nos permitiría descubrir qué regiones habían sufrido los mayores daños para así poder dirigir nuestras intervenciones adecuadamente. A continuación emplearíamos experiencias enriquecedoras y terapias dirigidas para ayudar a las áreas cerebrales afectadas en el orden en que se habían visto perjudicadas por la desatención y el trauma (de ahí el nombre neurosecuencial). Si lográbamos documentar un funcionamiento mejorado a partir del primer conjunto de intervenciones, daríamos paso al segundo conjunto apropiado para la siguiente región cerebral y etapa del desarrollo hasta que, con suerte, alcanzaríamos el punto en el que su edad biológica y su edad de desarrollo coincidirían.

En el caso de Connor, estaba claro que sus problemas habían comenzado en la primera infancia, cuando tiene lugar el desarrollo activo de las regiones más centrales e inferiores. Estos sistemas responden a la cadencia y al contacto: los centros reguladores del tronco encefálico controlan los latidos del corazón, la subida y la bajada de los neurotransmisores y de las hormonas durante el ciclo del día y la noche, el ritmo al caminar y otros patrones que deben mantener un orden rítmico para su correcto funcionamiento. El afecto físico es necesario para estimular parte de la actividad química del cerebro. Sin él, como en el caso de Laura, el crecimiento físico (incluido el de la cabeza y el cerebro) puede sufrir retrasos.

Al igual que Leon y otros niños que habían sufrido desatención temprana, Connor no soportaba que lo tocaran. Al nacer, el contacto humano es un estímulo inicialmente novedoso y estresante. El contacto afectuoso todavía ha de conectarse con una sensación placentera. Nos familiarizamos con el contacto y aprendemos a asociar todas las horas que pasamos en brazos de un cuidador afectuoso con la seguridad y el confort. Se ha observado que cuando un bebé no ve satisfecha la necesidad de este contacto reconfortante, no se crea la conexión entre el contacto humano y el placer, de modo que ser tocado puede resultar seriamente desagradable. Para poder superar esto y ayudar a proporcionar los estímulos necesarios, referimos a Connor a un terapeuta de masajes. Decidimos centrarnos en primer lugar en su necesidad de contacto directo piel con piel, y confiamos en poder tratar después los ritmos asíncronos de su cuerpo.

Tal y como vimos en el caso de Laura, el contacto es fundamental para el desarrollo humano. Las vías sensoriales implicadas en la experiencia del contacto son las primeras en desarrollarse y en el momento de nacer están más elaboradas que la visión, el olfato, el gusto y el oído. Estudios realizados en bebés prematuros han demostrado que un contacto suave piel con piel los ayuda a ganar peso, dormir mejor y a madurar con mayor rapidez. De hecho, los bebés prematuros que recibieron masajes suaves de este tipo salieron del hospital casi una semana antes de media que el resto. En niños más mayores y adultos, el masaje reduce la presión sanguínea, combate la depresión y disminuye el estrés al reducir el número de hormonas del estrés liberadas por el cerebro.

El motivo de que comenzáramos con masajes fue también estratégico: se ha comprobado que los padres que aprenden técnicas de masaje para bebés y niños desarrollan una mejor relación con sus hijos y se sienten más cercanos a ellos. Con niños que sufren autismo u otras condiciones que les hacen parecer distantes, crear esta clase de cercanía a menudo puede mejorar rápidamente la relación entre padres e hijos y, por tanto, intensificar el compromiso de los padres con la terapia.

Esto fue particularmente importante en el caso de Connor porque su madre estaba muy preocupada por el enfoque del tratamiento. Después de todo, los psicólogos, psiquiatras y psicoterapeutas anteriores, así como vecinos y profesores bienintencionados le repetían constantemente que no satisficiera su conducta pueril y que ignorara sus pataletas. Todos ellos consideraban que Connor necesitaba mayores dosis de estructura y límites, no más abrazos. Todos los demás le habían dicho que Connor era inmaduro y que había que obligarlo a que abandonara sus métodos primitivos para tranquilizarse, como mecerse y canturrear. Y ahora nosotros le decíamos que debía tratarlo con dulzura, lo que a ella le resultaba demasiado indulgente. De hecho, en lugar de ignorarlo cuando su comportamiento amenazara con descontrolarse, como solían sugerir los terapeutas conductuales, le estábamos diciendo que el chico debía ser «recompensado» con masajes. Nuestro enfoque parecía radicalmente contraintuitivo, pero, como ningún otro había funcionado, aceptó probarlo.

La madre de Connor estaba presente durante las sesiones de masaje y la convertimos en una participante activa de esta parte de la terapia. Queríamos que estuviera allí para reconfortarlo y ayudarlo en caso de que el contacto le resultara estresante. También queríamos que aprendiera a mostrarle amor a su hijo con esta forma de afecto físico, que le ayudara a compensar la falta de abrazos y el contacto afectuoso que no había tenido durante su infancia. Este enfoque basado en una terapia de masaje era gradual, sistemático y repetitivo. Los movimientos iniciales incluían las propias manos de Connor, guiadas para que masajearan su brazo, los hombros y el tronco. Utilizábamos un pulsómetro para monitorizar su nivel de angustia. Una vez que el propio contacto con su cuerpo dejó de afectar a la frecuencia cardiaca, empezamos a usar las manos de su madre para llevar a cabo este proceso repetitivo de masaje gradual. Por último, cuando el contacto de su madre dejó de provocarle ansiedad, un terapeuta cualificado comenzó a aplicarle masajes terapéuticos convencionales. Se trataba de un acercamiento muy lento y suave: la idea era acostumbrar a Connor al contacto físico y, si era posible, ayudar a que empezara a disfrutarlo. Después de aprender a dar masajes de cuello y hombros a su hijo, Jane continuaba con la terapia en casa, sobre todo cuando Connor estaba disgustado o cuando directamente pedía un masaje. Explicamos a ambos por qué habíamos decidido probar este enfoque.

Nada se hizo de manera forzada. Sabíamos que en un principio Connor sentiría aversión al contacto, de modo que el terapeuta tenía instrucciones de reaccionar ante cualquier señal que le indicara que era «demasiado» para el paciente. La terapia iría progresando hacia estímulos más intensos solo cuando la forma y el grado de contacto previos le resultaran conocidos y seguros. Siempre comenzaba la sesión haciendo que Connor usara una de sus manos para «probar» el masaje y luego, cuando ya se había acostumbrado, empezaba a masajearle los dedos y las manos. Poco a poco fue capaz de tocar y masajear más a fondo todas las zonas del cuerpo necesarias. También pedimos a la madre de Connor que siguiera las líneas marcadas por su hijo y no forzara el contacto en los momentos en los que él se sintiera abrumado.

En el transcurso de seis a ocho meses, Connor gradualmente empezó a tolerar y a disfrutar el contacto físico con los demás. Supe que estaba preparado para la siguiente fase del tratamiento el día que vino hasta mí y extendió la mano como si fuera a estrechármela. Terminó dándome unas palmaditas en la mano, igual que hubiera hecho una abuelita con un niño pequeño, pero, para él, incluso un apretón de mano de lo más extraño significaba progreso. Nunca antes había solicitado —y mucho menos iniciado— contacto físico. De hecho, lo había evitado a toda costa.

Había llegado la hora de trabajar en el sentido del ritmo. Puede parecer raro, pero el ritmo es extraordinariamente importante. Si nuestros cuerpos no fueran capaces de mantener el ritmo o la cadencia de vida más fundamental —el latido del corazón—, no podríamos sobrevivir. Y la regulación de este ritmo tampoco es una tarea estática y constante: el corazón y el cerebro se envían señales permanentemente para poder ajustar los cambios vitales. Debemos aumentar el ritmo cardiaco para impulsar la lucha o la huida, por ejemplo, y debemos mantener la cadencia rítmica a pesar de las diversas necesidades de que sea objeto. Regular el ritmo cardiaco en momentos de estrés y controlar las hormonas del estrés son dos tareas fundamentales, y el cerebro requiere su debido tiempo para llevarlas a cabo.

Además, existen muchas otras hormonas que también se regulan de forma rítmica. El cerebro no tiene un único ritmo: cuenta con numerosos tambores y todos deben sincronizarse, no solo en función de los patrones del día y de la noche (y, en el caso de las mujeres, de los ciclos menstruales o de las etapas del embarazo y de la lactancia), sino unos con otros. Las alteraciones producidas en las regiones del cerebro encargadas de mantener esta cadencia a menudo son la causa de depresiones y de otros trastornos psiquiátricos. Por este motivo, esta clase de condiciones casi siempre vienen acompañadas de problemas de sueño (en cierto sentido, una mala interpretación del día y de la noche).

La mayoría de la gente tampoco aprecia la importancia que estos ritmos poseen a la hora de establecer el tono de las interacciones entre padres e hijos. Si el principal metrónomo de un niño —su tallo encefálico— no funciona correctamente, no solo le resultará difícil regular sus reacciones emocionales y hormonales ante el estrés, sino que el hambre y los ciclos de sueño serán igual de impredecibles. Esto puede dar lugar a que su crianza sea mucho más complicada. Resulta mucho más sencillo leer las necesidades de los bebés cuando estas suceden de forma estable en momentos previsibles: si sienten hambre o cansancio en momentos coherentes, los padres tienen mayor facilidad para ajustarse a sus exigencias y, en general, para reducir la sensación de estrés. Por tanto, las consecuencias de unos ritmos corporales escasamente regulados son mucho mayores de lo que podría sospecharse en un principio.

En el transcurso habitual del desarrollo, un bebé despliega un ritmo que dirige todos estos patrones diversos. La madre del bebé lo abraza mientras come, y sus latidos del corazón le tranquilizan. En verdad, es probable que el propio ritmo cardiaco del bebé se regule en parte por este contacto: de acuerdo a una teoría, algunos casos de síndrome de muerte súbita del lactante (SMSL) suceden cuando los bebés no están en contacto con adultos y, por consiguiente, carecen de estímulos sensoriales fundamentales. Algunas investigaciones sugieren incluso que en el interior del útero el corazón del bebé puede latir acompasado con el de la madre. Sabemos que el ritmo cardiaco materno proporciona las señales repetitivas y pautadas —auditivas, vibratorias y táctiles— que son fundamentales para la organización del tallo encefálico y sus importantes sistemas neurotransmisores de regulación del estrés.

Cuando un bebé tiene hambre y llora, sus niveles de hormonas del estrés suben, pero si mamá o papá vienen a darle de comer de forma regular, bajan y, con el tiempo, se vuelven pautados y repetitivos gracias a la rutina diaria. No por ello deja de haber momentos en los que el bebé sufre y llora: no tiene hambre, no está mojado, no tiene ningún dolor físico discernible, pero parece inconsolable. Siempre que esto sucede, la mayoría de los padres abrazan y mecen a sus hijos y, al hacerlo, de forma casi instintiva emplean movimientos rítmicos y un contacto afectuoso para calmar al niño. Es interesante que la frecuencia cardiaca con la que la gente mece a su bebé suele ser de unos ochenta latidos por minuto, la misma que la de un adulto en reposo normal. Si fuera más rápido, el movimiento resultaría estimulante para el bebé; más despacio, el bebé tendería a seguir llorando. Para tranquilizar a nuestros hijos, volvemos a sintonizarlos físicamente con los latidos de nuestro cronómetro vital.

Hay incluso algunas teorías del desarrollo del lenguaje que sugieren que los seres humanos aprendieron a bailar y a cantar antes de que pudiéramos hablar, que la música fue en realidad el primer lenguaje humano. Es cierto que los bebés aprenden a comprender los aspectos musicales del habla —el significado de los distintos tonos de voz, por ejemplo— mucho antes de entender su contenido. La gente universalmente habla a los bebés —y también a las mascotas, un dato interesante— empleando sonidos agudos que enfatizan un tono musical, emocional y reconfortante. En todas las culturas, hasta las madres que no pueden afinar una melodía cantan a sus bebés, lo que sugiere que la música y las canciones juegan un importante papel en el desarrollo infantil.

Connor, sin embargo, se había perdido la música y el ritmo en el momento que más los había necesitado. Cuando, en los primeros meses de vida, lloraba durante el día, nadie aparecía para mecerlo, calmarlo y hacer que sus sistemas y hormonas de respuesta al estrés disminuyeran a parámetros estándares. A pesar de que sí recibía un cuidado normal por las noches y los fines de semana, aquellos periodos solitarios de ocho horas durante los primeros dieciocho meses de su vida dejaron una marca duradera.

Para poder compensar sus carencias, decidimos que Connor participara en una clase de música y movimientos que le ayudaría a aprender de manera consciente a seguir un ritmo. Confiábamos en que esto permitiría que su cerebro adquiriera una sensación más general de lo que era el ritmo. La clase en sí no tenía nada de particular: se parecía mucho a cualquier clase de música de las que pueden verse en un jardín de infancia o escuela de preescolar, donde los niños aprenden a aplaudir rítmicamente, a cantar todos juntos, a repetir sonidos siguiendo una pauta y a marcar el ritmo con objetos como bloques o tambores de juguete. Por supuesto, los niños que acudían a esta clase eran más mayores; por desgracia, estudiábamos este enfoque con muchos otros pacientes que habían sufrido desatención temprana.

En un principio, la falta de ritmo de Connor era asombrosa: era incapaz de seguir incluso el ritmo más básico. Su balanceo inconsciente tenía una cadencia, pero no podía marcar de forma deliberada un ritmo constante o imitar ningún otro. Yo sospechaba que esto se debía a la falta de estímulos sensoriales en el tronco encefálico durante su primera infancia, lo que había provocado una conexión débil entre las regiones cerebrales superiores e inferiores. Esperábamos que estos vínculos mejoraran a medida que su control consciente del ritmo progresara.

Las primeras veces, la clase le resultaba muy frustrante y Jane se sentía cada vez más desanimada. Llevábamos alrededor de nueve meses tratando a Connor. Le daban arrebatos con menos frecuencia, pero un día tuvo una rabieta feroz en el colegio. Las autoridades escolares llamaron a Jane al trabajo y le exigieron que fuera inmediatamente a recoger a su hijo. Para entonces yo ya estaba acostumbrado a recibir llamadas agitadas varias veces por semana, pero aquel incidente hizo que su desesperación alcanzara nuevos niveles. Pensó que significaba que el tratamiento de Connor había fallado y tuve que emplear todo mi poder de persuasión para mantenerla comprometida con aquel enfoque terapéutico ciertamente inusual. Había visitado a decenas de buenos terapeutas, psiquiatras y psicólogos, y lo que nosotros hacíamos no se parecía en absoluto a ninguno de los tratamientos anteriores. Ella, como tantos otros padres de niños con dificultades, solo quería que encontráramos la medicación «correcta» y que enseñáramos a Connor a «actuar» acorde a su edad.

Aquel fin de semana, cuando apareció una vez más su número en el busca, me avergoncé. No quería devolverle la llamada y enterarme de que se había producido un nuevo revés o tener que convencerla para que no probara cualquier tipo de tratamiento contraproducente alternativo que le hubiera recomendado algún «experto». Respiré hondo para calmarme yo primero y me obligué a llamarla. Por el tono de su voz supe claramente que había estado llorando y pensé que mis peores miedos acababan de confirmarse.

—¿Qué ha pasado? —pregunté deprisa.

—¡Oh! Dr. Perry…

Hizo una pausa, como si le costara continuar. Se me cayó el alma. Pero luego siguió:

—Tengo que darle las gracias. Hoy Connor ha venido, me ha abrazado y me ha dicho que me quería.

Era la primera vez que hacía algo así de un modo espontáneo. Así fue como, en lugar de preocuparse por nuestro enfoque, Jane se convirtió en una de nuestras mayores admiradoras.

A medida que connor progresaba en la clase de música y movimientos, también empezamos a reconocer otros cambios positivos. En primer lugar, sus andares se volvieron mucho más normales, incluso cuando estaba nervioso. Además, tanto el balanceo como el tarareo disminuyeron de forma gradual. Cuando lo conocimos, esta conducta era prácticamente constante si no estaba enfrascado en alguna tarea como hacer los deberes o jugar a algo, pero ahora solo recurría a ellos en momentos de pánico o angustia. ¡Ojalá todos mis pacientes fueran tan fáciles de leer! Gracias a su forma peculiar de andar había podido saber de manera instantánea si habíamos ido demasiado lejos con algún reto, de modo que podíamos retroceder hasta que Connor pudiera hacerle frente con comodidad. Tras un año de tratamiento, sus padres y sus profesores fueron conociendo al verdadero Connor, no únicamente su conducta extraña.

Después de que aprendiera a mantener un ritmo, comencé una terapia de juego paralela con él. La clase de música y movimientos y la terapia de masaje ya habían logrado mejorar su comportamiento: hasta el momento no le había dado ninguna otra pataleta desde el incidente que estuvo a punto de provocar que Jane pusiera fin a nuestra terapia. No obstante, todavía estaba retrasado en el terreno del desarrollo social; seguía sufriendo intimidaciones y aún no tenía amigos. Un tratamiento típico para adolescentes con esta clase de problemas es introducirlo en un grupo de habilidades sociales como en el que Connor había estado antes de que nosotros lo conociéramos. Sin embargo, a causa del retraso del desarrollo que había experimentado debido a su temprana desatención, esto era aún demasiado avanzado para él.

Las primeras interacciones sociales humanas empiezan con una vinculación emocional normal entre los padres y los hijos recién nacidos. El niño aprende a relacionarse con otros en una situación social en la que las reglas son previsibles y fáciles de determinar. Si un niño no comprende lo que ha de hacer, los padres le enseñan. Si continúa confundido, los padres le corrigen. Una y otra vez. Es normal que se equivoquen, y se les perdona rápida y continuamente. El proceso requiere enormes dosis de paciencia. Tal y como me había recordado Mamá P., los bebés lloran, escupen y desordenan, pero es lo que esperamos de ellos y los amamos en cualquier caso.

En el siguiente ámbito social —el mundo de los semejantes—, el niño debe aprender a dominar que la violación de las reglas sociales está menos tolerada. Aquí, las reglas son implícitas y se aprenden en la mayoría de los casos por observación más que por enseñanza directa. Los errores pueden tener consecuencias negativas a largo plazo puesto que los semejantes enseguida rechazan a aquellos que son «diferentes», es decir, los que no saben cómo conectar y responder ante los demás.

Cuando alguien no ha desarrollado la capacidad para entender las reglas claramente definidas de las relaciones entre padres e hijos, tratar de enseñarle a relacionarse con sus semejantes es prácticamente imposible. Del mismo modo que las funciones motoras superiores, como, por ejemplo, caminar, dependen de la regulación rítmica de áreas cerebrales inferiores, como el tronco encefálico, las habilidades sociales más avanzadas requieren una maestría en las enseñanzas sociales elementales.

Tuve que tener cuidado a la hora de acercarme a Connor porque en un principio se mostró escéptico conmigo: hablar con psicólogos no le había servido de mucho, y en general le resultaba difícil tener que relacionarse con los demás. Le otorgué el control de nuestras interacciones; si quería hablarme, yo le hablaría, pero, si no quería, le dejaría en paz. Él llegaba a la terapia y se quedaba sentado en mi despacho. Yo seguía trabajando en la mesa. Lo único que hacíamos era pasar tiempo juntos en un mismo espacio. Yo no le pedía nada y él tampoco me lo pedía a mí.

A medida que se fue sintiendo más cómodo, se volvió más curioso. Poco a poco se fue acercando cada vez más adonde yo estaba hasta que, poco tiempo después, entraba por la puerta y ya se colocaba junto a mí. Finalmente, al cabo de muchas semanas, me preguntó:

—¿Qué haces?

—Estoy trabajando. Y tú ¿qué haces?

—Esto… ¿Creo que estoy en terapia? —repuso de manera inquisitiva.

—Vamos a ver, ¿qué es para ti una terapia?

—¿Sentarse y hablar?

—De acuerdo —dije—. ¿Y de qué te gustaría hablar?

—De nada —contestó en un principio. Yo le aseguré que me parecía bien, que yo tenía muchas cosas que hacer, que seguro que él también tenía deberes y que yo seguiría con mi trabajo.

Al cabo de varias semanas dijo que quería hablar. Nos sentamos cara a cara y me preguntó:

—¿Por qué estamos haciendo esto?

No se parecía a ninguna de las otras terapias con las que estaba familiarizado. Empecé a enseñarle cosas sobre el cerebro y su desarrollo. Le expliqué lo que creía que le había pasado de niño. La ciencia tenía sentido para él y enseguida quiso saber más:

—¿Cuál es el paso siguiente? ¿Qué hacemos ahora?

Ahí fue cuando le hablé de establecer relaciones con otras personas y le comenté que no parecía que a él se le diera muy bien.

—¡Ya lo sé! Se me da fatal —contestó rotundamente pero con una sonrisa. Solo entonces dio comienzo el entrenamiento social explícito, que él deseó probar en aquel mismo instante.

Resultó ser mucho más duro de lo que yo había previsto. Para Connor, el lenguaje corporal y las señales sociales eran ininteligibles: eran algo que no registraba, sin más. Trabajar con Connor me permitió darme cuenta una y otra vez de lo sutil y sofisticada que es gran parte de la comunicación humana. Por ejemplo, le expliqué que durante una interacción social las personas buscan el contacto visual, por lo que era importante mirar a los demás tanto al escucharles como al hablarles. Estuvo de acuerdo en intentarlo, pero esto se tradujo en que se me quedaba mirando fijamente, igual que hasta entonces se había dedicado a clavar los ojos en el suelo.

—Bueno, no hay que mirar a la gente todo el tiempo.

—Entonces ¿cuándo tengo que mirarlos?

Traté de explicarle que debía hacerlo durante un rato y después mirar hacia otro lado, porque sostener la mirada suele ser señal de agresión o de interés romántico, en función de la situación. Quería saber exactamente cuánto tiempo debía mirar a los ojos, y obviamente no pude contestarle a esta pregunta porque es algo que depende de las señales no verbales y del contexto. Probé a decirle que esperara unos tres segundos, pero con esto lo que conseguí fue empeorar las cosas, porque empezó a contar en voz alta. A medida que practicábamos, rápidamente fui descubriendo que en realidad utilizamos más indicaciones sociales de las que siempre había pensado, y no sabía cómo enseñárselas.

Por ejemplo, cuando Connor apartaba la vista después de haber iniciado el contacto visual, en vez de mover solamente los ojos, giraba la cabeza entera. O miraba hacia arriba y, al hacerlo, ponía los ojos en blanco, lo que podía ser tomado como aburrimiento o sarcasmo. Era como tratar de enseñar a alguien del espacio exterior cómo tener una conversación humana. Con el tiempo llegó a un punto en el que podía confraternizar socialmente, aunque a menudo sus gestos siguieran resultando algo robóticos.

Cada paso hacia delante era difícil. Por ejemplo, conseguir enseñarle a dar la mano resultó alternativamente en apretones flácidos o demasiado firmes. Como no sabía leer demasiado bien las señales de los demás, a menudo no era consciente de que sus palabras podían herir a alguien, dejarlos perplejos o hacerle parecer terriblemente raro. Era un jovencito agradable: cuando llegaba, siempre saludaba a todo el mundo e intentaba mantener conversaciones con ellos, pero solía pasar algo, frecuentemente la manera que tenía de decir las cosas y el tono de voz, y él no se daba cuenta de los extraños silencios que se creaban. Una vez alguien quiso saber dónde vivía y su respuesta fue: «Acabo de mudarme», y lo dejó así. Por el tono y la brevedad de sus palabras, los demás suponían que no tenía ganas de hablar. Parecía brusco o muy raro; Connor no entendía que necesitaba ofrecer más información para hacer que la otra persona se sintiera cómoda. Para la mayoría de la gente, las conversaciones tienen un ritmo, pero Connor no sabía como seguirles la corriente.

En un momento determinado, también quise abordar el asunto de su sentido de la moda, pues era otra fuente de los problemas que tenía con sus compañeros. El estilo es, en parte, un reflejo de las habilidades sociales de cada uno; para estar a la moda hay que observar a los demás y leer las indicaciones sobre lo que se lleva y lo que no, y luego dar con la manera de imitarlas de una forma que se adapte a ti. Se trata de señales sutiles y, para tener éxito, las elecciones personales deben reflejar al mismo tiempo cierta individualidad y una conformidad adecuada. Entre los adolescentes, ignorar este tipo de señales puede tener consecuencias sociales desastrosas. Y esto era algo que Connor desconocía por completo.

Llevaba la camisa abrochada hasta el cuello, por ejemplo. Un día le sugerí que se desabrochara el primer botón. Me miró como si yo estuviera loco:

—¿Qué quieres decir?

—No hace falta ir abrochado siempre hasta arriba.

—Pero es que hay un botón —dijo sin comprender lo que le estaba diciendo.

Así que lo que hice fue coger unas tijeras y cortarlo. A Jane no le pareció nada bien y me llamó para decirme: «¿Desde cuándo unas tijeras forman parte de una intervención terapéutica normal?». Pero, como su hijo seguía progresando, Jane volvió a calmarse. Connor incluso llegó a hacerse amigo de otro chico del programa de tratamiento, un adolescente que también había sufrido desatención y que se encontraba en un nivel similar de desarrollo emocional. Habían ido juntos a la clase de música y movimientos. Cuando el otro chico se frustró porque no era capaz de seguir el ritmo, Connor le explicó que él lo había hecho igual de mal al principio, y le instó a que siguiera intentándolo. Se hicieron todavía más amigos gracias a los cromos de Pokémon. En aquel momento eran muy populares entre los niños de primaria, y precisamente ese era el nivel emocional de Connor y de su nuevo amigo, aunque estuvieran en el segundo año de instituto. Habían tratado de compartir su obsesión con sus compañeros adolescentes, quienes por supuesto se habían reído de ellos.

Connor llegó a perder el control una última vez, y dio la casualidad de que el incidente estuvo relacionado con su obsesión por Pokémon. Estaba defendiendo a su amigo de otros adolescentes que se burlaban de él porque tenía cromos, hasta el punto de que intentaban rompérselos. Jane sintió pánico cuando se enteró. Ella no estaba de acuerdo con que yo animara a los chicos a jugar con cromos, pues se temía que pasara exactamente eso. Aunque había hablado con ellos sobre cuándo y dónde mostrar su colección de Pokémon, pensaba que lo mejor era dejar florecer la conexión entre ambos ya que a los dos les proporcionaba la oportunidad de practicar sus habilidades sociales. No creía que fueran capaces de pasar de un nivel de socialización de preescolar a uno de instituto sin vivir experiencias típicas de la escuela primaria (los cromos de Pokémon), por muy raro que supiera que fueran. Explicamos la situación en el colegio y Connor y su amigo siguieron divirtiéndose con los cromos aunque, eso sí, con algo más de discreción.

Connor terminó el instituto y la universidad sin que se produjeran más altercados. Continuó su desarrollo «secuencial» sin que le hiciera falta más que un poco de ayuda de nuestro equipo clínico; lo veíamos en las vacaciones. Su maduración social siguió avanzando. Supe que el tratamiento había sido un éxito cuando Connor —que actualmente es programador informático— me envió un correo electrónico con el siguiente encabezado: «¡Próxima lección: chicas!».

Connor todavía es socialmente raro y es posible que nunca deje de ser un friki, pero, a pesar de haber sufrido casi exactamente el mismo tipo de desatención que Leon durante un periodo de desarrollo similar, en ningún momento dio muestras de un comportamiento sociópata o malicioso. Se convirtió en la víctima de otros abusones, no en uno de ellos; mientras estuvo marginado, no fue alguien lleno de odio. Su conducta resultaba estrafalaria y sus rabietas, intimidatorias, pero no se dedicó a atacar a otros niños, ni a robarles ni a disfrutar haciendo daño a la gente. Eran su propia frustración y su propia ansiedad las que provocaban aquellas rabietas, no un deseo de venganza ni una voluntad sádica de hacer que los demás se sintieran tan mal como él.

¿Fue el tratamiento —el nuestro y los del resto de clínicos anteriores— lo que marcó la diferencia? ¿Fue importante que su familia insistiera en que se le sometiera a intervenciones cuando aún era muy joven? ¿Importaba el hecho de que hubiéramos sido capaces de intervenir en las primeras etapas de su adolescencia? Seguramente. Pero ¿de verdad importaba algo de esto a la hora de evitar que se convirtiera en un sociópata como Leon? Es imposible saberlo, desde luego. En cualquier caso, en nuestro trabajo con niños que habían sufrido un grave abandono, incluso entre pacientes tan distintos entre sí como Connor y Leon, hemos encontrado una serie de factores que desempeñan un papel claro en la trayectoria que siguen, y en nuestro tratamiento intentamos abordar la mayor cantidad posible.

Son fundamentales una serie de factores en los que interviene la genética. El carácter, que se ve afectado por la genética y por el medio ambiente intrauterino (influido por el ritmo cardiaco de la madre, la nutrición, los niveles hormonales y los medicamentos), es uno de ellos. Como ya se ha señalado, los niños cuyos sistemas de respuesta al estrés están mejor regulados de manera natural desde el nacimiento, son bebés más fáciles y es menos probable que sus padres se frustren con ellos o se produzcan abusos o desatención.

Otro factor crítico es la inteligencia, y esto es algo que a menudo no se comprende bien. Básicamente, la inteligencia es el procesamiento más rápido de la información: una persona requiere un número menor de repeticiones de una misma experiencia para establecer una asociación. Esta propiedad de la inteligencia parece estar en gran medida determinada por la genética. Ser capaz de aprender algo con menos repeticiones significa que los niños más inteligentes pueden hacer más con menos. En un caso hipotético, por ejemplo, mientras que un niño normal necesita que su madre le dé 800 veces de comer cuando él tiene hambre hasta que por fin aprende que ella siempre vendrá a ayudarle a regular su angustia, es posible que un niño «más inteligente» solo necesite 400 repeticiones para hacer la misma conexión.

Esto no significa que los niños más inteligentes necesiten menos afecto, simplemente sugiere que, en el caso de que se les prive de ello, es posible que estos niños estén mejor equipados para hacer frente a tal carencia. El hecho de que los niños más inteligentes necesiten menos repeticiones para construir una asociación podría permitir que conecten más rápidamente a las personas con el amor y el placer, incluso aunque no reciban lo que suele considerarse el mínimo indispensable de estimulación necesaria para cimentar estos vínculos. Esta cualidad también podría permitirles un mayor beneficio de breves experiencias de atención cariñosa fuera de la familia, lo que a menudo puede ayudar a niños que han sufrido graves abusos o abandonos a reconocer que las cosas que pasan en casa no son necesariamente las que pasan en todas partes, una comprensión capaz de ofrecer la esperanza que tanto necesitan.

La inteligencia también puede ayudar de maneras distintas a proteger a los jóvenes frente al desarrollo del tipo de ira y sociopatía que vimos en el caso de Leon. De entrada, les permite ser más creativos a la hora de tomar decisiones al ser capaces de considerar más opciones, lo que contribuye a disminuir las probabilidades de que tomen una mala decisión. Esto, asimismo, los ayuda a evitar actitudes derrotistas, a pensar que «no hay nada más que pueda hacer». La capacidad de imaginarse escenarios alternativos también puede ayudar a aumentar el control de impulsos. Si se te ocurre un futuro mejor, es más probable que lo planifiques. Al aumentar tu capacidad de proyectarte en el futuro, puede también mejorar tu capacidad para empatizar con los demás. Al planificar las posibles consecuencias, en cierto sentido lo que haces es empatizar con tu «yo futuro». Imaginarte a ti mismo en otro escenario es bastante parecido a imaginarse el punto de vista de los demás. En otras palabras: sentir empatía. De todas formas, solo con la inteligencia seguramente no es suficiente para mantener a un niño por el buen camino. En las pruebas realizadas, Leon había obtenido resultados por encima de la media en ciertas áreas. En cualquier caso, sí parece ayudar.

Otro factor que tener en cuenta es el momento en el que sucedió el trauma: cuanto antes comience, más difícil es tratarlo y mayor será el daño que provoque. Justin había disfrutado de casi un año de cuidados cariñosos y reconfortantes antes de que le metieran en una jaula para perros. Este afecto sentó las bases de muchas funciones importantísimas (incluida la empatía) en su cerebro y, estoy convencido, aceleró en gran medida su posterior recuperación.

Sin embargo, es posible que el factor más importante sea el entorno social en el que los niños crecieron. Cuando Maria y Alan vivían cerca de sus familias extensas, otros familiares pudieron compensar las limitaciones de Maria, de modo que Frank tuvo una infancia feliz y normal. La desatención sufrida por Leon sucedió solo en el momento en que Maria dejó de contar con la red de apoyo social que hasta entonces le había ayudado a lidiar con la maternidad. En el caso de Connor, a pesar de que sus padres habían contado con mayores recursos económicos, se vieron obstaculizados por la falta de información sobre el desarrollo infantil. Un mejor conocimiento les habría permitido reconocer los problemas de su hijo mucho antes.

En los últimos quince años, numerosas organizaciones sin ánimo de lucro y agencias gubernamentales se han centrado en la importancia de una educación que haga hincapié en la crianza y el desarrollo apropiados en la primera infancia, y en todo el desarrollo cerebral fundamental que sucede en los primeros años de vida. Desde el libro de Hillary Clinton *Es labor de todos: Dejemos que los niños nos enseñen*[5] a la Fundación I Am Your Child de Rob Reiner, pasando por la organización Zero to Three y el Success by 6 de la United Way, se han invertido millones de dólares en educar al público sobre las necesidades de los niños pequeños. Se espera

[5] *Es labor de todos: Dejemos que los niños nos enseñen*, Destino, 1996.

que todos estos esfuerzos —en algunos de los cuales he estado implicado— hagan que este tipo de desatención suceda con menor frecuencia a causa de la ignorancia. Creo que han tenido un impacto significativo. Sin embargo, la segregación por edad en nuestra sociedad, la falta de integración de estos conceptos clave en la educación pública y la experiencia limitada de mucha gente con niños antes de tener sus propios hijos sigue poniendo en riesgo a demasiados padres e hijos.

Actualmente no hay mucho que podamos hacer para modificar la genética de un bebé, su carácter o la velocidad de procesamiento del cerebro, pero donde sí podemos marcar una diferencia es en el entorno social donde cuidan a sus hijos. Muchos de los niños traumatizados con los que he trabajado y que han progresado reconocen haber tenido contacto con al menos un adulto comprensivo que los ha ayudado: una profesora que mostró un interés especial por ellos, un vecino, una tía o incluso el conductor del autobús. En el caso de Justin, la bondad y el amor de su abuela permitieron que su cerebro desarrollara una capacidad latente de afecto que se desplegó cuando le sacaron de aquella situación repleta de privaciones. Incluso el gesto más pequeño puede a veces provocar grandes cambios en un niño cuyo cerebro está hambriento de afecto.

Nuestro trabajo con el enfoque neurosecuencial en adolescentes como Connor sugiere igualmente que la terapia es capaz de mitigar los daños causados por una desatención temprana. El contacto afectuoso, adecuado para la etapa de desarrollo en la que el daño fue infligido, puede conseguirse mediante una terapia de masajes que luego puede repetirse en casa para conseguir fortalecer las asociaciones deseadas. Mantener un ritmo puede aprenderse en clases de música y movimientos, que no solo pueden ayudar a un tronco encefálico desregulado a mejorar el control sobre actividades motoras importantes como caminar, sino también, o eso creemos nosotros, fortalecer su papel en la regulación de los sistemas de respuesta al estrés. La socialización puede mejorarse empezando poco a poco, primero enseñando a tener relaciones simples, cara a cara y basadas en normas, y de ahí pasar a retos más complejos con grupos de semejantes.

Personalmente creo que si la desatención materna de Leon hubiera sido descubierta antes, hay muchas posibilidades de que él no se hubiera convertido en un sociópata. Hizo falta encadenar la privación de estímulos necesarios para el desarrollo, las malas respuestas a las necesidades de Leon y las malas elecciones del propio Leon para que se volviera un asesino feroz. En cualquiera de las encrucijadas, particularmente en aquellas que tuvieron lugar al comienzo de su vida, un cambio de dirección habría podido conducir a un resultado completamente diferente. Si hubiéramos sido capaces de tratarlo cuando todavía era un joven adolescente como Connor o, mejor aún, durante los años de la escuela primaria, como a Justin, estoy convencido de que su futuro se habría visto alterado. Solo con que alguien hubiera intervenido cuando aún tenía uno o dos años, podría haberse convertido en una persona totalmente distinta, mucho más parecida a su hermano que al joven depredador que conocí en la celda de la prisión.

Debido a que el trauma —incluido el provocado por la desatención, ya sea deliberada o inadvertida— produce una sobrecarga de los sistemas de respuesta al estrés, que se caracteriza por una pérdida del control, el tratamiento de niños traumatizados debe empezar con la creación de un entorno seguro. La manera más sencilla y efectiva de conseguir esto es en el contexto de una relación respetable y previsible. Desde esta base de operaciones reconfortante, los niños maltratados pueden empezar a crear sensaciones de competencia y maestría. Para recuperarse deben poder sentirse seguros y en control. Por consiguiente, lo último que hay que hacer es imponerles un tratamiento o usar tácticas de coacción.

El siguiente capítulo ilustra algunos de los daños que pueden causar los métodos coercitivos.

07

Pánico satánico

—No me dedico a temas satánicos —le dije al joven entusiasta de la oficina del gobernador de Texas. Trataba de solicitar mi apoyo en un caso complejo en el que estaban involucrados un grupo de niños que supuestamente habían sufrido abusos ritualistas por parte de los miembros de un culto satánico. En aquel momento, los niños y niñas estaban en hogares de acogida, a salvo de sus padres, supuestos adoradores del diablo, y de su aquelarre de amistades, pero a la oficina del fiscal general del estado le preocupaba que los trabajadores locales de los servicios de protección infantil hubieran sacado a aquellos niños de las garras de Belcebú para meterlos en un infierno en la tierra.

Era finales de 1993. Yo había tratado de mantenerme alejado de las polémicas «guerras de la memoria»[6] que se debatían en aquella época y que cuestionaban la veracidad de casos de abusos graves de los que no se tenía un recuerdo previo pero que eran «recordados» por pacientes adultos durante la terapia. También había un debate en torno a si las explicaciones de los niños sobre los casos recientes de maltrato o acoso sexual eran fiables. Yo estaba seguro de que sucedían muchísimos casos genuinos de abuso infantil: todos los días era testigo de evidencias concretas y desgarradoras de ello.

[6] Se refieren a una controversia que tuvo lugar a principios de la década de los noventa entre médicos y científicos de la memoria sobre la fiabilidad de los recuerdos reprimidos.

Sin embargo, gracias a mi formación en neurociencia y a mi trabajo clínico con niños traumatizados sabía que para estos niños la memoria narrativa no es simplemente una cinta de vídeo repleta de experiencias que pueden visualizarse una y otra vez sin que su precisión fotográfica se vea afectada. Creamos recuerdos, pero los recuerdos también nos crean a nosotros, y se trata de un proceso dinámico en constante cambio que está sujeto a sesgos e influencias de diversas fuentes ajenas al acontecimiento actual que tenemos «almacenado». Lo que experimentamos primero filtra lo que vendrá después (tal y como los abusos sexuales que Tina había sufrido durante los primeros años de su vida moldearon la percepción que ella tenía de los hombres, mientras que para Leon y Connor el abandono había alterado sus respectivas formas de ver la vida). En cualquier caso, es un proceso que opera en ambos sentidos: lo que ahora sentimos puede influenciar nuestra manera de echar la vista atrás y nuestros recuerdos pasados. Como resultado, lo que recordamos puede variar en función de nuestro estado emocional o de ánimo. Por ejemplo, si estamos deprimidos tendemos a tamizar nuestros recuerdos a través de la bruma de nuestra tristeza.

Hoy en día sabemos que, igual que al abrir un archivo de Microsoft Word en el ordenador, cada vez que recuperas un recuerdo del lugar donde está almacenado en el cerebro, automáticamente lo abres para «editarlo». Es posible que no seas consciente de que tu estado de ánimo actual y el medio ambiente puedan influir en el tono emocional de tus recuerdos, en la manera de interpretar los acontecimientos e incluso en qué acontecimientos creemos realmente que sucedieron. Pero cuando «guardas» otra vez un recuerdo y vuelve a quedarse almacenado, puedes modificarlo sin darte cuenta. Cuando hablamos del recuerdo de alguna experiencia, la interpretación que nos ofrece un amigo, un familiar o un terapeuta puede influir en cómo y qué recordaremos la próxima vez que decidamos abrir ese «archivo». Con el paso del tiempo, cambios graduales pueden incluso llevar a la creación de recuerdos que nunca llegaron a suceder. En el laboratorio, los investigadores han sido capaces de estimular la creación de recuerdos de la infancia que ni siquiera tuvieron lugar: desde algunos tan comunes como perderse en un centro comercial a otros mucho más extremos, como ver a alguien poseído por el demonio.

En 1993, en cambio, la naturaleza de la memoria y su increíble maleabilidad no estaban tan investigadas, y lo que se conocía en cuanto a memoria traumática aún no formaba parte de la formación médica o de la de otros profesionales que trabajaban con niños. Por primera vez, supervivientes de incesto explicaban con valentía las experiencias por las que habían pasado y nadie quería hacerles preguntas sobre sus historias o sobre la realidad de su dolor. Las declaraciones de niños que habían sufrido abusos sexuales eran tomadas mucho más en serio que en el pasado. Nadie quería retroceder a los malos tiempos en los que los adultos que cometían los abusos podían estar seguros de que las declaraciones de los niños serían recibidas con incredulidad. Por desgracia, este deseo de ofrecer el beneficio de la duda a las víctimas, la ingenuidad de algunos terapeutas y su ignorancia a la hora de conocer de qué manera la coacción y el chantaje pueden afectar a la memoria se combinaron para causar graves daños.

Es posible que esto nunca haya sido tan evidente como en el pánico satánico que arrasó Gilmer (Texas) a principios de la década de los noventa. Fue el propio asistente del gobernador quien me puso al día de la situación.

Un niño de siete años, Bobby Vernon, Jr. estaba en el hospital en coma irreversible después de que su reciente padre adoptivo lo empujara por las escaleras. Tanto el padre adoptivo como su mujer se habían suicidado después de que se llevaran a los demás hijos que tenían adoptados y en régimen de acogida tras la hospitalización de Bobby; el padre se había disparado en la cabeza al día siguiente y la madre había muerto de sobredosis un día después.

El niño se había fracturado el cráneo y sufría graves daños cerebrales. El pequeño Bobby se había negado a seguir corriendo escaleras arriba y abajo, algo a lo que le habían forzado a hacer sus «padres». Según las declaraciones de algunos de sus hermanos que habían sido testigos de la agresión, uno de los adultos, o ambos, le habían golpeado la cabeza contra el suelo de madera hasta que la parte de atrás «estuvo blandita». Para empeorar aún más las cosas, cuando los adultos por fin dejaron de pegarle y se dieron cuenta de que el niño estaba inconsciente, en lugar de llamar inmediatamente al teléfono de emergencia, esperaron una hora para pedir ayuda, y en aquel intervalo de tiempo trataron sin éxito de reanimarlo de las formas más estrambóticas posibles, como rociarle la cara con limpiacristales.

El personal de los Servicios de Emergencias Médicas (SEM) quedó horrorizado al ver la clase de disciplina que estos padres adoptivos y de acogida habían impuesto a los diez niños que tenían a su cargo. Los niños explicaron que frecuentemente los mataban de hambre, los aislaban y los golpeaban. Los paramédicos informaron a los padres, James y Marie Lappe, que tenían la obligación de llamar a los Servicios de Protección Infantil (SPI), a lo que los padres respondieron que ellos mismos trabajaban para los SPI. Dirigían un hogar de acogida «terapéutico». Los niños, según contaron los Lappe, habían sido víctimas de abuso ritual satánico a manos de sus verdaderos padres; lo que parecía una dura disciplina era en realidad «terapia» para estos niños. Sorprendentemente, obtuvieron el respaldo de los trabajadores de los SPI encargados de los casos familiares; insistían en que en el hogar de los Lappe los niños habían estado en buenas manos. Sin embargo, los Lappe ya no residían en el este de Texas, sino que se habían mudado «en secreto» a una comunidad del oeste de Texas para alejarse de lo que creían que era un culto satánico peligroso y activo que quería recuperar a sus hijos y estaba dispuesto a hacer cualquier cosa para conseguirlo. Los trabajadores locales de los SPI del oeste de Texas desconocían tanto la existencia de este hogar «terapéutico» en su comunidad como la del supuesto culto satánico. Fue en aquel momento cuando procedieron a notificar a los oficiales estatales de mayor rango de los SPI.

Los trabajadores sociales del este de Texas informaron, basándose en el testimonio que ellos mismos y los Lappe habían obtenido de aquellos niños, de que un culto satánico homicida finalmente había quedado al descubierto. En los informes se hablaba de matanzas rituales, bebés muertos, gente que bebía sangre y canibalismo. Ocho miembros del culto estaban en aquel momento en prisión a la espera de que se celebrara un juicio no solo por abusos sexuales a menores, sino también por la violación colectiva y el asesinato ritual de una animadora de instituto de diecisiete años. Uno de los arrestados y encarcelados era el policía que originalmente había estado a cargo de la investigación de la desaparición de la animadora. Dos expertos en satanismo y un fiscal especial trabajaban en el caso en busca de nuevas acusaciones.

Llegados a este punto, los oficiales de la oficina estatal de los SPI comenzaron a albergar serias dudas sobre la integridad de aquellas investigaciones y pidieron al fiscal general del estado que se involucrara en el caso. La supervisora inmediata de los trabajadores sociales temió que fueran a arrestarla en represalia por haber manifestado dudas acerca de la investigación. Sus temores parecían estar bien fundados: el mismo oficial de policía que había sido acusado de pertenecer al culto homicida había sido arrestado, sufrido el escrutinio y sido acusado después de manifestar dudas parecidas. Antes de aquel suceso, había mantenido una trayectoria impecable y había ganado numerosos premios y elogios por su actuación policial. Había acusaciones previstas para otros agentes de policía, ayudantes del *sheriff*, un oficial de control de animales e incluso para un agente del FBI y para el jefe de la policía de Gilmer. Durante la investigación, los niños habían sido arrebatados a sus padres y nadie sabía qué ocurriría a continuación.

¿Podía realmente tratarse de un terrible error? ¿Habían perdido padres inocentes a sus hijos a raíz de un episodio de histeria satánica impulsado por unas técnicas de investigación pésimas? ¿Qué había sucedido realmente en Gilmer (Texas)? En cuanto supe lo que les habían hecho a aquellos dieciséis niños —cuya edad entonces iba de los dos a los diez años— , me sentí obligado a involucrarme.

La tarea principal que el estado me encargó fue la de ayudar a los SPI a determinar cuáles de los niños que actualmente se hallaban en hogares de acogida habían sido verdaderamente las víctimas de abusos parentales y cuáles habían sido arrebatados a sus padres como resultado de acusaciones falsas realizadas durante el curso de la investigación por otros niños que se habían visto forzados a «recordar» incidentes de abuso. Para ello, iba a necesitar reconstruir la historia de cada niño. Por fortuna, había cajas y más cajas repletas de viejos informes y horas de cintas de audio y vídeo con las entrevistas realizadas a algunos de los niños y a sus padres, que supuestamente eran «miembros de un culto». Nuestro equipo clínico empezó a confeccionar una cronología detallada del caso, un documento que muy pronto superó las cien páginas.

Todo había comenzado en 1989, en una casa de cartón alquitranado rodeada de caravanas dilapidadas en Cherokee Trace Road, en la periferia de Gilmer, una pequeña localidad al este de Texas de 5.000 habitantes, situada cerca de donde el estado de la estrella solitaria limita con Luisiana y Arkansas. Es la capital del condado de Upshur, una comunidad normal y corriente perteneciente al «cinturón bíblico» con una única característica destacable: posee una de las tasas de analfabetismo más altas del país. Uno de cada cuatro adultos no sabe leer. En aquella época, Bette Vernon* informó a la policía de que su entonces marido, Ward Vernon,* había estado abusando sexualmente de sus dos hijas, de cinco y seis años. Ambos progenitores pronto se vieron implicados en un caso de abuso a menores y sus cuatro hijos fueron enviados a hogares de acogida. Tras la investigación, Ward Vernon fue hallado culpable de abuso a menores, pero, por increíble que parezca, fue sentenciado a libertad vigilada.

Mientras estuvo en libertad condicional, Ward Vernon formó un hogar con una mujer llamada Helen Karr Hill,* que era madre de cinco hijos propios. Cuando esto llegó al conocimiento de los SPI, se llevaron también a aquellos niños y Helen, que terminó casándose con Ward, renunció a sus derechos parentales. En el transcurso de la investigación de abuso a menores iniciada tras la llamada de auxilio de Betty Vernon, los niños llegaron a acusar también a sus abuelos y a su tío (Bobby Vernon,* el hermano de Ward) de abusos sexuales, y sus cinco hijos fueron acogidos por los servicios sociales. Pasado un tiempo, se unieron a ellos dos niños de otras familias cercanas a causa de las acusaciones de los menores que los habían precedido.

A lo largo de mis años de trabajo con niños maltratados, había conocido a diversas familias extensas en las que los abusos eran una constante; familias que durante generaciones habían mantenido unas «tradiciones» dañinas basadas en el pansexualismo y en la estrechez de miras, en las que los abusos sexuales y físicos y la ignorancia son heredados casi de la misma manera que en otras familias se transmiten herencias y recetas navideñas. Llegados a ese punto, no vi ninguna «bandera roja» que sugiriera que los trabajadores sociales encargados del bienestar infantil hubieran actuado de forma incorrecta o demasiado apasionada. Existía evidencia física de los abusos sexuales (cicatrices genitales y anales en algunos de los casos). También había marcas de castigos corporales en los cuerpos de varios niños de dieciséis años.

Las cosas, sin embargo, habían empezado a torcerse a raíz de la asignación de custodias adoptivas. Se trasladó a los niños a dos casas de acogida «terapéuticas» dirigidas por cristianos fundamentalistas en las que se fusionaban dos tendencias culturales de finales de los ochenta y principios de los noventa aparentemente incongruentes entre sí. Los resultados fueron catastróficos.

En Estados Unidos se había desatado una epidemia de abuso sexual infantil, gran parte de la cual era real y merecía buenas dosis de atención y denuncia genuinas. Uno de los motivos por los que las noticias y los programas de televisión trataban el tema del abuso era la popularidad del «movimiento de la recuperación» que había animado a los estadounidenses a buscar «el niño que llevaban dentro» para ayudarlos a recuperarse de las heridas infligidas por unos padres abusivos o negligentes. En aquella época era difícil leer un periódico o encender la televisión sin dar con alguna celebridad (la mayoría de las veces eran mujeres, aunque de vez en cuando también había hombres) explicando su historia de abusos sexuales durante la infancia. Algunos gurús de la autoayuda afirmaban que más del 90 por ciento de las familias eran disfuncionales. Hubo asimismo terapeutas que propagaron con avidez la idea de que la mayoría de los problemas de sus clientes podían remontarse a abusos ocurridos durante la infancia, y para ello ponían a su disposición su capacidad de ahondar en sus memorias para descubrirlos, incluso a pesar de que en un principio hubieran afirmado no tener ninguna clase de recuerdos de malos tratos. A medida que algunas personas comenzaron a profundizar en su memoria con la ayuda de ciertos terapeutas mal capacitados y demasiado confiados, empezaron a recordar terribles perversiones de las que habían sido víctimas, incluso aunque estos «recuerdos» estuvieran cada vez más alejados de cualquier realidad plausible.

La segunda tendencia consistía en un aumento del cristianismo evangélico. Convertidos y adeptos advertían que el diablo debía de estar detrás de aquellas atrocidades sexuales tan extendidas. ¿De qué otra manera podría explicarse una enfermedad del alma capaz de hacer que tantas personas llevaran a cabo acciones tan violentas y profanas contra niños inocentes? Los emprendedores morales no tardaron en convertir aquel problema en un negocio: conducían talleres para identificar a los niños supervivientes de lo que empezó a conocerse como «abuso ritual satánico». Una aliada tan improbable de la derecha cristiana como era la revista *Ms.*, el buque insignia del feminismo, sacó en portada un relato en primera persona de un «superviviente» de esta clase de abusos en enero de 1993. La cubierta declaraba: «Créetelo: el abuso ritual infantil existe» y en las páginas interiores aparecía la historia de una mujer que afirmaba haber sido violada con crucifijos por sus padres y forzada a comer la carne de su hermana decapitada.

Los trabajadores sociales de los SPI y los padres de acogida implicados en el caso Vernon se vieron inmersos en esta confluencia cultural en su momento más álgido. En torno a la época en la que aquellos niños fueron llevados a los servicios sociales, los padres de acogida y los trabajadores que los supervisaban asistieron a un seminario sobre «abuso ritual satánico». Cuando el fiscal del distrito ecusó aquellos casos al haber representado con anterioridad a uno de los acusados, los asistentes sociales de los SPI convencieron al juez local de que nombrara a un fiscal especial, que fue quien en última instancia incorporó a dos «investigadores satánicos» especiales para que ayudaran a defender la existencia de un culto de adoración al diablo dirigido por la familia Vernon que operaba en Gilmer y abusaba sexualmente de niños, además de practicar sacrificios humanos. Estos «investigadores» tenían una reputación de ser expertos en el descubrimiento de crímenes de culto. Uno era un antiguo pastor baptista de Luisiana; el otro era un profesor de gimnasia del Departamento de Seguridad

Pública de Texas. Ambos carecían de experiencia previa en investigaciones policiales.

Ningún material relacionado con el abuso ritual satánico o con las terapias de «recuerdos recuperados» había sido científicamente probado antes de su popularización a lo largo y ancho del país. Los terapeutas de «recuerdos recuperados» e instructores de recuerdos enseñaban que los niños nunca mentían al hablar sobre abusos sexuales, aunque no existiera evidencia empírica en la que poder basar tal afirmación. También convencían a los pacientes adultos que no estaban seguros de haber sufrido abusos en la infancia de que «si crees que pasó, seguramente fue así», y de que, aunque no hubiera memoria de abusos, la presencia de condiciones médicas como trastornos alimenticios o adicciones demostraba que los había habido. Las listas con opciones a verificar para determinar la presencia de «abuso ritual satánico» estaban basadas en evidencias todavía menos sólidas, pero aun así se postulaban como herramientas para el diagnóstico en los cientos de talleres conducidos por terapeutas, trabajadores sociales y oficiales de protección de menores.

Si estos métodos se hubiesen puesto a prueba, como ocurrió más adelante, los estudios habrían demostrado que los recuerdos suscitados durante la hipnosis, e incluso durante una terapia ordinaria, pueden verse fácilmente inducidos por el terapeuta, y que a pesar de que la niñez provoca fuertes sentimientos en mucha gente, esto no implica necesariamente que sufrieran abusos o que todos los acontecimientos que recuerdan sean ciertos en sentido literal. No es falso que los niños rara vez mientan de forma espontánea sobre temas de abusos sexuales (aunque también se puede dar el caso), pero es fácil llevarlos a fraguar esta clase de historias si el adulto no es consciente de que el niño simplemente está contando lo que el adulto quiere oír. No es necesario que se produzca coacción alguna, puesto que, como veremos, podría incluso llegar a empeorar las cosas. Las listas de verificación «satánicas», igual que otras listas de verificación que circularon casi al mismo tiempo para supervivientes de incesto y para «codependientes» que mantenían historias de amor adictivas, eran tan difusas e hiperinclusivas que cualquier adolescente que tuviera el más mínimo interés en sexo, drogas y *rock and roll* —en otras palabras, cualquier adolescente normal y corriente— podría ser considerado víctima, igual que cualquier niño pequeño que tuviera pesadillas, miedo a los monstruos y mojara la cama.

Pero esto no era todo. Aquellos niños en acogida temporal sufrieron, además, otra peligrosa forma de charlatanería que gozaba de gran popularidad en aquella época. Existía en diversos estilos y bajo nombres distintos, pero se la conocía comúnmente como «terapia de sujeción». Este «tratamiento» consistía en que los adultos apretaban a sus hijos con los brazos y les forzaban a mirar a los ojos de sus cuidadores y «abrirse» a sus miedos y recuerdos. Si el niño no ofrecía una historia convincente de abuso temprano, se le atacaba verbal y físicamente hasta que lo hacía. Esta terapia se practicaba a menudo en niños adoptados o en acogida, y se suponía que de esta manera se conseguía crear un vínculo parental entre el niño y su nueva familia. Una forma de esta terapia, inventada a principios de los setenta por un psicólogo californiano llamado Robert Zaslow, incluía diferentes «sujetadores», uno encargado de inmovilizar la cabeza del niño mientras que el resto sujetaba las extremidades y le clavaba los nudillos en la caja torácica moviéndolos hacia delante y hacia atrás con brusquedad. Había que hacerlo lo bastante fuerte como para provocar hematomas. La «técnica» de Zaslow fue adoptada y mejorada por un grupo de terapeutas inicialmente establecido en Evergreen (Colorado). Zaslow, no obstante, perdió su licencia profesional tras haber sido acusado de malos tratos. Los terapeutas asociados a Evergreen también terminaron acusados de homicidio en diversos casos de maltrato infantil relacionados con su «terapia».

Se pretendía que la terapia de «sujeción» durase horas y horas, sin descansos para comer o ir al baño. Mientras tenía lugar, se suponía que los adultos debían burlarse verbalmente del niño para que este se enfureciera, como si la tortura corporal a la que lo sometían no fuese suficiente. Esta manera de «liberar» su ira supuestamente servía para prevenir explosiones futuras de rabia, dando a entender que el cerebro almacenaba la ira como si fuera un calentador que pudiera «vaciarse» al expresarla. La sesión no finalizaba hasta que el niño se calmaba, dejaba de reaccionar a los insultos y se mostraba subyugado a sus cuidadores. Para que el ataque llegara a su fin debía declarar su amor por los torturadores, dirigirse a sus padres adoptivos y de acogida como si fueran sus «verdaderos» padres y exhibir una completa sumisión. Los Lappe y una mujer llamada Barbara Bass, que habían acogido a los niños Vernon, empleaban esta versión de la terapia y además incorporaban sus propias invenciones, como hacer que los niños subieran y bajaran las escaleras hasta dejarlos exhaustos y bañados en lágrimas antes de comenzar una sesión de «sujeción».

Este es uno de los muchos casos en los que poseer un ligero conocimiento puede resultar peligroso. Los defensores de la «sujeción» creen (por desgracia, aún quedan algunos) que los problemas de los niños traumatizados son el resultado de un escaso apego a sus cuidadores a causa de los malos tratos o la desatención sufrida en las primeras etapas de la vida. En muchos casos, esto seguramente es cierto. Como ya se ha descubierto, las privaciones de amor y afecto a una edad temprana pueden hacer que algunos niños se vuelvan manipuladores y faltos de empatía, como en el caso de Leon. Los seguidores de la «terapia de sujeción» también creen, correctamente desde mi punto de vista, que estas experiencias perdidas o dañinas pueden interferir en el desarrollo de la capacidad cerebral para establecer relaciones saludables.

El peligro reside en la solución al problema. El uso de la fuerza o de cualquier otro tipo de coacción en niños traumatizados o que han sufrido abusos o desatención es contraproducente: lo único que consigue es volver a traumatizarlos. El trauma implica una pérdida aterradora y abrumadora del control, de modo que poner a las personas de nuevo en situaciones sobre las que no tienen ningún control refresca esta sensación e impide la recuperación. Huelga decir que sujetar a un niño cabeza abajo y hacerle daño hasta que diga lo que tú quieres oír no crea vínculos de afecto, sino que induce a la obediencia a través del miedo. Lamentablemente, el «buen comportamiento» resultante puede parecer un cambio positivo y es posible que estos jóvenes parezcan querer de un modo más espontáneo a sus cuidadores. Este «vínculo traumático» también se conoce con el nombre de «síndrome de Estocolmo»: niños que son torturados hasta mostrar una obediencia amorosa hacia sus padres igual que le sucedió a Patty Hearst, heredera del magnate de la prensa William Randolph Hearst, que «creía en» la causa de sus secuestradores, el Ejército Simbionés de Liberación; el «amor» y la obediencia de estos niños también tienden a desaparecer con el tiempo si los malos tratos no se repiten continuamente, como sucedió con el compromiso de Hearst con las políticas radicales de la banda tras su liberación.

Los padres de acogida del este de Texas al parecer desconocían el potencial riesgo inherente a la «terapia de sujeción», y lo mismo sucedía con los trabajadores sociales encargados de vigilar sus cuidados y que llegaron a participar en ocasiones en las sesiones de sujeción que se celebraban en el hogar de los niños Vernon. La ideología de «sujetar» encajaba fácilmente con las creencias religiosas de las familias según las cuales «la letra con sangre entra», por lo que era preciso romper la voluntad de los niños para que pudieran aprender a evitar el pecado y las tentaciones. Las familias de acogida y los trabajadores sociales estaban convencidos de que las prácticas extendidas de abusos e incesto en las familias biológicas de los niños solo podían haber sido provocadas por la participación en alguna clase de culto satánico. Además, los niños presentaban todos los síntomas que les habían pedido que reconocieran en el taller de abuso ritual satánico. Uno incluso llegó a asegurar a un asistente social que «papá decía que si íbamos al bosque el diablo nos atraparía». Por supuesto, la misma advertencia podría haber provenido de cualquier progenitor que practicara casi cualquier religión, pero nadie se detuvo a considerar esta explicación alternativa.

De modo que, para «ayudar» a los niños a «procesar» su trauma y para establecer un vínculo con ellos, tanto los Lappe como Barbara Bass empezaron a «sujetarlos». Entonces fue cuando entró en juego otra creencia perniciosa, una que por desgracia sigue estando muy generalizada en el campo de la salud mental. Yo la llamo la teoría del «pus psíquico». Es parecida a la idea de que, igual que es necesario drenar un forúnculo, la toxicidad de ciertos recuerdos hace que deban ser extirpados y discutidos para que las personas sean capaces de superar un trauma. Mucha gente sigue asistiendo a interminables horas de terapia en busca de las «piedras de Rosetta» de sus historias personales, tratando de encontrar *el* recuerdo que ayudará a que sus vidas cobren sentido y resuelva en un instante todos sus problemas actuales.

Pero lo cierto es que la memoria no funciona así. El problema de los recuerdos traumáticos suele ser su intrusión en el presente, no una falta de habilidad para recordarlos. Cuando irrumpen, hablar sobre ellos y comprender cómo puede afectar de manera inconsciente nuestro comportamiento puede ser sumamente positivo. Por ejemplo, si un niño evita a toda costa el agua a causa de una experiencia en la que estuvo a punto de ahogarse, hablar sobre ello antes de ir a la playa podría ayudarlo a volver a nadar sintiéndose seguro. Al mismo tiempo, hay personas que se curan enfrentándose a sus miedos y nunca hablan ni recuerdan expresamente sus recuerdos dolorosos. Aquellos a quienes sus recuerdos no les afectan de forma negativa en el presente, presionarlos para que se centren en ellos puede llegar a perjudicarles.

Es muy importante sobre todo mostrarse sensible a los mecanismos de afrontamiento instintivos de un niño si poseen un fuerte sistema de apoyo. En un estudio que llevamos a cabo a mediados de los noventa, descubrimos que los niños con familias que los apoyaban y que fueron asignados a terapia para tratar sus traumas, eran más propensos a desarrollar TEPT que aquellos a cuyos padres se había aconsejado llevarlos a terapia solo en el caso de que observaran unos síntomas específicos. La hora semanal que los niños a quienes se les había asignado terapia permanecían centrados en sus síntomas, más que liberarlos los hacía empeorar. Cada semana, los días previos a la sesión terapéutica los niños empezaban a pensar en su trauma; cada semana tenían que marcharse del colegio o dejar de hacer alguna actividad extraescolar para llegar a la clínica. En algunos casos, los niños se volvieron hiperconscientes de sus reacciones normales de estrés para tener controlado cualquier tipo de incidente y así tener algo que contar al terapeuta. Esto afectó a sus vidas y aumentó más que disminuyó su angustia. Sin embargo, resulta interesante que, en los casos en los que el niño no contaba con una red social fuerte, la terapia era beneficiosa. Seguramente les ofrecía un lugar al que acudir del que de otra forma carecían. La conclusión última es que las necesidades individuales de las personas varían y no se debería obligar a nadie a hablar de sus traumas si no quiere hacerlo. Si un niño está rodeado de adultos sensibles y afectuosos, el momento oportuno, la duración y la intensidad de pequeños momentos terapéuticos podrán ser valorados por el propio niño. Pudimos observarlo en la práctica en el caso de los niños de la Rama Davidiana, y creemos que los mismos principios se mantienen para todos los niños que se enfrentan a la pérdida y al trauma y que viven en una realidad saludable de apoyo social.

Tener la creencia de que no serás capaz de recuperarte a menos que recuerdes con precisión los detalles de un trauma pasado también puede convertirse en una profecía autocumplida. Puede hacer que te mantengas centrado en el pasado en lugar de dedicarte a vivir el presente. Por ejemplo, existen estudios que han descubierto que una depresión puede volverse más intensa si la persona que está deprimida se dedica a rumiar los acontecimientos negativos pasados. Por el modo en que la memoria opera, rumiar el pasado también puede llevarnos a recordar cosas antiguas y ambiguas desde un nuevo punto de vista, uno que, con el tiempo, se va volviendo cada vez más negro hasta que termina por convertirse en un trauma que en realidad nunca llegó a suceder. Si a la maleabilidad de los recuerdos de los niños pequeños añadimos la práctica coercitiva de agresión física basada en «sujetar», obtendremos una receta desastrosa.

Durante las sesiones de «sujeción», los padres adoptivos y en ocasiones los trabajadores sociales y los «investigadores satánicos» interrogaban a los niños sobre sus padres, quienes supuestamente adoraban al diablo. Les hacían preguntas larguísimas y tendenciosas y les clavaban los nudillos en el costado hasta que se mostraban de acuerdo con la versión que ellos tenían de los acontecimientos. Los niños pronto aprendieron que la «sujeción» terminaba mucho antes si «revelaban» los detalles de la supuesta implicación de sus padres en un culto y describían sus rituales. Tardaban muy poco en confirmar las historias de bebés sacrificados, canibalismo, máscaras diabólicas, figuras encapuchadas alrededor de hogueras en el bosque y altares satánicos, todo procedente de las preguntas y los apuntes ofrecidos por los propios interrogadores. Así era como los padres adoptivos confirmaban los «diagnósticos» de abusos ritualistas. Los niños enseguida explicaban que los habían encerrado en un almacén y les habían obligado a aparecer en vídeos de pornografía infantil, o que habían presenciado numerosos asesinatos. Cuando les preguntaban si los miembros del culto se dedicaban a abusar de otros niños, en su desesperación por escapar de la «sujeción», soltaban los nombres de sus amigos. A consecuencia de esto, otros dos niños fueron separados de sus padres y muchos más fueron considerados posibles víctimas de abuso.

Afortunadamente, muchas de estas «sesiones de sujeción», así como «entrevistas» relacionadas, fueron grabadas en audio o en vídeo. A pesar de lo terribles que eran, permitieron que salieran a la luz algunos hechos increíbles mientras tratábamos de averiguar qué niños habían sido realmente maltratados por sus padres y qué padres habían sido acusados porque los niños Vernon necesitaron aportar nuevos nombres para satisfacer a quienes los interrogaban. Muy pronto nos dimos cuenta de una cosa: si los trabajadores sociales conocían y se llevaban bien con las familias acusadas (no hay que olvidar que se trataba de una localidad muy pequeña en la que casi todos se conocían entre sí), descartaban las acusaciones realizadas por los hermanos Vernon y les pedían que confesaran otros nombres. En cambio, si no les gustaban las familias, investigaban a los padres y se llevaban a los niños.

Así era como Brian había llegado a formar parte de los dieciséis niños en acogida «terapéutica». Era un brillante estudiante de segundo curso de naturaleza cautelosa que llevaba el pelo rapado. Le gustaba ver las noticias, de ahí que hubiera oído hablar del caso Vernon en la televisión antes de que el *sheriff* y sus hombres aparecieran en su casa para arrestar a sus padres por haber abusado sexualmente de él y de su hermano pequeño. Los Vernon vivían delante de su casa y él era amigo de sus hijos, de modo que también había escuchado suficientes rumores en el vecindario. A tenor de lo que decían los medios de comunicación y los propios vecinos, los padres de Brian comprendieron que probablemente ellos serían los próximos acusados de abuso ritual satánico. El día que los SPI vinieron para llevárselo, Brian estaba jugando fuera y, al ver que los coches del *sheriff* se dirigían a su casa, corrió a avisar a sus padres. Por desgracia, no pudo hacer nada salvo mirar cómo los trabajadores sociales despertaban a su hermano de un año con una sacudida y se llevaban a sus padres esposados. Le permitieron llevarse el objeto de la casa que quisiera, y el hecho de que escogiera una Biblia y no un juguete debería haber sido una primera pista de que no había sido criado en un culto satánico.

Por desgracia, y una vez más gracias a las noticias, Brian también estaba enterado de un espantoso crimen que había tenido lugar en la localidad. Kelly Wilson, de diecisiete años, una animadora rubia de ojos muy abiertos que parecía sacada del reparto de una película, había desaparecido de repente el 5 de enero de 1992. La habían visto por última vez a la salida de su trabajo en un videoclub de Gilmer. A día de hoy, sus restos todavía no se han encontrado, ni ha habido ninguna otra señal de que siga viva. Adjudicaron el caso al sargento James York Brown, el oficial que estaba de servicio en el momento en que sus padres notificaron su desaparición.

A decir de todos, el sargento Brown trabajó en el caso con gran diligencia. Colocó carteles con información sobre la chica desaparecida por toda la ciudad e incluso dejó la celebración de Acción de Gracias a un lado para examinar un informe (que luego resultó ser falso) según el cual el cuerpo de la chica podría estar en un campo cercano. Convenció a los negocios locales para que financiaran y levantaran una valla publicitaria en la que se solicitaba la aportación ciudadana con cualquier información que pudieran tener sobre el paradero de Wilson. Brown rápidamente identificó al sospechoso que más probabilidades tenía de haber cometido el crimen: un chico joven que había salido con la animadora y que había sido previamente condenado por asalto con cuchillo. El coche del chico había sido misteriosamente vendido pocos días después de la desaparición de la chica y, lo que era todavía más sospechoso, cuando por fin lograron localizar el vehículo, faltaba una buena parte del revestimiento interior. Sin embargo, habían lavado el coche a conciencia, por dentro y por fuera, y no pudo encontrarse ninguna evidencia física definitiva.

El sospechoso, no obstante, no interesaba en absoluto a los trabajadores sociales y al fiscal especial del caso Vernon. El exnovio de la chica no tenía conexión con los Vernon. Si él había matado a Kelly, no se trataría más que de otro caso de romance juvenil con final atroz, no de un cuerpo que pudiera vincularse a las historias de sacrificio humano de las que hablaban los niños Vernon. Los investigadores estaban seguros de que los Vernon y sus seguidores satánicos tenían que ser culpables de algo más que de golpear y violar a unos cuantos niños y de sacrificar animales. Pero no se había podido encontrar ningún cuerpo ni nadie había informado sobre la desaparición de ningún vecino. Hasta que desapareció Kelly Wilson.

Los asistentes sociales y los investigadores de los «crímenes de culto» se convencieron de que debía de haber una conexión entre los Vernon y la desaparición de la joven. Sometieron a Brian, de siete años, a un día entero de terapia de «sujeción» para descubrirlo. La inteligencia de Brian sirvió para que las historias que se vio forzado a crear fueran mucho más coherentes que las de los otros niños. En el momento en que nueve adultos lo rodearon, lo sujetaron y le gritaron hasta que lograron aterrorizarlo de tal manera que se defecó encima, concibió la historia que resultaría en la acusación del sargento Brown. Aseguró haber visto cómo maltrataban a Wilson en los rituales satánicos de los Vernon. Dijo que también había un «hombre con uniforme azul» y también hizo comentarios sobre agentes de policía que eran «malos».

Uno de estos polis «malos» terminó teniendo la cara de James Brown cuando los investigadores y el fiscal especial condujeron un interrogatorio grabado de diez horas a una mujer cuyo coeficiente intelectual supuestamente era de 70. Patty Clark* era la pareja de hecho de uno de los hermanos Vernon. Tenía una larga historia de relaciones abusivas y ella misma había sido criada en hogares de acogida. Estaba acusada de delitos de agresión sexual a menores relacionados con los niños Vernon, cargos que le aseguraron que podrían verse mitigados si explicaba la «verdad» sobre el asesinato de Kelly Wilson y la implicación de James Brown. Más tarde llegó a decir que habían tenido que escribir literalmente su testimonio en una pizarra blanca de lo frustrados que se habían sentido los interrogadores dada su incapacidad de repetir de manera fidedigna lo que le habían pedido que dijera. Las transcripciones del interrogatorio describen gráficamente la coacción empleada para obtener sus declaraciones; los interrogadores le repetían una y otra vez que sabían que Brown había estado en la escena del crimen y la amenazaban diciendo que «si no decía la verdad» se atendría a las consecuencias. Cualquier persona que leyera aquellas transcripciones tendría dificultades para decidir quién demostraba menos inteligencia, si los interrogadores que trataban de hacer que la mujer, que tenía un claro retraso mental, empleara los mismo términos para sexo anal que usaban los niños durante las sesiones de «sujeción» o la pobre Patty Clark, que tenía que repetir una frase al menos siete veces hasta que los investigadores finalmente la inducían a usar el término correcto.

El «testimonio» de Clark básicamente describe un periodo de diez días de tortura padecido por la animadora, a quien previamente habían secuestrado, que culminó con una violación en grupo, la extirpación de uno de los pechos de la víctima, el colgamiento del cuerpo con el fin de drenar su sangre para beberla y canibalismo. Bobby Vernon Jr., a quien los Lappe golpearon hasta dejar en coma, era el hijo de Clark.

Las confesiones obtenidas mediante coacción resultan problemáticas de muchas maneras. En primer lugar, el potencial que tienen para condenar a personas inocentes no es menor. Otro motivo es que hechos que los interrogadores desconocen más tarde pueden aflorar para destruir la credibilidad de los testigos y, por extensión, la de ellos mismos. Estos hechos fueron los que a la larga pusieron fin a las investigaciones de los expertos en rituales satánicos y del fiscal especial de Gilmer. Fue el propio sargento Brown quien destapó las evidencias más condenatorias y por esta razón muchos creen que el fiscal especial y sus subordinados decidieron que el agente de policía debía ser considerado miembro del culto. Las evidencias presentaban múltiples problemas: no había pruebas físicas que vincularan a los Vernon con la animadora desaparecida; las declaraciones de los niños afirmaban que les habían llevado a unos almacenes para grabar pornografía infantil, pero esto era imposible de corroborar puesto que nunca pudieron encontrarse los supuestos almacenes (se revisó hasta el último almacén del condado), ni las películas, fotografías o vídeos; los huesos que aparecieron enterrados en el jardín trasero de los Vernon resultaron ser de animal, no humanos; la «máscara diabólica» encontrada en la casa no era más que un disfraz barato de Halloween que podía servir como prueba para argüir que millones de estadounidenses eran satánicos.

Pero la peor prueba del fiscal sobre el caso era que, la noche de la desaparición de Kelly Wilson, los «líderes» del culto, Ward Vernon y su mujer Helen, acusados de ser los principales responsables del secuestro de la chica y su posterior muerte, estaban en Nueva York. Existían numerosos documentos que lo atestiguaban: Ward era camionero y la empresa para la que trabajaba guardaba informes de todos sus trayectos, incluidas las guías de embarque necesarias para demostrar la entrega de los envíos. Ward tenía incluso recibos de su tarjeta de crédito de estaciones de servicio de Nueva York para demostrar que había estado allí. Cuando el sargento Brown insistió que aquello significaba que los investigadores satánicos tenían a los sospechosos de la muerte de Wilson equivocados y que los testimonios ofrecidos por sus testigos no eran fiables, el fiscal especial le dijo: «Como se te ocurra interferir en mi investigación de la manera que sea, me encargaré personalmente de arruinarte la vida de todas las formas posibles, tanto personal como profesional como económicamente».

El fiscal cumplió sus amenazas, pues lo siguiente que ocurrió fue el interrogatorio a Patty Clark, que provocó el arresto del «hombre con uniforme azul» del que había hablado Brian. Ese hombre no fue otro que el sargento James Brown. Su arresto —con brutal derribo por parte del equipo SWAT— sucedió al poco tiempo.

¿Cómo iba yo a determinar cuáles de las denuncias de abuso sexual habían sido forzadas por los propios interrogadores y cuáles habían sido ciertas? ¿Cómo podíamos saber qué lugar sería el más seguro para aquellos niños traumatizados? ¿Debían volver con sus padres, que podían haber abusado de ellos, o debían ser ubicados en nuevos hogares adoptivos o de acogida seleccionados con un mayor detenimiento? Un aspecto de la cronología del que estaba seguro era que la separación de Brian y de su hermano pequeño de sus padres había sido un error, pero ¿y si los padres eran en verdad unos maltratadores y los niños Vernon lo sabían? Por otro lado, ¿y si se habían llevado al segundo grupo, es decir, a Bobby y a los hijos de Patty, solo porque habían coaccionado a sus primos para que ofrecieran el nombre de más víctimas? Nuestra cronología sugería que había pruebas físicas que apoyaban las denuncias por abuso tanto contra los dos hermanos Vernon y sus mujeres o parejas como contra los abuelos Vernon, pero la investigación estaba tan contaminada que era difícil saber qué creer.

Por fortuna, había descubierto una herramienta que podía, conjuntamente con otras pruebas, ayudarnos a clasificar entre los escombros. Había tropezado con ella por casualidad. Cuando todavía vivía en Chicago y justo después de mudarme a Houston a principios de los noventa, en ocasiones corría maratones. Mientras entrenaba, llevaba puesto un monitor continuo de frecuencia cardiaca. Un día, nada más terminar una carrera preparatoria, fui a hacer una visita a domicilio a un niño que vivía en un hogar de acogida y, al llegar, todavía no me había quitado el monitor. El niño me preguntó qué era aquello y dejé que lo probara después de explicarle para qué servía. Al ponérselo, su frecuencia cardiaca era de cien, algo bastante normal para un niño de su edad en estado de reposo. Entonces me di cuenta de que había olvidado en el coche unos papeles que necesitaba y le pregunté si le gustaría acompañarme a buscarlos. Aunque parecía que no me había oído, me di cuenta de que su frecuencia cardiaca se había disparado a 148. Lo primero que pensé era que quizá el monitor se había estropeado, así que me acerqué para echarle un vistazo. Para asegurarme de que no había hablado entre dientes, como me ocurría a veces, repetí la pregunta. El niño permaneció inmóvil y su frecuencia cardiaca subió aún más. Yo estaba perplejo, pero no veía que hubiera ninguna razón para apremiarle a que me acompañara. Volví al coche, cogí los papeles, regresé y concluí la visita.

Antes de aquella visita, no conocía la historia particular de aquel niño; solo había ido a ver qué tal iban las cosas en su emplazamiento actual. Al volver a mi despacho, busqué su historial y descubrí que el novio de su madre había abusado sexualmente de él… en un garaje. Cada vez que aquel hombre le decía: «Vamos fuera a trabajar en el coche», lo que en realidad quería decir era: «Voy a abusar de ti ahora». Sin querer, le había dado una señal traumática al sugerirle que me acompañara al coche. Decidí comprobar si la monitorización de la frecuencia cardiaca podía ayudarme a descubrir qué señales desencadenaban síntomas de traumas en otros niños.

Muchas veces encontraba la misma clase de reacciones: si se exponía a un niño a un olor, visión, sonido o, como en este caso, una sugerencia verbal que le llevara a recordar el trauma, su frecuencia cardiaca aumentaba drásticamente. Para algunos, si las señales les hacían experimentar síntomas disociativos más que respuestas de hiperexcitación, la frecuencia cardiaca en vez de aumentar, disminuía. La hiperexcitación prepara a las personas para reacciones de lucha o huida, lo que requiere un aumento de la frecuencia cardiaca; la disociación las prepara para hacer frente a un estrés ineludible mediante una disminución de la frecuencia cardiaca, la respiración y otras funciones. A pesar de que no funciona en todos los casos y de que necesita seguir siendo estudiada, la monitorización de la frecuencia cardiaca me ha resultado muy útil en mi trabajo. El hecho de saber que algo o alguien ha provocado recuerdos traumáticos en un niño a menudo nos puede ayudar a delimitar qué o quién le hizo daño, especialmente con niños de hasta dos años que eran demasiado pequeños para explicarnos lo que pasó.

Decidí probar este método con Brian, que para entonces vivía en un hogar grupal. Llevaba casi dos años separado de sus padres y era evidente lo muchísimo que los echaba de menos. Hice hincapié repetidas veces en que si había algo de lo que no quisiera hablar, no tenía más que decírmelo, y que nadie le haría daño si admitía que había mentido sobre algo en el pasado. Le dije que esta era su oportunidad de contar toda aquella historia desde su punto de vista, y después me puse a colorear con él durante un rato.

Brian había vivido en casa de Barbara Bass. Gran parte de las terapias de «sujeción» y de las «investigaciones» envueltas en los abusos satánicos habían tenido lugar en su casa. La primera vez que le pregunté por su hogar «terapéutico», Brian me dijo que «era divertido». Le animé a que me contara más cosas, sin especificar si me refería a cosas buenas o malas.

—Una de las cosas que no me gustaban era que allí teníamos que hacer lo de la sujeción —dijo inmediatamente.

—Explícame qué es la sujeción —le pedí.

—Es cuando te hacen subir y bajar las escaleras corriendo hasta que empiezas a llorar y estás muy cansado y después vas a la habitación y te tumbas en la cama y ella se tumba contigo y te frota por los lados, donde las costillas, y duele mucho y gritas y sacas toda tu rabia fuera y le explicas por qué estás enfadado.

—¿Qué quieres decir con «sacar toda tu rabia fuera»?

—Las cosas que hicieron tus padres aunque no las hicieran.

—¿Ella quería que dijerais esas cosas?

Brian, que estaba a punto de ponerse a llorar y tenía el corazón acelerado, afirmó con la cabeza.

—¿Sabrías ponerme un ejemplo?

—Decir que te hacían daño o algo así. Normalmente siempre teníamos sujeción justo antes de bajar para ver al terapeuta.

—¿Cuántas veces a la semana la teníais?

—Más o menos una vez al mes, pero dependía de adónde íbamos. Sí teníamos que testificar o ir a ver al terapeuta o algo así entonces la teníamos ese día o el día antes.

Le pregunté cómo había conseguido Barbara que dijera cosas que no eran verdad.

—Te frotaba por los lados hasta que te dolía y después de un rato te rendías. Dolía mucho.

—¿Qué clase de cosas te hacía decir?

Brian empezó a llorar abiertamente, tenía la cara bañada en lágrimas:

—Que mis padres hacían cosas que no hacían.

Volví a tranquilizarlo diciendo que no tenía que contarme nada que no quisiera y que yo no iba a intentar que dijera nada que él no quisiera decir o que pensara que no era verdad. Pero era muy valiente y, después de aceptar unos pañuelos de papel, insistió en explicarme la historia entera. Describió el día que le separaron de sus padres, cómo, al oír que su madre empezaba a llorar, supo que «me iba a ir de allí» y cómo le dejaron llevarse «una cosa que me gustara mucho» y eligió la Biblia. Habló de cómo trató de tranquilizar a su hermanito de un año, que «no entendía qué estaba pasando» y que «estaba enfadado porque le habían despertado mientras dormía». (Cuando por fin regresaron a su casa, el más pequeño ni siquiera era capaz de reconocer a su madre).

Al preguntar a Brian sobre el asesinato ritual «satánico» de Kelly Wilson y otras atrocidades de las que afirmaba haber sido testigo o formado parte, dejó de llorar y su frecuencia cardiaca se mantuvo estable. Respondía a las preguntas de frente, con la mayor naturalidad, y dijo que se había inventado todas esas historias para que dejaran de hacerle daño. No expresaba el menor miedo, ni verbal ni físicamente, cuando hablaba de cosas como «matar bebés», y esta tranquilidad contrastaba de pleno con lo nervioso que se había puesto al recordar el día que lo sacaron de su casa o la técnica de la «sujeción». Su compasión hacia su hermano y la angustia de haber tenido que mentir sobre sus padres dejaba claro el niño tan afectuoso, moral y altamente sensible que era. Un niño como él habría respondido de forma agónica y aterrorizada al hecho de haberse visto obligado a participar en asesinatos y situaciones caníbales; solo un sociópata podría haber reaccionado con impasibilidad a la hora de recordar cosas como aquellas en el caso de haber sido ciertas. Brian de ninguna manera habría sido capaz de responder de dos maneras tan distintas a estos dos conjuntos de experiencias, algo sobre lo que de hecho tuve que prestar declaración largo y tendido para conseguir que el juez que presidía los casos de custodia permitiera a Brian y a su hermano volver a casa con sus padres.

Averiguar lo que realmente les había pasado a los niños Vernon fue mucho más complicado. Nadie quería devolver a niños que presentaban cicatrices en las áreas genital y anal a las personas que los habían violado una y otra vez. Pero las denuncias falsas de asesinatos y ritos satánicos habían deformado su credibilidad de tal manera que sus padres ahora podían reclamar, con bastante verosimilitud, que todo lo que los niños habían contado sobre sus abusadores y lo que había sucedido estaba bajo sospecha. Confiaba en que gracias a la monitorización de la frecuencia cardiaca y al empleo de otras señales emocionales y psicológicas podría descubrir quién había hecho daño a aquellos niños, y de esta manera encontrar la mejor ubicación permanente para ellos.

Hablé con una niña pequeña que había sido poco mayor que un bebé en el momento en que se la llevaron de casa de sus padres. Annie había mantenido tantísimas conversaciones con profesionales que llegados a aquel punto sabía imitarnos a la perfección. En un momento de nuestra conversación, se sentó en una silla giratoria y, balanceándose hacia delante y hacia atrás, dijo: «Háblame de ti. Mi nombre es Annie y tengo el pelo marrón y los ojos marrones y he estado en 10.000 hogares de acogida». Bebía un refresco de lata y le encantaba eructar después de casi cada trago. Le pregunté de dónde habían salido sus declaraciones sobre el diablo y los asesinatos.

—La culpa fue de mi padre biológico, él mató a todos esos bebés y me hizo matarlos a mí o, si no, la que moriría sería yo y también los bebés morirían —dijo, y sonrió, soltando un pequeño eructo. El monitor de frecuencia cardiaca no se movía.

—¿Cómo puedes acordarte de eso? —le pregunté.

—Me acuerdo porque me lo contó mi hermana —repuso columpiando las piernas. Cuando le pregunté si podía acordarse de algo ella misma, dijo que no, me explicó que no tenía ningún recuerdo anterior a los tres años.

Sin embargo, al preguntarle si recordaba las sesiones de «sujeción», su estado de ánimo se ensombreció y dijo en un tono muy serio:

—Sí, me acuerdo, y no quiero hablar sobre ello.

Pero entonces describió cómo sus padres adoptivos y los trabajadores sociales «no paraban de hacerme hablar sobre el pasado y decían que yo había matado bebés».

Más tarde, cuando le pregunté si su padre había abusado sexualmente de ella, se mostró aún más reticente a hablar:

—Me hacía tocarle las partes privadas y yo decía que no quería y él me metía la mano ahí abajo —dijo, y se levantó de la silla y se fue a mirar por la ventana. Le pregunté si aquello había pasado más de una vez y dijo que sí con la cabeza, sin levantar la mirada—: Tenía que frotársela y cuando decía que no quería hacerlo, él decía: «No me digas lo que tengo que hacer o te mato».

Ahora era posible reconocer signos de miedo en la respuesta disociativa, al tratar de escapar físicamente de la pregunta yendo hasta la ventana, y también en su frecuencia cardiaca. Al cabo de un rato volvió a sentarse en la silla y dijo: «No soporto el nombre de Ward Vernon». Apretó hacia abajo el lápiz con el que había estado dibujando y se puso a garabatear de un lado a otro, como si intentara tachar su nombre para siempre. Respondía de un modo muy parecido a todo lo que tuviera que ver con su madrastra, pero no dejaba de repetir que su madre verdadera nunca le había hecho daño.

Cuando hablé con una de sus hermanas mayores, llamada Linda, me contó que la primera persona que le habló de la idea de abusos satánicos «fue Barbara. Decía cosas como: "Vale, imagínate que estás en un calabozo con Helen, ¿de acuerdo?", y te presionaba sin parar hasta que se te saltaban las lágrimas y terminabas diciendo que sí. Te decía lo que tenías que decir». Linda también describió abusos sexuales a manos de su padre y de su madrastra, y expuso detalles que daban fe de la frecuente implicación de sus abuelos. «Lo hacen casi cada día —dijo, y cuando insistí para saber si recordaba todo aquello o si le habían dicho que lo dijera, se puso muy firme y dijo—: Tú también te acordarías si te hubiera pasado a los siete años». Una vez más, sus respuestas fisiológicas eran coherentes con el hecho de que los miembros de su familia hubieran abusado de ella, pero no con la idea de haber tenido que participar en rituales y asesinatos satánicos. Al final, ninguno de los niños Vernon fue devuelto a sus padres biológicos porque estaba claro que en aquella familia correrían grandes riesgos de volver a sufrir abusos.

Uno de los aspectos más problemáticos del caso —y algo que es importante que los padres tengan en cuenta a la hora de tratar situaciones con gran carga emotiva— era cómo se había extendido el miedo causado por aquella investigación patética, llegando a provocar que gente que de otra manera se habría mostrado racional se comportara de una forma muy extraña. Una vez que se hicieron públicas las denuncias por abuso ritual satánico, cobraron vida propia. Incluso profesionales altamente entrenados en salud mental y en la aplicación de la ley, y hasta algunos miembros de mi propio equipo, no fueron inmunes a ellas.

Después de que se llevaran a los niños de sus hogares y de que las acusaciones de abusos satánicos salieran a la luz, casi todas las personas involucradas en su cuidado se convencieron de que los satanistas iban a secuestrar a los niños y a masacrar a todos los que en ese momento trataban de ayudarlos. A pesar de que los «líderes del culto» y casi todas las personas que se creía que habían estado implicadas en los abusos y asesinatos infantiles ya estaban encarcelados, los investigadores satánicos, los trabajadores sociales y las familias de acogida estaban convencidos de que existía una conspiración aún mayor y que todos estaban en peligro de muerte. Empezaron a comportarse de una manera sumamente paranoica, llegando al punto incluso de llevarse a los niños al oeste de Texas (donde Bobby Vernon fue golpeado hasta caer en coma) para así escapar de lo que creían que eran los tentáculos todavía prósperos del culto. El suicidio de los Lappe fue considerado una prueba de que el culto, de alguna manera, los había alcanzado. Después de que se hubiera establecido la creencia en el poder del culto y en sus actividades diabólicas, a la gente le resultó casi imposible aceptar cualquier otra clase de evidencia que fuera contraria.

Para la gran mayoría, el suicidio de los Lappe tiene una explicación de lo más sencilla: la pareja acababa de pegar a un niño al que presuntamente debían cuidar de un modo tan brutal que le habían machacado el cráneo y lo habían dejado en un estado vegetativo permanente. La culpa, la vergüenza y la pena…, cualquiera de estas motivaciones valdría, no hacía falta añadir el culto satánico a la ecuación. Sin embargo, más que reexaminar los supuestos iniciales, la gente envuelta en la investigación simplemente se fue apartando cada vez más de la realidad.

La propia localidad de Gilmer estaba dividida. Había quienes creían que existía un culto satánico que había matado a gente y que continuaba causando estragos, mientras que otros pensaban que había personas inocentes que habían perdido a sus hijos y que habían sido acusados de crímenes atroces y, francamente, imposibles. Los propios padres de Kelly ejemplificaban esta división. La madre de Kelly creía que el sargento Brown pertenecía a un culto satánico que había secuestrado y matado a su hija, mientras que el padre de Kelly argumentaba con la misma rotundidad que Brown y los demás habían sido injustamente condenados y nunca habían encontrado al asesino de su hija.

El juez que presidía las audiencias por la custodia de los niños estaba convencido de que los rituales satánicos sí habían tenido lugar. El gran jurado que había acusado a Brown se negó a revertir la acusación cuando la oficina del fiscal general de Texas trató de explicarles que las pruebas previamente presentadas no eran fiables. En última instancia, otro juez retiró las acusaciones, pero muchos habitantes de Gilmer siguieron convencidos de que los adoradores de Satán se habían congregado allí para abusar y matar niños. En el transcurso de mi trabajo en este caso, fui acusado de formar parte del culto, los miembros de mi equipo declararon que imágenes como gatos muertos en la carretera eran una prueba del ambiente siniestro de Gilmer y, en general, reinaba una atmósfera de miedo. Sin más pruebas que los testimonios forzados de dieciséis niños, adultos del siglo XX estaban dispuestos a condenar a media docena de personas, incluido un agente de policía a quien le habían adjudicado por azar la investigación del crimen y un hombre cuyos registros de empresa y recibos de estaciones de servicio situaban en el otro extremo del país el día del crimen.

Los seres humanos son animales sociales, altamente susceptibles al contagio emocional. La formación, la lógica y la inteligencia no son nada ante el poder del pensamiento de grupo. Los primeros humanos que se mostraran incapaces de reconocer y seguir las señales emocionales de los otros, no habrían logrado sobrevivir. La capacidad de entender estas señales es clave para el éxito social y, por el contrario, ser incapaz de percibirlas supone una seria desventaja, tal y como vimos en el caso de Connor. Pero una «reacción adversa» de esta herencia puede conducirnos a cazas de brujas como la que se produjo en Gilmer (Texas).

08

El cuervo

Amber, una chica de diecisiete años, había aparecido inconsciente en el cuarto de baño de un instituto. Respiraba superficialmente, su frecuencia cardiaca era baja y su presión arterial también era demasiado baja. Su madre, Jill,* que acababa de llegar a la sala de urgencias después de que el colegio la avisara, estaba comprensiblemente desconsolada. Yo también acababa de llegar a Urgencias. Era el médico tratante aquel mes y estaba revisando la evaluación de un adolescente suicida realizada por uno de los residentes de Psiquiatría Infantil.

Mientras un grupo de médicos intentaba evaluar a Amber, el corazón de la chica sufrió una parada repentina. El equipo médico rápidamente revivió y estabilizó a la chica, pero, para Jill, fue algo terrible de presenciar. A pesar de los enormes esfuerzos de los doctores, Amber seguía inconsciente, como si estuviera dormida. Jill pasó a estar histérica. Me pidieron que ayudara a calmar a la madre para que los demás médicos pudieran centrarse en los problemas de la hija. Los exámenes toxicológicos en los que esperaban encontrar drogas en el sistema de Amber salieron negativos, lo que descartaba la causa de inconsciencia juvenil más probable en una situación como aquella: sobredosis. Jill no recordaba ningún problema de salud previo que pudiera explicar el estado de su hija. Los doctores, en consecuencia, comenzaron a barajar diversas hipótesis, como una enfermedad rara del corazón o quizá un tumor cerebral o una apoplejía.

Encontré a Jill sentada junto a la cama de su hija, agarrada a su mano y llorando. Una enfermera ajustaba la sonda intravenosa que le habían colocado a Amber. Jill me miró con ojos suplicantes. Traté de calmarla asegurándole que aquel era un hospital excelente y que su hija estaba recibiendo los mejores cuidados. Pero cuando me preguntó qué clase de médico era y supo que era psiquiatra infantil, en lugar de tranquilizarse se alteró todavía más:

—¿Está aquí porque mi hija va a morirse?

—No —respondí inmediatamente. Le expliqué que el resto del equipo médico estaba ocupado tratando de descubrir qué era lo que le pasaba exactamente a Amber. Sabían que a Jill le ayudaría poder hablar con alguien, y ese papel había recaído en mí. Me miró a los hijos y, al darse cuenta de que decía la verdad, se relajó visiblemente y, una vez más, volví a pensar que la simple honestidad estaba tremendamente infravalorada e infrautilizada en medicina.

—¿Por qué no me explican qué está pasando? —preguntó. Repuse que seguramente los médicos no estaban ocultándole información, y que lo más probable era que ni siquiera ellos mismos supieran qué le pasaba a su hija. Me ofrecí a consultar el cuadro médico para ver si lograba sacar algo en claro.

Salí de la habitación, leí el historial médico y hablé con el residente y con otro de los doctores. Describieron cómo el colegio de Amber había avisado al Servicio de Atención Médica de Urgencia después de que un estudiante encontrara a la adolescente en el baño. Sus signos vitales estaban estables; no obstante, su frecuencia cardiaca era muy baja: oscilaba entre cuarenta y ocho y cincuenta y dos latidos por minuto. Una frecuencia cardiaca normal para una chica de su edad en estado de reposo oscilaría entre setenta y noventa. Los paramédicos la trajeron al hospital y, en mitad del proceso de evaluación, se le paró el corazón. Tuvieron que revivirla, una escena que ahora nos resulta muy familiar después de cientos de episodios de dramas médicos como *Urgencias*.

Para entonces, Amber ya llevaba alrededor de cuatro horas en la sala de emergencia. Durante este tiempo había recibido la visita de un neurólogo y le habían realizado un TAC que no había presentado anomalías cerebrales. Otra serie de pruebas neurológicas resultaron igualmente normales. El servicio de cardiología tampoco había encontrado ningún problema cardiaco que pudiera explicar sus síntomas. Todos los análisis de sangre aparecían normales y los exámenes toxicológicos eran una y otra vez negativos. Mis sospechas habían sido ciertas: nadie le había dicho a Jill lo que pasaba porque nadie lo sabía.

Volví a la habitación y le conté a Jill lo que había descubierto. Y entonces, usando una simple técnica que había aprendido para ayudar a que la gente se relajara antes de empezar una sesión de hipnosis, empecé a hacerle preguntas sobre Amber, sobre su vida, confiando en al mismo tiempo ayudar a que la madre se calmase y conseguir alguna pista sobre qué había ido mal en el pasado de la hija.

—Hábleme de su hija —le pedí. Jill parecía confundida, como si mi petición fuera irrelevante—. ¿Dónde nació? —pregunté para ayudarle a empezar. Jill fue recordando y me ofreció las mismas historias que seguramente había contado alegremente cientos de veces desde que su hija nació. La mayoría de los estados de ánimo de la gente sufren cambios perceptibles cuando recuerdan esta clase de cosas. Al hablar del nacimiento de Amber, Jill sonrió por primera vez en nuestra conversación. Cada vez que empezaba a perder el hilo, yo volvía a reconducirla, siempre apoyándome en temas que presumiblemente serían neutrales o positivos, como el primer día de colegio de su hija o los libros que le gustaba leer de pequeña.

Sin embargo, me di cuenta de que se saltaba largos periodos de tiempo y, solo con mirarla, supe que ella misma había llevado una vida difícil. No aparentaba los treinta y tantos que en verdad tenía, sino diez más. Tenía el pelo rubio decolorado y ralo y el rostro envejecido. Desde luego, nadie luce su mejor aspecto en una habitación de hospital mientras espera los resultados de su hijo gravemente enfermo, pero tuve la impresión de que Jill había tenido que pasar por muchas cosas y de que había luchado mucho en la vida para llegar a donde estaba. Sabía que dejaba muchas partes fuera, pero poco a poco fue rellenando algunos de los espacios en blanco: admitió haber tenido una serie de relaciones fallidas y trabajos terribles que habían llevado a las dos a trasladarse a menudo por todo el país, a no echar raíces durante muchos años. En aquel momento, por fin había conseguido un buen trabajo como auxiliar administrativa y se la veía decidida a hacer de Texas su hogar.

A medida que Jill hablaba, fui también estudiando a la hija. Amber tenía el pelo teñido de negro. Llevaba tres *piercings* en una oreja y dos en la otra. Entonces me di cuenta de algo cuya posible importancia reconocí de inmediato: el antebrazo estaba lleno de pequeños cortes superficiales; eran totalmente paralelos, con algún que otro corte transversal entre ellos. La localización, la profundidad y el patrón eran característicos de las autolesiones.

Para dilucidar si los cortes podían ser relevantes para los problemas médicos de Amber, pregunté a Jill si había sucedido algo recientemente que pudiera haber molestado a su hija. Se quedó un momento pensativa y después se tapó la boca con las dos manos, como si quisiera suprimir un grito. La noche anterior, una expareja de Jill, Duane,* había llamado por teléfono. Jill había roto con Duane hacía ocho años tras descubrir que había violado repetidas veces a su hija, que en aquel momento tenía nueve años. Los abusos se produjeron a lo largo de una serie de años. La noche antes de ser hospitalizada, Amber había contestado el teléfono. Duane le sugirió hacerles una visita antes de que Jill se pusiera al teléfono y le dijera que ni ella ni su hija querían volver a verlo nunca.

Mucha de la gente que se hace cortes tiene una historia de trauma. Al autolesionarse, consiguen inducir un estado disociativo parecido a su respuesta adaptativa original durante el trauma. Cortarse puede brindarles calma porque les ofrece una vía de escape a la ansiedad provocada por los recuerdos traumáticos o simplemente por los retos de la vida diaria. Como ya hemos comentado, en el estado disociativo las personas pueden desconectarse de la realidad hasta el punto de que se trasladan a una conciencia onírica donde nada parece real y donde casi no sienten dolor físico ni emocional. Estas experiencias están vinculadas a la liberación de grandes niveles de opioides, las sustancias naturales del cerebro similares a la heroína que matan el dolor y producen una tranquila sensación de distancia con respecto a los problemas propios. Experimentos llevados a cabo con roedores han mostrado que cuando la movilidad de estos animales se ve completamente cohibida —una experiencia altamente estresante para ellos—, sus cerebros se llenan de opioides naturales conocidos como endorfinas y encefalinas. Las personas que han sufrido experiencias de peligro de muerte a menudo describen una sensación de «desconexión» e «irrealidad» y un estado de ensueño parecido a lo que se siente al consumir drogas opioides. Las endorfinas y las encefalinas son una parte integral del sistema de respuesta al estrés del cerebro, y preparan al cuerpo para la gestión tanto del daño físico como del emocional.

Empecé a pensar que el estado fisiológico de Amber mientras permanecía tumbada en la sala de urgencias me recordaba en gran medida al de una persona que ha sufrido una sobredosis de heroína aunque, a diferencia de la mayoría de las víctimas de sobredosis, respiraba por sí misma. Teniendo en cuenta las autolesiones y el contacto inesperado de la noche anterior con el hombre que había abusado de ella, pensé: ¿puede tratarse de una respuesta disociativa extrema, una reacción que básicamente ha provocado en el cerebro una sobredosis de sus propios opioides?

La primera vez que planteé esta posibilidad, los médicos de urgencias la contemplaron como algo absurdo. Incluso yo mismo tuve que admitir que parecía inverosímil y que nunca había oído hablar de casos similares. Aun así, sabía que el antídoto en caso de sobredosis de opioides, un medicamento llamado naloxona, era seguro. De hecho, las probabilidades de que resulte perjudicial son tan bajas que algunos programas de intercambio de agujas lo proporcionan a los adictos para neutralizar los efectos de las posibles sobredosis de las que puedan ser testigos. En nuestra clínica también utilizábamos un medicamento parecido, aunque de acción más prolongada, llamado naltrexona para ayudar a los niños con propensión a caer en un estado disociativo a regular sus reacciones en caso de que tuvieran que enfrentarse a señales relacionadas con su trauma. Después de que Amber continuara inconsciente durante varias horas más y de que los resultados de los análisis siguieran sin arrojar ninguna luz sobre su condición, los médicos decidieron probar con la naloxona.

Y, como en los casos habituales de sobredosis, el resultado fue casi inmediato. Noventa segundos después de recibir la inyección,

Amber pestañeó, volvió en sí y, al cabo de pocos minutos, se sentó y quiso saber dónde estaba. Tal y como estaba a punto de descubrir al aprender más sobre su vida, mi teoría de que lo que le había causado los síntomas había sido una reacción disociativa a recuerdos traumáticos se convirtió en la explicación más plausible tanto para la falta de consciencia que la llevó al hospital en primer lugar como para su respuesta a la naloxona.

Pasó la noche en observación en el hospital. A la mañana siguiente fui a verla y la encontré despierta y sentada en la cama. Dibujaba y escribía en un diario. Me presenté:

—Nos conocimos ayer, pero no sé si te acuerdas. Estabas algo desorientada.

—No pareces un médico —dijo, mirándome de arriba abajo y fijándose en mi camiseta, pantalones vaqueros y sandalias y en que no llevaba bata blanca. Parecía sospechar de mí, pero al mismo tiempo se la veía confiada y segura de sí misma, y enseguida volvió a ponerse a dibujar.

—¿Eres un loquero? —me preguntó sin levantar la cabeza. Intenté echar una mirada subrepticia al diario y vi que contenía símbolos muy elaborados que recordaban a la caligrafía antigua. En el borde de las esquinas de cada página había tres criaturas con aspecto de serpiente. Ella se dio cuenta de que la miraba y lentamente cerró el diario. Era una manera interesante de ocultar y a la vez revelar: mientras cerraba el libro, se giró hacia mí de una manera que me permitió ver con mayor claridad las páginas justo antes de que la cubierta las tapara del todo. Así que sí que quiere hablar, pensé.

—Ayer tuve la oportunidad de hablar un poco sobre ti con tu madre —dije—. Te quiere mucho, pero está muy preocupada. Piensa que quizá hablar con alguien sobre lo que te pasó hace unos años podría ayudarte.

Hice una pausa para que pudiera digerir lo que acababa de decirle, y me puse a esperar.

—A mi madre le gustas —repuso, y al hacerlo me miró directamente a los ojos. Luego desvió la mirada, como si estuviera pensando. ¿Me convertiría en otro de los hombres que su madre traía a su vida y que le hacían daño? Me pregunté si, igual que

Tina, mi primera paciente, ella también desconfiaba de todos los hombres. ¿Había alguna parte de su cerebro que hacía que se mostrara reacia ante cualquier hombre que pudiera gustarle a su madre? ¿Debía dejar que la tratara alguna de nuestras médicas? Sin embargo, mi instinto me decía que Amber estaría bien conmigo. Iba a necesitar, en última instancia y conforme pasara el tiempo, sustituir algunas de sus asociaciones negativas con hombres, experimentar una relación saludable, segura, predecible y honesta.

—Bueno, creo que a tu madre le gusta que hayamos sido capaces de ayudarte —dije para tratar de reformular el asunto—. Me ha contado lo que pasó con Duane, por eso me di cuenta de lo que debíamos hacer para ayudarte, y creo sinceramente que te vendría bien hablar con alguien sobre todo aquello. Podría ayudar a prevenir que volviera a pasarte lo de ayer.

—Lo que pasó con *él* ya terminó —contestó con rotundidad.

Me eché hacia delante para cogerle la mano, que tenía cerrada en un puño, y se la abrí para dejar su antebrazo al descubierto. Observé los cortes y después volví a mirarla.

—¿Estás segura?

Se echó hacia atrás, cruzó los brazos y desvió la mirada.

Decidí continuar:

—Mira… Ya sé que no me conoces, que no sabes nada sobre mí, y la verdad es que no deberías confiar en mí hasta que me conozcas. Por eso voy a decirte unas cuantas cosas. Una vez me haya ido, tendrás la oportunidad de plantearte si quieres dedicar un tiempo a hablar conmigo o no. Lo que sea que elijas, será definitivo. No tienes que estar de acuerdo en verme, es tu decisión. El control es tuyo.

Le hablé, en términos sencillos, del trabajo que llevábamos a cabo en nuestra clínica con niños traumatizados, le expliqué cómo quizá podríamos ayudarla también a ella y cómo gracias a ella a lo mejor podríamos aprender nuevos datos que contribuyeran a nuestro trabajo con otros niños maltratados. Me detuve un instante y la miré. Me estaba observando, y vi que todavía no estaba segura. Quería que supiera que entendía parte de lo que había experimentado, así que seguí:

—Sé que cuando te sientes angustiada, tienes ganas de cortarte, y que la primera vez que la cuchilla entra en contacto con la piel y te haces el primer corte, sientes alivio.

Me miró como si acabara de revelar el mayor de los secretos.

—Sé que a veces, en el colegio, sientes que la tensión crece en tu interior y estás deseando poder ir al baño para cortarte, aunque sea un poquito. Y sé que llevas manga larga incluso los días que hace mucho calor para no enseñar las cicatrices.

Me callé. Nos miramos el uno al otro. Extendí la mano para estrechar la suya. Me observó un momento y luego, despacio, ella también extendió la suya. Nos dimos la mano. Le dije que volvería más tarde para responder cualquier pregunta que ella quisiera hacerme y para saber si quería que concertáramos una visita.

Cuando volví, Amber y su madre me estaban esperando.

—Me han dicho que ya estás preparada para volver a casa —le dije—. ¿Qué te parece si vienes a verme la semana que viene?

—Vale —respondió, y me sonrió incómoda—. ¿Cómo sabías todo eso?

No se había resistido a preguntarme.

—Podemos hablar sobre eso la semana que viene. Ahora solo tienes quitarte esa estúpida bata e irte a casa tranquilamente con tu madre.

Quería mantener una atmósfera liviana. Para digerir el trauma es mejor ir poco a poco, y tanto la madre como la hija ya habían tenido suficiente en los dos últimos días.

Nada más comenzar la terapia, me sorprendió lo rápido que Amber se abrió a mí. No es raro que pasen unos cuantos meses antes de que un paciente comparta pensamientos íntimos durante una sesión semanal de psicoterapia. Con Amber, no hicieron falta más que tres o cuatro semanas para que empezara a hablar de los abusos de Duane.

—¿No quieres que te hable de cuando abusaban de mí? —me preguntó un día.

—Suponía que sacarías el tema tú misma cuando estuvieras lista para hablar sobre ello.

—La verdad es que no pienso mucho en eso. No me gusta acordarme.

Quise saber cuándo lo hacía.

—A veces, cuando me voy a dormir —dijo—. Pero entonces simplemente me voy.

—¿Te vas?

Sabía que estaba hablando de la disociación, pero quería que describiera lo que le pasaba. Cambió de postura: ladeó la cabeza y se quedó con la mirada perdida, con los ojos clavados en el suelo, hacia la izquierda. Sabía que estaba recordando imágenes dolorosas en su cabeza.

—Las primeras veces que pasó me asusté muchísimo —dijo muy bajito, casi con voz infantil—. Y dolía. A veces no podía respirar. Me sentía tan indefensa, tan pequeña y tan débil... No quería contárselo a mamá. Estaba muerta de vergüenza y muy confusa, así que, cuando pasaba, cerraba los ojos y trataba de pensar en otras cosas. Muy pronto fui capaz de ir siempre que quisiera al lugar seguro de mi cabeza.

A medida que lo iba describiendo, parecía como si cambiase.

—Poco a poco se fue convirtiendo en mi lugar de retiro especial. Siempre que pensaba en ir allí y en estar allí, me sentía segura. Nadie sabía dónde estaba. Nadie podía venir conmigo. Allí nadie podía hacerme daño.

Hizo una pausa. Hablaba con una voz muy tenue, monótona, casi robótica. Mantenía la mirada perdida en el frente y apenas parpadeaba. Permanecimos sentados en silencio un momento y después continuó.

—Cuando estaba en aquel lugar, sentía como si pudiera volar. Empecé a imaginarme que era un pájaro, un cuervo. Intenté ser un pájaro bonito, un azulejo o un petirrojo, pero allí no podía ser nada bonito. Intenté ser un pájaro majestuoso, como un águila o un halcón, pero tampoco funcionó. Mi mente seguía obligándome a ser algo oscuro, como un cuervo. Pero era poderosa. Podía controlar a otros animales. Era sabia y amable, pero me comportaba de un modo absolutamente despiadado al cazar y al usar mi poder para eliminar el mal. Para aquellas criaturas, las malvadas, yo era la peste negra.

Se detuvo de nuevo, y esta vez me miró. Había hablado con mucha emotividad. Sabía que nunca había compartido esto con nadie, y que ella sentía que parte del poder de su fantasía para consolarla residía en su naturaleza secreta. Resulta crítico proteger a alguien cuando está en un momento tan vulnerable como aquel.

—¿Sigues siendo la peste negra? —le pregunté. Amber desvió la mirada durante un instante y después volvió a mirarme y rompió a llorar. Ese fue el verdadero comienzo de nuestro trabajo.

A medida que fueron pasando las semanas, aprendí más y más cosas sobre ella. La historia de Amber iba a enseñarme mucho sobre la respuesta disociativa al trauma y cómo ayudar a las personas que la experimentan.

Los abusos sexuales que Amber había sufrido fueron violentos y terroríficos, y comenzaron más o menos cuando ella tenía siete años. Sus padres se habían separado cuando ella tenía dos, y al cabo de varios años su madre encontró una nueva pareja de la que ambas dependían para salir adelante. Duane únicamente abusaba de ella cuando bebía, lo que ocurría aproximadamente cada diez días. Los días siguientes actuaba como si de verdad estuviera arrepentido y la colmaba de regalos y elogios para tratar de compensarla por lo que había hecho. Como nunca sabía cuándo iba a beber, Amber vivía en un estado de miedo constante, siempre al acecho de cuándo volvería a suceder y agobiada por el dolor y el miedo que le causaba el acto en sí mismo. Empezó a sacar malas notas y pasó de ser una niña alegre y extrovertida a una pequeña ansiosa y muy introvertida.

Estaba demasiado asustada para contarle a su madre lo que Duane hacía, pues él la amenazaba con cosas todavía peores si se lo decía. Amber, convencida de que no tenía escapatoria, hizo todo lo que pudo para controlar la situación. Le preparaba ella misma las bebidas y se comportaba de un modo provocativo con el objetivo de que los abusos sexuales pasaran cuanto antes. Saber cuándo iban a ocurrir la ayudaba a estudiar y a dormir por las noches en lugar de estar preocupada de cuándo entraría él en su habitación. Básicamente, lo que hacía era organizar y aislar el terror que sentía de tal manera que no interfiriera con el resto de su vida. Volvió a sacar mejores notas y para la gente de su entorno parecía que era otra vez la misma de siempre. A pesar de que aquella conducta probablemente duplicó la frecuencia de los abusos, el control que había obtenido sobre la situación le permitía gestionar su ansiedad hasta el punto de minimizar los efectos que el abuso provocaba en su vida diaria. Por desgracia, esto mismo daría pie más tarde a una nueva serie de problemas relacionados con un sentimiento de haber sido cómplice de los actos de él, pero que, entonces, le ayudaba a hacer frente al trauma.

En los momentos en los que verdaderamente la violaba o la sodomizaba, Amber se disociaba refugiándose en su mundo de fantasía en el que ella era la peste negra o un cuervo. Allí era perseguida por criaturas diabólicas y demonios, pero siempre triunfaba sobre ellos, como en un videojuego de rol. Era una fantasía muy elaborada, llena de detalles. Llegaba a abarcar tanto que, de hecho, dejaba de sentir literalmente lo que en realidad pasaba con su cuerpo. Logró encapsular el trauma de una manera que le permitía operar y hacerle frente aunque, desde luego, seguía sufriendo los efectos cuando se veía expuesta a las señales que le hacían recordar lo que había pasado, como el olor de Duane o el aroma de algunas de las bebidas que él prefería. Esta clase de señales le provocaban una respuesta disociativa que estaba fuera de su control. Cuando esto ocurría, se retiraba a su mundo «seguro» y no respondía a los estímulos procedentes del exterior. La reacción más extrema había sido la que le había llevado al hospital el día después de que él llamara por teléfono.

Los abusos habían continuado durante varios años, hasta que Jill encontró a Duane en la cama con su hija cuando esta debía de tener unos nueve años, y lo echó de casa de inmediato. No culpó a Amber, una respuesta que tristemente repiten muchas madres en situaciones como esta, pero, salvo llamar a la policía, tampoco buscó ninguna clase de ayuda para la niña. Por desgracia, el fiscal del distrito no prosiguió el caso una vez que el criminal se mudó a otro estado, y Jill tenía que hacer frente a sus propios problemas: era una madre soltera con escasa preparación que debía luchar para sacar a las dos adelante. Amber y ella se trasladaron en numerosas ocasiones de un estado a otro en busca de mejores oportunidades laborales. Finalmente, Jill pudo volver a estudiar y consiguió un trabajo mejor pagado, pero la inestabilidad y los abusos habían hecho mucho daño a su hija.

Amber continuaba lidiando ella sola con sus problemas; sacaba notas decentes, aunque no espectaculares. Su inteligencia sin duda le habría permitido hacerlo mucho mejor, pero, en parte seguramente por lo que le había pasado, se mantuvo como estudiante de segunda, sin rendir como debiera. No era la chica más popular de la clase, pero tampoco la menos popular. Se juntaba con un grupo de adolescentes que estaban a medio camino en el espectro social. Eran «góticos»; vestían de negro, pero exhibían una conducta que no resultaba especialmente extrema. Por ejemplo, no bebían ni tomaban drogas, pero su interés por el misticismo y las culturas alternativas les llevaba a ser tolerantes con los que sí lo hacían. De hecho, un estudio reciente ha demostrado que la cultura juvenil gótica tiende a atraer a adolescentes que, como Amber, cuentan con historias de autolesiones. Resulta interesante el hecho de que convertirse en gótico no suponía un aumento de los daños autoinfligidos: estos chicos y chicas eran en realidad más propensos a cortarse o a hacerse daño antes de haber encontrado una comunidad que aceptara sus intereses «oscuros».

En el colegio, Amber descubrió que pellizcarse o rascarse con fuerza el brazo mitigaba parte de su ansiedad. Y más tarde, en privado, descubrió que hacerse cortes en la piel podía producir un estado disociativo que la ayudaba a escapar de lo que para ella era un incremento intolerable del estrés. «Es como si mi piel fuese mágica», me explicó mientras me describía cómo cortarse con un cuchillo o una cuchilla le causaba un sentimiento de alivio increíble y le daba acceso a su lugar «seguro». Muchos adolescentes, por supuesto, encuentran vías de escape parecidas a través de las drogas.

A pesar de que el consumo juvenil de drogas a menudo no se considera más que simple hedonismo o rebeldía, lo cierto es que los adolescentes que presentan un mayor riesgo de problemas duraderos con las drogas son aquellos cuyos sistemas de respuesta al estrés han sufrido un golpe temprano y persistente, como había sido el caso de Amber. Investigaciones llevadas a cabo en adictos y alcohólicos han revelado un drástico aumento del número de acontecimientos traumáticos en las primeras etapas de la vida, comparados con aquellos que no sufren adicciones. Las historias más graves de adicción —sobre todo entre las mujeres— están repletas de episodios de abuso sexual infantil, pérdida de algún progenitor o ambos por divorcio o muerte, exposición a violencia extrema, malos tratos físicos, desatención y otros traumas. Los escáneres cerebrales de aquellos que han experimentado traumas a menudo revelan anomalías en áreas que también muestran cambios durante la adicción. Es posible que esta clase de cambios aumenten su vulnerabilidad para volverse adictos.

Aunque las autolesiones suelen considerarse un acto de rebeldía o de llamada de atención, en la mayoría de los casos probablemente se entienden mejor como un intento de automedicación. Los cortes liberan opioides, y esto hace que sean vistos como algo muy atractivo, sobre todo para aquellos que previamente han sufrido traumas y encontraron alivio en la disociación. A pesar de que cualquier persona que se corte experimentará los efectos de los opioides, es mucho más probable que aquellos que presenten una respuesta disociativa sensibilizada y sientan un dolor emocional les resulte una experiencia más placentera y atractiva. Lo mismo le sucede a las personas que consumen drogas como heroína u OxyContin.

En contra de la creencia popular, la mayoría de la gente que prueba estas drogas no las encuentra inmensamente maravillosas. De hecho, a muchos no les agrada la sensación de entumecimiento que producen. Sin embargo, es más probable que muchos de los que sufren los efectos secundarios de vivencias traumáticas y estresantes graves encuentren estas sustancias calmantes y reconfortantes en lugar de amortiguadoras.

Curiosamente, drogas estimulantes como la cocaína y las anfetaminas reproducen la otra reacción natural común al trauma: la respuesta de hiperexcitación. Ambas drogas incrementan la liberación de los neurotransmisores de dopamina y noradrenalina (también llamada norepinefrina). Durante una respuesta de hiperexcitación, estos dos mensajeros químicos del cerebro se disparan.

Así como la experiencia disociativa guarda similitudes desde el punto de vista psicológico y fisiológico con el «estar colocado» de los opioides, el incentivo de los estimulantes es comparable psicológica y fisiológicamente con el estado de hiperexcitación. En ambas situaciones, la persona experimenta una frecuencia cardiaca elevada, una intensificación de los sentidos y se siente fuerte y lleno de posibilidades. Este sentimiento es necesario para alimentar la pelea o la huida, pero también explica por qué los estimulantes aumentan la paranoia y la agresión. Los cambios encefálicos relacionados con la respuesta de hiperexcitación pueden hacer que algunas víctimas de traumas sean más propensas a la adicción a los estimulantes, mientras que los que sufren cambios relacionados con la disociación pueden preferir opioides como la heroína.

A medida que mis compañeros médicos y yo empezamos a reconocer el modo en que el trauma afecta al cerebro y al cuerpo, comenzamos a buscar métodos farmacológicos para tratar algunos de los síntomas. Confiábamos en que esto ayudaría a prevenir el desarrollo futuro de problemas potenciales como la drogadicción o los daños autoinfligidos en los niños que fuéramos capaces de tratar a una edad temprana. Sabíamos, por ejemplo, que los fármacos que bloquean los receptores opioides, como la naloxona y la naltrexona, razonablemente podrían utilizarse para mitigar una disociación sensibilizada. Ya hemos estudiado la clonidina como una manera de reducir la hiperexcitación. Aunque Mamá P. había temido, no sin cierta razón, que «drogáramos» a los niños que ella cuidaba si usábamos medicamentos —o que terminaríamos decidiendo que lo único que se necesitaban eran fármacos y nos olvidáramos del amor y del afecto—, descubrimos que una medicación adecuada puede ser útil si se utiliza en el contexto correcto.

Uno de los primeros pacientes en los que probamos la naltrexona fue un chico de dieciséis años llamado Ted. Al igual que Amber, lo que nos había llamado la atención habían sido sus síntomas físicos, no sus problemas psicológicos. Ted sufría lo que parecían episodios impredecibles de desmayo; a veces, en el colegio, perdía el conocimiento. Como en el caso de Amber, las pruebas médicas no habían revelado un trastorno cardiaco discernible, y tampoco presentaba problemas neurológicos diagnosticables capaces de provocar aquellos síntomas, como epilepsia o un tumor cerebral. Los doctores que habían descartado estos problemas se rasgaron las vestiduras y decidieron que Ted inducía los estados de inconsciencia en una especie de gesto estrambótico de llamada de atención adolescente, y llamaron a psiquiatría.

Ted era alto, muy delgado y guapo, pero actuaba como si estuviera deprimido: andaba encorvado y se movía con torpeza, como si quisiera desaparecer. No obstante, no cumplía con los criterios de depresión. No mostraba infelicidad, falta de energía, pensamientos suicidas, dificultades sociales, problemas de sueño ni ninguno de los otros síntomas clásicos de este trastorno. Su único problema aparente era que de repente se desmayaba, y esto ocurría unas dos veces por semana.

Cuando empecé a tratarle, sin embargo, descubrí que la historia no acababa ahí.

—A veces me siento como un robot —me dijo, y me explicó que se sentía ajeno a los aspectos emocionales de su vida, casi como si estuviera viendo una película o repitiendo rutinas sin experimentar del todo lo que sucedía a su alrededor. Se sentía desconectado, distante, entumecido, etc.: descripciones clásicas de la disociación. A medida que fui conociéndolo, empecé a descubrir qué era lo que le había llevado a protegerse del mundo.

Antes incluso de la escuela primaria, Ted había presenciado continuamente situaciones de violencia doméstica. Su padrastro pegaba con frecuencia a su madre, y no se trataba de bofetones o empujones ocasionales, sino de palizas en toda regla que la dejaban magullada, llena de cicatrices y muerta de miedo, en completa sumisión. En más de una ocasión tuvieron que hospitalizarla. Al hacerse mayor, comenzó a intentar proteger a su madre y descubrió que podía redirigir la ira de aquel hombre de su madre a él. En sus propias palabras: «Prefería llevarme una paliza que ver cómo se la llevaba mi madre». Aunque no fue algo inmediato, cuando la madre de Ted vio los daños que sufría su hijo, decidió poner fin a la relación de una vez por todas.

Por aquel entonces, Ted tenía diez años. Las amenazas o los incidentes de violencia grave ocurridos casi a diario habían sido una constante a lo largo de toda su vida. Se convirtió en una persona socialmente retraída y aislada. Sus profesores le llamaban «soñador» y señalaban que muchas veces parecía estar «a miles de kilómetros» en lugar de prestando atención en clase. En cualquier caso, participaba lo suficiente como para obtener unas notas normales, aunque no espectaculares. Parecía haber encontrado la manera de desaparecer en un segundo plano, más que Amber incluso; se daba cuenta de que si sacaba unas notas que fueran demasiado bajas o altas, llamaría la atención. Le daba lo mismo que la atención generada por unas buenas notas fuera positiva, puesto que cualquier clase de atención le resultaba, no solo estresante, sino incluso amenazadora. Ted parecía haberse convencido de que la mejor forma de evitar cualquier posibilidad de abuso era siendo invisible, desapareciendo en la inmensa área indiferenciada de grises intermedios. De modo que eso es precisamente lo que hizo, esto es, hasta que empezó a sufrir desmayos en el instituto.

Propuse que probáramos la naltrexona para ver si así lográbamos detener los episodios de desmayo. Tal y como se ha mencionado antes, cuando las personas sufren un estrés traumático extremo, sus cerebros se «sensibilizan» ante futuros estresantes, de manera que cada vez es necesaria una menor cantidad de estrés para poner en marcha el mecanismo de respuesta al estrés y provocar una respuesta completa. Como parte de este mecanismo, sobre todo en casos severos en los que el estrés parece ineludible, el cerebro libera opioides. Al emplear un inhibidor opiáceo duradero, confiaba en evitar que aquellos opioides tuvieran efecto cuando su sistema de respuesta al estrés sensibilizado los liberara, y así poner fin a los desmayos.

Ted estuvo de acuerdo en probarlo y en seguir acudiendo a terapia conmigo.

Tomó la medicación durante cuatro semanas, y en todo este tiempo no se produjo ningún nuevo episodio de desmayo. Sin embargo, como el fármaco bloqueaba la reacción opioide que le permitía disociar, se volvió muy ansioso a la hora de hacer frente a experiencias nuevas o estresantes. Este es un problema habitual con muchos medicamentos en el campo de la psiquiatría, y también en el de medicina general. Un fármaco puede resultar excelente para eliminar un síntoma en particular, pero no trata a la persona entera ni lidia con el problema en toda su complejidad, por lo que puede agravar otros síntomas. De hecho, nos encontramos con que tanto padres como profesores a menudo pensaban que la naltrexona «hacía que los niños empeoraran» porque en vez de «desconectarse» como respuesta al estrés percibido, muchos niños comenzaron a presentar síntomas de hiperexcitación. A los adultos, estas reacciones de «lucha o huida» les parecían mucho más perturbadoras porque los niños se mostraban más activos, más desafiantes y, en ocasiones, incluso más agresivos. Podíamos recetarles clonidina para minimizar su estado hiperexcitado pero, si no los ayudábamos a adquirir capacidades de enfrentamiento alternativas, los medicamentos por sí solos no poseían efectos duraderos. En última instancia decidimos que, aunque en algunos casos la naltrexona podía ser útil, debía usarse con gran cuidado.

Los problemas de Ted iban mucho más allá de los desmayos ocasionales. Presentaba un trastorno disociativo que había afectado profundamente a su capacidad de hacer frente a retos físicos y emocionales. Para poder ayudar a aquel jovencito y no limitarme a «resolver» el problema médico que le había llevado hasta nosotros, necesitábamos ayudarlo a aprender a lidiar con el estrés. Gracias a la naltrexona, su cerebro había dejado de responder automáticamente a tensiones leves apagando el sistema entero, pero ahora teníamos que ayudar a su mente a manejar el estrés vital de una forma más productiva, cómoda y saludable.

Igual que sucedía con Amber, lo que había conducido a Ted a sus problemas no había sido únicamente su sistema sensibilizado de respuesta al estrés, también se interponían en su camino las asociaciones que había creado a raíz de los abusos sufridos. Cuando Ted y yo empezamos a trabajar, fui entendiendo que sus desmayos estaban habitualmente provocados por interacciones con otros hombres y por manifestaciones de masculinidad (señales que le recordaban a su abusador, que había sido un militar muy masculino). Los propios desmayos habían comenzado al entrar en la adolescencia tardía, una situación que lo expuso a hombres maduros con más frecuencia que nunca. No solo estaba en contacto con profesores y entrenadores masculinos, sino que tanto él mismo como el resto de sus compañeros empezaban a mostrar signos de hombría. De niño había sido capaz de evitar muchos de estos detonantes, pero ahora estaban por todas partes.

Para poder enseñarle cómo responder a estas señales sin sobreactuar ni llevar a cabo una respuesta disociativa una vez dejó de tomar la naltrexona, necesité que las experimentara en un contexto seguro. Decidí darle un inhibidor opioide de menor duración, naloxona, al comienzo de sus sesiones terapéuticas conmigo para exponerle a señales relacionadas con hombres masculinos y así ayudarlo a enfrentarse a ellas para que dejaran de tener una fuerza estresante tan poderosa. El efecto de la naloxona terminaba al final de la sesión, de modo que si más tarde reconocía señales masculinas que le hacían sentirse extremadamente amenazado, podía poner en marcha una respuesta disociativa.

Para maximizar el efecto, debía actuar de un modo más estereotipadamente masculino y macho de lo que solía hacer (algo que se me daba muchísimo mejor cuando era más joven y estaba en buena forma). Los días que tenía terapia con Ted, me metía la camisa por dentro de los pantalones para enfatizar las características masculinas de mi cintura y me remangaba las mangas para dejar al descubierto los músculos del antebrazo. Puede parecer tonto (y reconozco que a veces me sentía así), pero a Ted le permitía desarrollar una relación saludable con un hombre y acostumbrarse a esta clase de señales. Siempre que empezaba a experimentar sensaciones y recuerdos relacionados con el abuso, podía calmarle y le aseguraba que estaba a salvo, y él mismo podía darse cuenta de que era capaz de manejar la situación sin tener que cerrarse en banda.

Ted era muy inteligente, así que le expliqué la lógica que había detrás de su tratamiento. Pronto se le ocurrieron sus propias ideas para impulsar el proceso. Le asignaron el registro de estadísticas del equipo de baloncesto escolar, lo que le permitía estar alrededor de hombres jóvenes en situaciones en las que podía sentirse seguro y cómodo, y así desarrollar nuevas asociaciones para sustituir aquellas que previamente le habían provocado los síntomas. Nunca volvió a desmayarse y, aunque continuó tratando de «quedar relegado a un segundo plano», mejoró mucho a la hora de experimentar la vida de pleno.

Amber también progresaba. Tras su visita a la sala de urgencias, nos vimos una vez a la semana durante los meses siguientes. Como no sufría episodios de desmayos regulares y mostraba cierto grado de control sobre sus síntomas disociativos, opté por no usar naloxona ni naltrexona. Yo esperaba nuestras sesiones con gran interés. Su inteligencia, creatividad y sentido del humor le permitían articular su historia de forma que me permitía reconocer lo que otros niños no eran capaces de explicar con claridad. Pero, al mismo tiempo, por dentro se mostraba frágil, muy sensible, oscura y fatigada. Permanecer alerta y «en guardia» supone una gran cantidad de energía; es agotador contemplar el mundo entero como una posible amenaza. Además, no temía únicamente los peligros físicos. Solía tergiversar los comentarios positivos de los demás en otros más neutrales, las interacciones neutrales en intercambios negativos y las señales negativas en ataques personales catastróficos.

—Me odian —decía habitualmente. Solía percibir desaires que en realidad no eran tales, lo que hacía que las relaciones que sí tenía fueran difíciles y eliminaba muchas otras antes incluso de que despegaran. Como resultado, dedicábamos buena parte del tiempo que pasábamos juntos a intentar que ella viera estas interacciones con la misma claridad con la que interpretaba tantas otras cosas en su vida. Esta parte de nuestro trabajo era, básicamente, terapia cognitiva, que es uno de los tratamientos más efectivos para la depresión. Los abusos que Amber había sufrido le habían provocado varios síntomas depresivos, uno de los cuales era el autodesprecio. A menudo, las personas como Amber creen que los demás pueden «sentir» que son indignos y «malos», y que por tanto se merecen que les hagan daño y les rechacen. Proyectan su autodesprecio en el mundo y se vuelven sensibles —de hecho, hipersensibles— a cualquier señal de rechazo.

La clave para la recuperación es, por consiguiente, lograr que el paciente comprenda que sus percepciones no son necesariamente una realidad, que es posible que el mundo no sea un lugar tan oscuro como parece. El trabajo con Amber se desarrolló de un modo lento. Quería ayudarle a entender que no todo el mundo estaba deseando hacerle daño, que había personas —profesores, compañeros, vecinos— que podían ser amables, comprensivos y positivos. Sin embargo, frecuentemente se distanciaba de ellos para protegerse del dolor y el terror que Duane le había causado en el pasado.

Un día, al entrar por la puerta de mi despacho, me preguntó:

—¿Sabías que los cuervos son las aves más inteligentes?

Me miró a los ojos casi como si quisiera desafiarme. Se dejó caer en la silla y colocó los pies encima de una mesita baja.

—No, lo cierto es que no lo sabía. ¿Por qué lo dices?

Cerré la puerta del despacho y me senté en mi silla de trabajo. Después la giré hasta que estuvimos frente a frente.

—*Corvus Corax* —ofreció el nombre latino de la especie conocida comúnmente como cuervo.

—¿Sabes latín?

—No. Es el nombre oficial del cuervo.

—Te gustan los cuervos.

—Yo soy un cuervo.

—Pues pareces una chica.

—Muy gracioso. Ya sabes lo que quiero decir.

—En parte.

Se quedó callada, y le propuse:

—¿Quieres que hablemos de animales? Vamos a hablar del mundo animal.

—Vale.

—Muchos animales tienen maneras de mandar señales a otros animales, tanto a los de su propia especie como a sus depredadores.

Amber se fue hundiendo cada vez más en la silla a medida que yo hablaba. Estaba muy callada y me di cuenta de que estaba a punto de empezar a ignorarme.

—Hay veces en las que estas señales dicen: «Déjame en paz o te lastimaré» —continué—. Un oso se alza sobre las patas traseras y gruñe; el perro ladra y enseña los dientes, la serpiente de cascabel repiquetea.

Hice una pausa y dejé que el silencio llenara la habitación. Trataba de hacerle entender las señales tan poderosas de «dejadme en paz» que ella solía enviar. Sabía que muchas veces era ella misma la que creaba la profecía autocumplida de «no le gusto a la gente». Emitía señales negativas que, claro, obtenían respuestas negativas, y estas a su vez reafirmaban su percepción de que el mundo estaba lleno de personas que la despreciaban. Pestañeó y se quedó mirándome. Todavía no se había desconectado.

—¿Qué es lo que hace un cuervo? —pregunté. Esbozó una pequeña sonrisa.

—El cuervo hace esto.

Se irguió en la silla, se echó hacia delante y se subió la manga larga de la camisa. Yo esperaba ver cortes recientes, pero lo único que había era un tatuaje nuevo que se había hecho solo con tinta negra. Era un cuervo quieto con las alas extendidas. Sostuvo el brazo para dejarme estudiarlo con detenimiento.

—Bonita tinta. ¿Quién lo ha hecho?

Al menos Amber ya era consciente de que sus ropas oscuras, los *piercings* y el nuevo tatuaje enviaban señales.

—Bubba. Trabaja en Montrose.

Volvió a bajar la manga.

—Así que ahora te gustan los tatuajes. ¿Producen el mismo efecto que el cortarse?

—En realidad, no. No me dolió tanto como pensaba.

—¿Sigues cortándote?

—No. Estoy intentando hacer los ejercicios de relajación. A veces funcionan.

Le había enseñado una forma de autohipnosis que podía usar en situaciones en las que sintiera la necesidad de cortarse. La hipnosis ayuda a las personas a acceder a su propia capacidad disociativa de un modo controlado. Quería que Amber asumiera un control saludable a la hora de cuándo y hasta qué punto emplear esta poderosa respuesta adaptativa.

Le había enseñado una técnica inductiva que implicaba centrarse en la respiración. Una vez se hubiera concentrado simplemente en cada respiración durante un instante, debía hacer una serie de respiraciones profundas y controladas mientras las contaba hacia atrás, de la décima a la primera. Con cada inhalación tenía que imaginarse que bajaba unas escaleras, peldaño a peldaño. Al final de las escaleras había una puerta y, al abrirla, habría llegado a su lugar «seguro», donde nadie podía hacerle daño y donde ella poseía el control absoluto. Después de aprender a usar esta técnica, trabajamos para que, en lugar de cortarse, aprendiera a usarla siempre que sintiera angustia o un agobio abrumadores.

Poco a poco se abría y luego volvía a cerrarse. Hablaba un rato sobre el dolor y la vergüenza que sentía y, cuando le resultaba demasiado doloroso, una vez más se encerraba en sí misma. Yo no la presionaba. Sabía que sus defensas estaban ahí por alguna razón y que hablaría más cuando se sintiera preparada. Se tatuaba una y otra vez, y casi siempre eran tatuajes pequeños y totalmente negros: una rosa negra, un nudo gaélico negro, otro cuervo pequeño... Seguía vistiendo completamente de negro.

Durante una visita un poco más adelante hablamos de cómo las personas están diseñadas para leer y responder a los demás, y de las señales que enviamos.

—¿Sabías que el cerebro humano tiene sistemas nerviosos que están diseñados para leer y responder a las señales sociales de los demás? —dije, sosteniendo una revista de neurociencia que había estado leyendo. Una vez más, intentaba que reconociera las señales negativas que enviaba a los demás, y también que ella misma podía estar malinterpretando las señales sociales de los otros.

—¿Estás diciendo que mis neuronas de las señales sociales están jodidas?

Había pasado completamente por encima de lo que trataba de decirle; su propia respuesta ilustraba precisamente el problema que yo intentaba hacerle ver. Necesitaba retroceder un poco.

—¡Uf! ¿De dónde ha salido eso?

—Eso es lo que piensas. Ya lo sé.

—¿Así que ahora tus poderes se extienden a leer la mente? ¿Puedes leer la mente de todo el mundo o solo la mía?

No le vio la gracia a este comentario, así que decidí que lo más seguro era seguir avanzando para acercarme a ella a un nivel cognitivo en vez de emocional.

—Cuando estas neuronas especiales se disparan en el cerebro, son casi un reflejo de otras neuronas parecidas que se disparan en el cerebro de la persona con la que estás interactuando. De hecho, se llaman neuronas espejo y forman parte de los sistemas que tiene nuestro cerebro para ayudarnos a conectar y a comunicarnos con los demás. Es bastante guay, ¿verdad?

Amber escuchaba, y yo esperaba que estuviera procesando parte de aquello, que quizá se detuviera a pensar en lo que podía significar para ella. Proseguí:

—Cuando una madre coge en brazos a su bebé recién nacido y le sonríe y le arrulla, todas las señales sensoriales primarias (el estímulo visual de la sonrisa de la madre, el estímulo auditivo del arrullo, las señales olfativas del olor de la madre y la información táctil de la calidez y la presión del tacto materno) se convierten en patrones de actividad neuronal que suben hasta el cerebro del bebé y estimulan las mismas partes cerebrales que la madre emplea para sonreír, arrullar, acunar y todo lo demás. El cerebro del bebé se va moldeando a través de la estimulación repetitiva y pautada que se produce al interaccionar con su madre.

En ese momento me escuchaba con mucha atención. Podía ver que estaba completamente concentrada en mis palabras.

—¿No es asombroso? Me encanta el cerebro.

Dejé la revista sobre la mesa y la miré en busca de alguna respuesta.

—Eres un tío raro —dijo sonriendo, pero yo estaba seguro de que se había dado cuenta de que había interpretado mal mi comentario, de que yo nunca había dicho ni insinuado que su cerebro estuviera «jodido». Empezaba a ser consciente de que su percepción podía ser distinta de la realidad y de que su manera de reaccionar ante los demás podía estar basada en una visión sesgada del mundo.

Con el tiempo, Amber fue mejorando. Su frecuencia cardiaca en reposo era de unos sesenta latidos por minuto y dejó de bajar en picado a menudo. No volvió a tener ningún periodo de inconsciencia. Todos los informes del colegio y de su casa sugerían que las cosas le iban bien. En nuestras sesiones empezó a mostrarse más animada. Solía hablar de un grupito de amigos que tenía; todos estaban algo marginados, pero en general era un grupo saludable.

Hasta que un día llegó al despacho, se recostó en la silla y anunció:

—Nos mudamos otra vez. —Intentó aparentar despreocupación.

—¿Cuándo te has enterado?

—Ayer. Mi madre ha conseguido un trabajo mejor en Austin, así que nos vamos para allá.

Se quedó con la mirada perdida mientras los ojos se le llenaban de lágrimas.

—¿Y sabes cuándo os marcháis?

—En unas semanas. Empieza a trabajar el día 1.

—Bueno, pues vamos a hablar sobre esto.

—¿Por qué?

—Porque supongo que no te hace sentir muy bien.

—¿Quién está leyendo la mente ahora? No sabes cómo me siento.

—Hum. Creo recordar haber dicho que *supongo.* Supongo que tener que mudarte no debe de hacerte sentir muy bien. ¿Me equivoco al suponerlo?

Dejó de estar sentada sobre las piernas, las subió y agachó la cabeza para que no la viera llorar. Cayó una lágrima en los pantalones negros. Me eché hacia delante y le ofrecí un pañuelo de papel, que aceptó enseguida.

—Odio todo esto —dijo con voz queda. Dejé que el silencio se apoderara de la sala. Acerqué mi silla a la de ella, le pasé una mano por el hombro y la dejé allí unos instantes. Permanecimos sentados.

—¿Cuál es la parte que más odias?

—Todo. Nuevo colegio, nuevos chavales, la nueva friki de la ciudad. Odio tener que empezar de cero todo el tiempo.

—No debe de ser fácil.

No quería invalidar sus sentimientos intentando buscar la parte positiva. Sabía que ya habría tiempo después para hablar de los posibles aspectos positivos de un nuevo comienzo. Me limité a dejar que sacara fuera toda la frustración y la tristeza que sentía. Yo simplemente escuchaba.

La semana siguiente, al entrar, dijo:

—Estoy deseando irme de esta ciudad.

Ya había pasado al modo «¿a quién le importa?». Es más fácil dejar atrás personas y sitios si no te importan.

—¿Entonces supongo que las lágrimas del otro día eran…?

Me miró con cara de enfado. Le mantuve la mirada y dejé que leyera la expresión de mi rostro, que le decía que estaba triste y preocupado por ella, y su enfado desapareció. Empezamos la dura tarea de ayudarla con su transición.

Durante aquellas últimas semanas, trabajó en la idea de cómo presentarse ante el nuevo colegio. ¿Estaba preparada para «volver a empezar»? ¿Necesitaba proyectar siempre su enfado y su oscuridad? ¿Tenía que vestir siempre de negro? Comenzaba a darse cuenta de que a lo mejor podía suavizarse un poco, abrirse más y mostrarse más dispuesta a establecer nuevas relaciones. Parecía que todas nuestras charlas sobre el mundo animal y el funcionamiento del cerebro habían calado en la comprensión que tenía de sí misma.

—No consigo decidir qué hacer. No sé si debería tratar de empezar otra vez y ser yo misma o protegerme. No sé qué hacer. No sé cómo ser.

—Cuando llegue la hora, tomarás la decisión correcta.

—¿Qué quieres decir?

—Si la decisión la tomas *tú*, será la correcta, pero no dejes que nadie la tome por ti. Ni tu madre, ni tus amigos ni yo… —Hice una pausa y atraje su atención—:… el fantasma de Duane tomó la decisión por ti.

—¿Qué tiene que ver Duane en todo esto?

—Creo que tu oscuridad no es realmente tuya, que lo que te funcionó cuando abusaron de ti (la manera de desconectarte, las fantasías, la oscuridad que proyectabas en el mundo)…, todo eso te lo provocó Duane.

—No. Ese mundo lo hice yo.

—¿Te acuerdas de cuando me contaste que la primera vez que huiste a ese mundo querías ser un pájaro cantor, un petirrojo o un azulejo, pero que no funcionó?

—Sí.

—Esa fue tu primera opción, las aves cantoras de colores bonitos. Puede que no funcionaran porque eran demasiado vulnerables y tú necesitabas algo más poderoso y más oscuro para protegerte.

—Sí.

—A lo mejor ya no es lo que necesitas. Quizá ahora puedes dejar que los pájaros canten.

—No lo sé.

—Yo tampoco. Pero lo sabrás cuando llegue el momento, y cuando eso pase, tomarás buenas decisiones.

Antes de que se mudaran, intenté animarla a ella y a su madre a que encontraran un nuevo terapeuta en Austin. Entregué a Jill un listado de nombres y le aseguré que a menudo trabajaba con colegas médicos a distancia. Le dije que seguiría estando disponible por teléfono y para llevar a cabo consultas ocasionales y así poder hacer un seguimiento de los progresos de Amber. No obstante, lo ideal sería que encontrara un terapeuta principal en Austin con quien su hija pudiera continuar el trabajo que habíamos empezado. A Amber esta idea no le gustaba nada.

—No necesito ningún loquero. No estoy loca.

—¿Te he tratado yo como si lo fueses?

—No.

Se quedó callada. Sabía que su argumento era ridículo.

—Mira, depende de ti. Mi opinión es que te ayudaría tomarte un tiempo para encontrar a la persona adecuada. Vete a ver a estas personas y decide si te sientes cómoda hablando con alguna.

—Vale —contestó. Me miró sabiendo que yo sabía que en realidad no pensaba intentarlo.

—Bueno, al menos asegúrate de que, tomes la decisión que tomes, sea de verdad tuya.

Extendí la mano para cerrar el trato y nos dimos un apretón de manos.

—Cuenta con ello, doctor.

Volví a tener noticias de la madre de Amber varias veces después de que se marcharan. Llevó a su hija al primer terapeuta de la lista de médicos de referencia que le había dado, pero a Amber no le gustó la mujer. No habían vuelto a intentarlo. A menudo sucede que, cuando los padres ven que las cosas parecen ir bien, se dejan desmotivar por el precio y los inconvenientes de la terapia. Como Amber «estaba fenomenal», su madre no la presionó cuando se resistió a encontrar un nuevo terapeuta.

Más de un año después de que se mudaran, entré en mi correo electrónico y vi un *email* de CuervoAzul232. En un principio pensé que sería *spam* y estuve a punto de eliminarlo. A continuación leí la frase en el asunto: «Tatuaje nuevo». Lo abrí:

> Querido doctor:
>
> Quería que fueras el primero en saberlo. Tengo un tatuaje nuevo; un ramo de flores naranjas, rojas, moradas y azules. Muy de chica. Sin tinta negra.
>
> Cuervo azul.
>
> Le contesté:
>
> Gracias por el correo, parece una buena elección. Buen trabajo.
>
> Una pregunta: ¿cuervo azul cielo?
>
> Dr. P.
>
> Ese mismo día, contestó:
>
> No. Cuervo azul marino.
>
> Pero por algo se empieza, ¿no?
>
> Sonreí al responder:
>
> Es un buen comienzo, Amber.

Cada cierto tiempo, recibo un *email* de Cuervo Azul. Ahora es una joven adulta. Fue a la universidad y se graduó a los cuatro años. Tiene sus más y sus menos, como todos, pero hasta donde yo sé es una joven cariñosa, eficiente y saludable. Actualmente trabaja con niños pequeños y quiere volver a estudiar, pero no se decide entre convertirse en trabajadora social, agente de policía o profesora. Sin embargo, sospecho que tomará la decisión correcta para ella, y sé que debido a todo por lo que ha tenido que pasar y por todo lo que ha aprendido sobre cómo los traumas pueden moldear la visión que un niño tiene del mundo, independientemente de la rama que escoja, los niños con los que trabaje serán muy afortunados de conocerla.

09

«Mamá miente. Mamá me hace daño. Por favor, llamad a la policía».

Uno de los riesgos de dirigir una clínica para niños maltratados y traumatizados es el éxito: si te creas la reputación de ser capaz de ayudar a estos jóvenes, inevitablemente serás incapaz de satisfacer la demanda de casos. No es fácil aumentar la cantidad de personal y seguir manteniendo los cuidados intensivos, individualizados y de alta calidad que los niños necesitan. Por este motivo, nuestro grupo de trabajo finalmente decidió maximizar sus capacidades para poder ofrecer los mejores cuidados al mayor número de niños a través de la investigación y la formación. Nuestros esfuerzos educacionales están dirigidos a todos los adultos que viven y trabajaban con niños maltratados, desde psiquiatras a responsables de formulación de políticas, pasando por agentes policiales y progenitores. En la actualidad, continuamos desarrollando un trabajo clínico con múltiples socios de servicios por todo el país, pero en 1998 gran parte de esta labor estaba concentrada en nuestra clínica de Houston. James, un niño de seis años, se convirtió en uno de estos pacientes aunque, en su caso, nuestro trabajo con él no consistió en terapia. Habían solicitado mi opinión experta sobre la situación compleja en la que se hallaba. James me enseñó muchas cosas sobre el coraje y la determinación, y me recordó lo importante que es escuchar y prestar atención a los propios niños.

Un juez refirió a James a nuestra clínica después de haber recibido muchas opiniones diferentes sobre la situación del niño. Confiaba en que nosotros pudiéramos clarificar qué era lo que realmente sucedía. Una organización de defensa legal infantil sospechaba que sus padres adoptivos estaban abusando de él. Numerosos terapeutas y los SPI, sin embargo, creían que era un niño tan problemático que su familia adoptiva necesitaba un descanso. Sus profesores habían informado acerca de moratones y arañazos que aparentemente no tenían explicación. Antes de que James cumpliera un año, lo había adoptado una pareja que más tarde adoptó a otros tres niños, además de tener un hijo biológico. James era el segundo de los cinco. Cuando lo conocimos, su hermano mayor tenía ocho años y el más pequeño era un bebé.

Según su madre, Merle,* James era incorregible e incontrolable. Se escapaba de casa a menudo, trataba de saltar de coches en marcha, había intentado suicidarse y mojaba la cama. Con seis años ya había sido hospitalizado en numerosas ocasiones, una de ellas tras saltar desde un balcón de un segundo piso. Mentía todo el tiempo, particularmente sobre sus padres, y parecía disfrutar desafiándolos. Le habían recetado antidepresivos y otros medicamentos para controlar sus problemas de atención e impulsividad. Había visitado a muchos terapeutas, psiquiatras, consejeros y trabajadores sociales. Su madre aseguraba que era tan difícil de manejar que ella misma llamaba a los Servicios de Protección Infantil haciéndose pasar por una vecina preocupada de que la madre del niño no fuera capaz de encargarse de él y de que no solo el niño estuviera en peligro, sino también sus hermanos. La gota que había colmado el vaso había sido una sobredosis de fármacos que le había llevado a una unidad de cuidados intensivos. Su vida corrió tal peligro que un helicóptero tuvo que trasladarlo al hospital para recibir un tratamiento de urgencia. Habían decidido que pasara un tiempo en un centro de tratamiento residencial para que su madre tuviera un «respiro». El juez tenía que dictaminar qué debía hacerse a continuación con el niño.

Los trabajadores de los SPI y diversos terapeutas creían que James sufría un trastorno reactivo del apego,[7] un diagnóstico que con frecuencia reciben los niños que han sufrido una desatención o un trauma tempranos. Es posible que Leon, que terminó matando a aquellas dos niñas, padeciera este trastorno: se caracteriza

[7] Por sus siglas en inglés: RAD, *reactive attachment disorder*. (*N. de la T.*)

por una falta de empatía e incapacidad para conectar con los demás, y a menudo aparece acompañado de conductas manipuladoras y antisociales.

Entre los síntomas del RAD se incluyen el «retraso del desarrollo» y el crecimiento raquítico que vimos en el caso de Laura. Este trastorno puede apreciarse frecuentemente en personas como la madre de Laura, que cambiaba de hogar de acogida cada seis meses y no le fue permitido desarrollar un apego duradero en las primeras etapas de la vida con uno o dos cuidadores principales. Los niños que han crecido en instituciones como los orfanatos también están en riesgo, igual que niños como Justin y Connor. Además de mostrarse indiferentes a la gente que conocen, muchos niños con RAD son indebidamente cariñosos con extraños; es como si todo el mundo les pareciera intercambiable porque no se les dio la oportunidad de establecer una conexión principal y permanente con un progenitor biológico o sustituto desde el nacimiento. En cualquier caso, estos comportamientos indebidamente afectuosos en realidad no son ningún intento de conectar con los demás, sino que precisamente se entienden más como comportamientos «sumisos» que envían una señal a los adultos poderosos y dominantes de que van a ser obedientes, dóciles y no supondrán amenaza alguna. Los niños que sufren RAD han aprendido que las conductas cariñosas pueden neutralizar a los adultos potencialmente peligrosos, pero no parecen establecer lazos emocionales duraderos con ellos.

Afortunadamente, el RAD no es común. Desafortunadamente, muchos progenitores y trabajadores de la salud mental se han adherido a ello para explicar un amplio abanico de malas conductas, especialmente en niños que han sido adoptados o que se encuentran en familias de acogida. Tratamientos como la terapia de «sujeción», que tan perjudicial habían sido para los niños de Gilmer (Texas), son vistos como «curas» para el RAD, y lo mismo sucede con otros tratamientos coercitivos y potencialmente abusivos que implican ataques emocionales y disciplina de mano dura. El terapeuta de James, por ejemplo, había recomendado a su madre que le encerrara con llave en un armario cada vez que se comportara de un modo salvaje.

La descripción que el terapeuta y la madre de James habían hecho de la conducta del niño parecía encajar con el diagnóstico, pero había algo decididamente extraño en el historial de James. Cuando estaba en el hospital o en el centro de tratamiento residencial, se portaba bien. No intentaba escapar ni amenazaba con suicidarse. En el colegio, su comportamiento era normal y corriente, salvo por alguna pequeña pelea con otros niños, pero nada que ver con el demonio sin control del que su madre se quejaba constantemente. Y había algo más: el comportamiento de sus padres adoptivos no era normal. Solían aparecer en la clínica cuando James venía a las sesiones (en aquel momento vivía en un centro de tratamiento residencial) a pesar de que se les había solicitado de manera explícita que no lo hicieran; en una ocasión, su padre vino con un regalo para él y estuvo horas esperando. Cuando un miembro de nuestro personal entrevistó a la madre, parecía completamente centrada en sí misma y en sus problemas; no cesó de repetir lo angustiada que se sentía por estar separada de él, pero en ningún momento se mostró preocupada por lo que él pudiera estar pasando.

James me gustó nada más conocerlo. Era algo pequeño para su edad y tenía el pelo rubio y rizado. Era muy simpático, se comportaba correctamente y reciprocaba el contacto visual y las sonrisas. De hecho, se reía y hacía bromas y parecía que estar conmigo le gustaba. Stephanie, la médica clínica principal de nuestro equipo interdisciplinar opinaba igual que yo. Después de cuatro sesiones, decidimos dejar de verlo porque nos pareció que teníamos suficiente información para nuestra evaluación.

En nuestra clínica, coordinamos y discutimos los cuidados de un paciente en reuniones de personal en las que todos los médicos que están involucrados en el caso de un niño en particular se juntan para aportar sus diversos puntos de vista sobre el caso. Analizamos a conciencia las interacciones de cada uno de nosotros con el paciente y las impresiones que estos puedan tener de nosotros. En el caso de James, Stephanie se mostró emocional; el niño le gustaba y le entristecía no seguir trabajando con él. Al ver sus lágrimas, mi perspectiva sobre el caso dio un giro.

En los niños con RAD, la falta de conexión y de apego es mutua, y la causante de esto es la neurobiología recíproca de las relaciones humanas: las neuronas espejo. Por eso resulta difícil trabajar con estos niños, porque su falta de interés en los demás y su incapacidad para empatizar les lleva a no gustar demasiado. Interactuar con ellos resulta vacío, poco estimulante. Stephanie no se habría mostrado así de afectada por tener que dejar de tratar a un niño con RAD; no habría habido una pérdida de contacto emocional que echar en falta. Los terapeutas son tan humanos como cualquier otra persona, y la falta de interacciones enriquecedoras con niños con RAD suele hacer que trabajar con ellos suponga una carga, no una alegría. Los enfados y la desesperación que su frialdad y su conducta desagradable pueden provocar es quizá el motivo por el que muchos padres se sienten atraídos por terapias severas y disciplinarias, y pueden explicar por qué los terapeutas tan a menudo confluyen en esta clase de técnicas perjudiciales. Sin embargo, James se había ganado el cariño de Stephanie y el mío y, al poner nuestras opiniones en común, supe que no podía estar realmente afectado por un trastorno reactivo del apego.

Comenzamos a mirar con mayor detenimiento sus informes y las diversas versiones que contenían. Por ejemplo, la sobredosis. Tras una simple investigación descubrimos que James se había escapado de casa un poco antes el mismo día y que los ayudantes del *sheriff* le habían llevado de vuelta con sus padres. Al cabo de una hora, según la propia Merle, el niño «había tomado una sobredosis» de antidepresivos. La madre llamó a la línea abierta de control de envenenamientos y los operadores le dijeron que llevara a su hijo al hospital de inmediato. Inexplicablemente, Merle no condujo hasta el hospital, sino que fue a un supermercado cercano y, lo que debería haber sido un trayecto de diez minutos desde su casa a aquella tienda, por algún motivo se convirtió en media hora. Después de aparcar, entró corriendo y gritando en la tienda, al parecer histérica porque su hijo estaba inconsciente. Alguien llamó al servicio de atención médica de urgencia y los paramédicos, al reconocer la gravedad de la situación, enseguida llamaron a un helicóptero de emergencias para que el niño llegara al hospital a tiempo.

Descubrimos entonces que el personal médico había sospechado de Merle casi cada vez que ella se había puesto en contacto con ellos. Mientras los trabajadores del servicio de urgencias luchaban frenéticamente para estabilizar a James en el supermercado, ella había permanecido tranquilamente sentada, bebiendo un refresco, y su histeria y preocupación por el niño habían desaparecido misteriosamente antes incluso de que su supervivencia estuviera asegurada. En el hospital, nada más comunicarle que su hijo había salido adelante, Merle dejó en *shock* al médico al pedirle que retirara el soporte vital a su hijo. Una enfermera de urgencias también había tenido la sospecha de que Merle hubiera alterado de alguna manera el equipo médico. En cuanto recobró la consciencia y su madre no estuvo presente, James dijo al personal del hospital: «Mamá miente. Mamá me hace daño. Por favor, llamad a la policía».

De pronto, el comportamiento de James cobró todo el sentido a nuestros ojos. Hasta ese momento, en su historia había habido numerosos aspectos que no «encajaban», que no tenían ningún sentido en el contexto de lo que conocíamos sobre la conducta infantil. Con el tiempo, el sentido que cada uno desarrolla para conjeturar cómo se comportarán algunos tipos de jóvenes ante ciertas circunstancias se vuelve algo intuitivo, y, cuando algo no «parece correcto», es una señal de que el caso requiere una mayor atención. Así es como había sabido, entre otras cosas, que Stephanie y yo no habríamos reaccionado como lo hicimos si James de verdad hubiera tenido RAD. Esta clase de «intuición formada» es en gran medida lo que distingue a los expertos de los aficionados en cualquier campo. No siempre sabemos a ciencia cierta qué es aquello que no encaja, pero nuestro cerebro de alguna manera reconoce que falta alguna de las piezas del rompecabezas y envía la señal de que algo parece estar torcido (este «presentimiento» en realidad es una activación a bajo nivel del sistema de respuesta al estrés, que está profundamente sintonizado con las combinaciones de señales entrantes que se encuentran fuera de nuestro contexto o nos resultan novedosas).

A mi entender, estaba claro que James había huido porque su madre le hacía daño, no porque se portara mal o estuviera desafiándola. Escaparse es algo poco habitual en los niños de su edad, incluso en aquellos que sufren abusos: hasta los niños pequeños que han sido víctimas de los peores malos tratos y negligencias suelen temer más los cambios y las situaciones extrañas que perder a los únicos padres que han conocido. Cuanto más joven es el niño, más importantes suelen ser las personas y las situaciones con las que está familiarizado. Muchos niños me han rogado que les dejara volver con padres peligrosos y violentos, pero James era diferente. Se comportaba como alguien que buscaba ayuda, no como alguien que tuviera dificultades a la hora de entablar relaciones y apegos.

Desde esta nueva perspectiva, entendí que el niño no había saltado desde un balcón de un segundo piso ni había tratado de saltar desde coches en marcha. Le habían empujado. James no había ingerido por voluntad propia una botella entera de antidepresivos: le habían forzado a tener aquella «sobredosis». No era ningún manipulador, ni tampoco «representaba un papel», lo único que pasaba era que estaba tratando de conseguir ayuda para él y para sus hermanos de la única forma que sabía. Y, a pesar de que lo menospreciaran, le ignoraran, no lo creyeran y hasta le castigaran por decir la verdad, no estaba dispuesto a darse por vencido.

Merle había estado a punto de lograr matar a James en dos ocasiones: su paseo en helicóptero después de la «sobredosis» no había sido su primera experiencia con el servicio de transporte de emergencia. También le habían llevado en helicóptero al hospital tras su «caída» desde el balcón de un segundo piso. Estaba previsto que James volviera a casa de su madre después del «respiro» y, lo que era peor aún, sus hermanos adoptados seguían en aquel hogar peligroso. Por norma general soy extremadamente cauto, pero en cuanto nos dimos cuenta de lo que había pasado, supe que los demás niños estaban en grave peligro. Me puse en contacto con las autoridades y pedí al juez que ordenara a los SPI que sacaran inmediatamente a los niños de allí y solicitara la revocación permanente de los derechos parentales.

El caso de James me sumergió de pleno en uno de los conflictos clave de la psiquiatría infantil: aunque el paciente es el niño, la mayoría de las decisiones relativas a sus cuidados y tratamiento no le corresponden a él, igual que tampoco suele ser quien proporciona la información inicial sobre el caso. Había sido Merle la que nos había informado de que su hijo estaba enfermo, pero lo cierto es que James solo estaba enfermo porque Merle le había llevado a estarlo. El caso de James se había catalogado como el de un niño «difícil» con «problemas de conducta», cuando en realidad era un niño ético, persistente y valiente atrapado en una situación imposible, en la que cualquier intento por su parte para obtener ayuda para él y para sus hermanos se convertía en una nueva evidencia de su «mal comportamiento».

Los que trabajamos con niños con problemas necesitamos estar en constante acecho de nuestras ideas preconcebidas sobre una situación cualquiera; lo que para algunos puede ser un «adolescente problemático» para otros es una «víctima de abusos sexuales», y la etiqueta que se le otorga a un niño frecuentemente determina el modo en que se le trata. Un niño considerado «malo» será tratado de una manera muy distinta a otro a quien hayan considerado «loco», y la conducta de ambos será vista bajo una luz muy diferente en función de si el médico los considera «víctimas» o «responsables». Es más, dependiendo del punto de vista de cada uno, un comportamiento exactamente igual puede encuadrarse como «huida» o «búsqueda de ayuda», de modo que esta perspectiva tendrá un profundo efecto en las futuras decisiones que tengan que ver con el niño.

Así como la gran mayoría de los padres solo quieren lo mejor para sus hijos, es cierto también que los niños con trastornos de alguna índole a menudo tienen a su vez padres con trastornos que pueden ser la causa directa de los problemas de sus hijos. Conseguir involucrar a los padres y mantener a los hijos en terapia supone un serio desafío, pero es imprescindible evitar apoyarlos en acciones ya iniciadas que los perjudiquen. Muchos niños dejan de seguir un tratamiento porque sus padres, o no están dispuestos, o no son capaces de modificar patrones de comportamiento nocivos, y los propios padres con frecuencia desconfían enseguida de cualquier tratamiento que no culpe al niño, y solo al niño, de todas las dificultades.

En el caso de James, Merle se dedicaba constantemente a «la compra de doctores», en busca de profesionales que reconocieran un «trastorno reactivo del apego», rechazando a los que cuestionaran demasiado su proceder o sus decisiones. Había sido capaz de presentar opiniones de terapeutas y trabajadores sociales que apoyaban su tesis ante las autoridades encargadas del bienestar infantil; por supuesto, dejaba de lado las opiniones de aquellos que no estaban de acuerdo con el diagnóstico.

No obstante, y para ser justos, he de señalar también que muchos padres sí tienen buenos motivos para evitar la estigmatización y las teorías en las que se culpa a los padres de los problemas mentales del hijo: hace relativamente poco tiempo, se creía que la esquizofrenia era provocada por «madres esquizofrénicas» y se culpaba del autismo a las «madres nevera» (madres que eran «frías» e insensibles). Ahora ya sabemos que la genética y la biología juegan un papel fundamental en la etiología de estas enfermedades, pero los malos tratos y los traumas también pueden causar síntomas similares. Como ya hemos visto, niños como Connor y Justin, cuyos problemas se debían únicamente al abuso y a la desatención, a menudo son identificados como autistas, esquizofrénicos o con daños cerebrales. Sus problemas, sin embargo, eran el resultado de un entorno perjudicial. La psiquiatría infantil se enfrenta al desafío continuo de distinguir entre enfermedades como la esquizofrenia y el autismo y los trastornos provocados por abusos y abandonos en las primeras etapas de la vida, y resulta todavía más complicado comprender y tener en cuenta cómo los traumas infantiles tempranos pueden expresar vulnerabilidades genéticas subyacentes. Por ejemplo, personas que verdaderamente sufren esquizofrenia tienen más probabilidades de tener una historia de abusos o traumas en la niñez; todas las enfermedades humanas complejas, incluso las que llevan aparejado un fuerte componente genético, pueden verse también afectadas por el medio ambiente. El reto de tratar a estos niños y de lidiar con sus padres se vuelve todavía más sobrecogedor en casos como los de James, en los que los padres se comportan de una forma deliberadamente falaz.

Merle acabó siendo diagnosticada con el síndrome de Münchhausen por poder. El trastorno de Münchhausen recibe su nombre del barón alemán del siglo XVIII, Karl Friedrich von Münchhausen, célebre por los relatos fantásticos de exuberancia exagerada que contaba. Los pacientes con el síndrome de Münchhausen, que generalmente suelen ser mujeres, se provocan enfermedades a sí mismos de forma deliberada para llamar la atención y obtener la simpatía de los demás. Van de doctor en doctor sometiéndose a exámenes y procedimientos invasivos y dolorosos. Pueden llegar a hacer cualquier cosa para simular síntomas convincentes, como, por ejemplo, infectar las vías intravenosas con heces para causar una infección. En el síndrome de Münchhausen por poder, el paciente trata de inducir enfermedades en otra persona, generalmente un niño, utilizando trucos parecidos con el fin de llamar la atención y conseguir amparo. No se conoce la causa de este trastorno, pero es evidente que está relacionado con problemas de dependencia. La gente como Merle tiene la necesidad patológica de ser necesitada, y sus identidades giran alrededor de ser consideradas personas que cuidan y ayudan. El hecho de tener un niño enfermo o herido les permite exhibir este aspecto de su personalidad; viven por y para las miradas de preocupación, los abrazos de apoyo y la atención médica que reciben cuando su hijo es hospitalizado. A menudo suelen emparejarse con personas que son extremadamente pasivas y que ven sus necesidades de cuidados y atención satisfechas al estar con alguien que posee tal deseo de control y de sentirse útil. El marido de Merle encajaba a la perfección en esta descripción.

Las personas con síndrome de Münchhausen por poder no soportan que los hijos maduren y que, por tanto, disminuyan sus necesidades y aumente la independencia. Con frecuencia «resuelven» este problema teniendo o adoptando a niños más pequeños y enfermos, aunque, en el caso de Merle, parecía que tenía la necesidad específica de que fuera James el que enfermara. La resistencia y las escapadas del niño, que no terminaban de ofrecerle la atención y el apoyo profesional que ella ansiaba obtener, se convirtieron en una amenaza cada vez mayor para ella. Teniendo en cuenta que una madre a quien se le muere un hijo pequeño es la gran merecedora de compasión por antonomasia, y como la conducta de James podía llegar a delatarla y hacerle perder la custodia de sus otros hijos, veía su vida cada vez más amenazada.

Las madres con síndrome de Münchhausen por poder son muy peligrosas, hasta el punto de que pueden llegar a matar a varios de sus hijos antes de que las descubran, solo porque la mera idea de que una madre mate a un niño resulta monstruosa. La compasión hacia los padres que han perdido a un hijo es algo tan natural y automático que las muertes no llegan a investigarse a conciencia. En muchos casos, matan a los niños durante la niñez y el fallecimiento se atribuye al síndrome de muerte súbita del lactante (SMSL). De hecho, el documento de investigación original afirmaba que el SMSL tenía un origen genético basado principalmente en el caso de una madre que aparentemente había perdido a cinco hijos de manera sucesiva a causa del SMSL. Resultó que la madre en realidad sufría el síndrome de Münchhausen por poder y había asfixiado a sus hijos hasta matarlos. Finalmente fue condenada por los asesinatos.

Uno de los primeros estudios del síndrome de Münchhausen por poder incluyó la videograbación encubierta de madres sospechosas de padecer la enfermedad. En total se grabó a treinta y nueve madres; algunas alteraban las máquinas que mantenían con vida a sus hijos, otras asfixiaban a sus bebés con almohadas y una metió con fuerza los dedos en la garganta de su hijo pequeño. Doce hermanos de estos niños aparentemente habían muerto de repente y, al enfrentarse a las grabaciones de vídeo, cuatro de las madres confesaron haber matado a ocho de los bebés.

Por desgracia, una creciente atención a este síndrome también ha conducido a la persecución errónea de mujeres cuyos hijos en realidad sí murieron a causa del SMSL. Debido a que es excepcionalmente raro que en una misma familia se produzcan muertes por SMSL y por síndrome de Münchhausen por poder, la escasez de datos disponibles hace que resulte muy complicado distinguir entre ambas causas mortales. El pediatra británico que originalmente dio nombre al síndrome, Roy Meadow, lo concibió sobre la base de lo que llegó a conocerse como la ley de Meadow relativa a la muerte de niños pequeños: «La muerte súbita de un niño es una tragedia, dos son sospechosas y tres son un asesinato hasta que se demuestre lo contrario». No obstante, recientemente perdió su licencia médica después de que los datos no apoyaran su testimonio experto en cuanto a los fundamentos de su «ley». Meadow ha terminado recuperando su licencia, a pesar de que se están revisando las condenas de numerosas mujeres que estuvieron basadas en esta «ley». Al menos tres de las condenas han sido anuladas.

El fiasco Meadow ha llevado a dudar incluso de la existencia del síndrome de Münchhausen por poder como una forma específica de maltrato infantil, pero hay casos claros, como el de Merle y los de aquellas madres que fueron grabadas lastimando deliberadamente a sus hijos con el fin de obtener apoyo y atención médica. En torno al 9 por ciento de los niños cuyas madres sufren este síndrome mueren a manos de ellas, y un porcentaje mucho mayor sufre heridas graves y se ve sometido a cientos de procedimientos médicos dolorosos e innecesarios. Por desgracia, las causas de este síndrome son tan desconocidas que existen muy pocas pistas para diagnosticarlo. El número de hombres con síndrome de Münchhausen por poder es escaso, y está excesivamente presente en mujeres que trabajan en el campo de la atención médica. Muchas de ellas parecen haber sufrido traumas o abusos infantiles —a menudo desatención grave—, si bien la inmensa mayoría de las mujeres que trabajan en los servicios sanitarios o que fueron víctimas de traumas durante la niñez nunca han desarrollado esta enfermedad. Es posible que se encuentre en el extremo patológico del espectro de conductas saludables, fruto de un deseo de cuidar a los demás y de ser valoradas por ello (casos de bondad excesiva). La misma clase de dependencia puede conducir a otras personas a llevar a cabo actos extremos de cuidados y altruismo. Lo que no se conoce es cómo algunos pasan de querer ayudar desesperadamente a los demás a verse impelidos a lastimarlos de tal modo que siempre necesiten su ayuda.

Afortunadamente, el juez siguió nuestro consejo y, con carácter de emergencia, arrebató la custodia de James y de sus hermanos a Merle y a su marido. Más tarde, un jurado civil coincidió en que James había sufrido abusos a manos de su madre adoptiva y de que el padre no había intervenido para prevenirlo. Se presentaron pruebas que demostraron cómo la madre de James había tergiversado las palabras y las acciones de su hijo para presentarlo como un niño problemático y esconder así su propia depravación. Los derechos parentales de la pareja sobre los cinco niños —incluido su hijo biológico— fueron anulados por terminados y se les acusó con cargos criminales de abuso a menores.

De vez en cuando recibo noticias del fiscal del caso, que ha permanecido en contacto con James y con sus nuevos padres adoptivos. Cambió de nombre y lo último que sé es que llevaba una nueva vida próspera. Su conducta «antisocial» y sus huidas eran un producto exclusivo de sus intentos por conseguir ayuda. Estoy convencido de que no solo salvó su vida, sino también la de sus hermanos. Su historia me ayuda a recordar que he de confiar en mi instinto y que siempre hay que escuchar a los niños, independientemente de lo que puedan decir otros terapeutas, los informes oficiales o incluso los propios padres.

10

La bondad de los niños

Permanecí unos instantes observándolos antes de entrar en la sala de espera. El niño se comportaba con dulzura e inocencia: podía ver cómo sonreía mientras trepaba al regazo de su madre hasta que consiguió que estuvieran cara a cara. A continuación llevó la mano hasta la boca de la mujer y la acarició, jugando y explorando. Esta interacción silenciosa entre los dos correspondía a la clásica conducta de vinculación entre una madre y su bebé o incluso un niño algo más mayor, pero Peter tenía siete años. Solo con mirarlos supe que aquel tipo de juego amable y reconfortante era habitual entre ellos. Al entrar en la sala me di cuenta también de que a Amy,* la madre, aquel comportamiento le avergonzaba. Su marido, Jason,* parecía todavía más azorado cuando se dieron cuenta de que les había «pillado».

—Peter, siéntate bien —dijo Jason mientras se ponía de pie y me daba la mano.

Llegué hasta el crío, me puse delante de él, miré hacia abajo y sonreí:

—Hola, Peter.

Extendí la mano y Peter alzó la suya para tocarla.

—Peter, levántate y dale la mano al doctor Perry —dijo Jason. Amy trató de sacar a Peter de su regazo para que se pusiera de pie. Peter se desplomó y empezó a reírse, como si aquello formara parte del juego.

—Peter, levántate —repitió Jason con voz paciente pero firme. Su frustración y agotamiento eran obvios. Sabía que Peter les tenía desbordados.

—Está bien. Poneos cómodos. Simplemente quería saber qué os ha parecido la sesión de hoy.

Me senté frente a ellos.

—El objetivo de esta primera visita es que Peter tenga la oportunidad de conocernos y empiece a sentirse familiarizado con algunos de nosotros. Espero que te lo hayas pasado bien, ¿qué me dices?

Peter afirmó con la cabeza.

—Contesta con palabras, cariño —dijo Amy.

—Sí —respondió Peter, enderezándose.

La familia acababa de pasar tres horas en nuestra clínica para obtener una cita de admisión. Habían acudido a nosotros porque Peter tenía un largo historial de problemas del habla y el lenguaje, así como dificultades de atención e impulsividad. No era de extrañar que también tuviera problemas académicos y sociales en el colegio. Era propenso a sufrir arrebatos extraños y feroces en los que al parecer perdía completamente el control. Eran aterradores y, a diferencia de las rabietas normales, estos arrebatos ocasionales podían llegar a durar horas.

Sus padres lo habían adoptado de un orfanato ruso cuando tenía tres años, y de inmediato se habían enamorado del niño rubito de ojos azules y mejillas sonrosadas con aspecto de ángel. Los trabajadores del orfanato les habían mostrado orgullosos lo bien alimentado que estaba Peter y lo limpias que estaban sus instalaciones, pero en realidad Peter y los demás niños que allí vivían habían sufrido una profunda desatención. Amy y Jason habían oído hablar a otros padres adoptivos de nuestro trabajo con niños maltratados. En aquel momento acababa de terminar el primero de los dos días de la visita de consulta que ofrecíamos en nuestra clínica. La familia se había desplazado más de ochocientos kilómetros para obtener aquella evaluación.

—¿Entonces volverás a visitarnos mañana, Peter?

—Sí —contestó, sonriendo de par en par.

Antes de eso, el equipo clínico tenía mucho trabajo por delante. Durante una evaluación estándar, nuestro grupo interdisciplinar de psicólogos, trabajadores sociales, estudiantes de psiquiatría infantil y psiquiatras infantiles realizaba numerosas consultas a lo largo de varias semanas para ir conociendo al niño y a su familia. En el caso de Peter, la familia vivía tan lejos que fue necesario condensar el proceso. Teníamos a nuestra disposición los informes del colegio, los del pediatra del niño y los de otros profesionales de la salud mental que le habían tratado antes que nosotros. Debíamos revisarlos, procesarlos e integrarlos en nuestras propias impresiones del niño y de su familia. Asimismo, realizamos un escáner cerebral —una imagen por resonancia magnética— como parte del estudio en el que estábamos trabajando para comprobar de qué manera le había afectado la desatención temprana. Los datos de nuestras investigaciones mostraban que una desatención significativa en las primeras etapas de la vida como la que se había encontrado en niños que, al igual que Peter, habían sido previamente institucionalizados, conducía por norma general al desarrollo de cerebros de menor tamaño, a una reducción del volumen cerebral y a una serie de problemas funcionales relacionados con el cerebro. En el caso de Peter, confiábamos en que, si éramos capaces de descubrir qué áreas se habían visto más afectadas por la desatención, podríamos dirigir nuestros tratamientos para lograr el máximo efecto.

Durante el periodo de evaluación, llegaron a reunirse hasta decenas de miembros del personal para discutir lo que observábamos en aquel niño. Se trataba de un proceso diseñado para identificar las fortalezas y las vulnerabilidades del pequeño, y para determinar con cuidado su fase de desarrollo actual en una serie de campos, desde habilidades de percepción a capacidades motoras, pasando por capacidades cognitivas y conductuales y por los sentimientos morales. Esto nos permitiría alcanzar un diagnóstico preliminar y formular nuestras recomendaciones iniciales para la intervención. A pesar de que nos llevaría muchísimo tiempo y de lo caro que resultaría su réplica en numerosos ámbitos, esperábamos ser capaces de desarrollar modelos de atención basados en este proceso que fuera posible desarrollar con menos personal.

Cuando empezamos a trabajar con Peter y su familia, habíamos avanzado mucho en nuestro enfoque neurosecuencial aplicado a niños maltratados. Habíamos identificado que las víctimas de traumas y desatención tempranos necesitaban experiencias —como, por ejemplo, mecerse y que los sostuvieran en brazos— apropiados a la edad a la que hubieran sufrido el daño o la carencia, una edad que no solía coincidir con su edad cronológica. Habíamos descubierto que estas experiencias terapéuticas y enriquecedoras adecuadas al desarrollo debían ser proporcionadas de forma repetitiva y estable, además de con cariño y respeto. Ofrecerlas de una manera contundente, disciplinaria y coactiva solo servía para empeorar las cosas. Del mismo modo, habíamos empezado a incorporar música, bailes y masajes para estimular y organizar las regiones inferiores del cerebro, que son las que contienen los sistemas de neurotransmisores fundamentales implicados en la regulación de los mecanismos de respuesta al estrés. Como ya se ha visto, estas áreas tienen una mayor probabilidad de verse afectadas por los traumas tempranos porque experimentan un importante y acelerado desarrollo en las primeras etapas de la vida. Por último, habíamos comenzado a usar fármacos que ayudaban a los niños que presentaban síntomas problemáticos de disociación o hiperexcitación.

Sin embargo, aunque sabíamos que las relaciones continuas son críticas para la curación, aún no habíamos comprendido del todo lo importantes que son las relaciones entre semejantes, sobre todo a medida que los niños crecen.

La información que teníamos sobre el pasado de Peter colocó en el punto de mira el papel fundamental de las relaciones. Peter había crecido sin recibir atención adulta durante los tres primeros años de su vida. Había vivido en lo que básicamente podría llamarse un almacén de bebés: una habitación grande y luminosa con sesenta niños pequeños colocados en hileras rectas de cunas perfectamente saneadas. Los dos cuidadores que trabajaban en cada turno avanzaban metódicamente de una cuna a otra dando de comer a cada niño, cambiando pañales y nada más. Esta era toda la atención individual adulta que los bebés recibían: unos quince minutos para cada uno por cada turno de ocho horas. Fuera de estos breves intervalos, rara era la vez que les hablaban o los cogían en brazos; nadie los acunaba ni los mecía o arrullaba por la simple razón de que no había personal suficiente para hacer algo que no fuera alimentarlos o cambiarlos. Los niños pasaban tanto los días como las noches enjaulados en sus cunas.

Sin nadie más a quien dirigirse, los niños metían las manitas entre los barrotes de la cuna y se agarraban de las manos, balbuceaban y jugaban a las palmas entre ellos. Ante la ausencia de adultos, se convirtieron en los padres unos de otros. Su interacción, por empobrecida que fuera, probablemente los ayudó a mitigar parte de los daños que una privación tan grave puede ocasionar.

Nada más adoptarle, los padres de Peter descubrieron que el niño trataba de comunicarse con ellos y, encantados, buscaron la ayuda de un traductor ruso. Sin embargo, este traductor verificó que Peter no hablaba ruso. ¿Quizá los trabajadores del orfanato eran inmigrantes de alguna zona de Europa del Este y se habían dedicado a hablar a los niños en su lengua materna? No obstante, un hablante del checo dijo que aquello tampoco era checo, y Amy y Jason pronto tuvieron que descartar también el húngaro y el polaco.

Para su sorpresa, descubrieron que las palabras empleadas por Peter no pertenecían a ningún idioma. Los huérfanos, al parecer, habían desarrollado su propio lenguaje rudimentario, igual que el habla privada entre gemelos o las señas improvisadas de niños sordos que han crecido juntos. De la misma manera que el rey Psamético de Egipto, según la versión de Heródoto, aisló a sus dos hijos para descubrir qué idioma hablarían de forma «natural» si carecían de la oportunidad de aprenderlo de la gente de su alrededor, los operarios del orfanato habían llevado a cabo un experimento lingüístico accidental y extremadamente severo. Solos, los niños habían creado y acordado varias decenas de palabras. Los traductores fueron capaces de descifrar que «mamá» significaba «adulto» o «cuidador», igual que en la mayoría de los lenguajes humanos conocidos existen sonidos similares que significan «madre», puesto que el sonido /m/ es el primero que aprenden a producir los niños mientras succionan.

En la reunión clínica, mi equipo y yo revisamos todo lo que sabíamos sobre la historia temprana del niño, incluido su escaso contacto con los adultos y sus carencias lingüísticas. El resto del personal confirmó mi impresión inicial sobre Amy y Jason: todos coincidían en que eran extraordinarios. Antes incluso de adoptar a Peter, habían leído libros y habían visto vídeos sobre paternidad, habían hablado largo y tendido con su pediatra sobre qué podían esperar al adoptar a un niño como aquel. Una vez que Peter ya estuvo en casa, trabajaron con terapeutas del habla y el lenguaje, con terapeutas ocupacionales y físicos y con profesionales de la salud mental para ayudar a Peter a ponerse al día.

Se esmeraron en seguir los consejos que les ofrecían. Invirtieron dinero, tiempo y energía en tratar de dar a Peter aquello que necesitaba para crecer de un modo saludable, feliz, eficiente y compasivo. Y, a pesar de sus esfuerzos, y de los esfuerzos de decenas de especialistas, Peter no terminaba de salir adelante. En muchos aspectos había mejorado de forma dramática, pero su progreso era irregular, lento y gradual.

A diferencia de otros niños que solo requieren decenas de repeticiones para aprender nuevas habilidades, Peter solo las adquiría después de repetirlas cientos de veces. Aprendió a hablar inglés, pero vocalizaba de una forma extraña que le llevaba a deformar en gran medida la gramática. Sus movimientos eran descoordinados, e incluso se balanceaba cuando intentaba quedarse quieto sentado. Tampoco era capaz de establecer o mantener un contacto visual adecuado. Con siete años todavía presentaba conductas autotranquilizadoras primitivas, como mecerse y chuparse el pulgar. Olisqueaba durante un buen rato cualquier cosa antes de metérsela en la boca y trataba de percibir el olor de las personas siempre que las veía. Se distraía con facilidad y a menudo se reía y sonreía para sí mismo, como si estuviera «en su propio mundito». En el último año, su desarrollo parecía haberse estancado, y puede que hasta hubiera retrocedido ligeramente.

En primer lugar pusimos en común las fortalezas de Peter y partimos de su actitud amigable y casi bobalicona. Estaba bastante por encima de la media en algunos aspectos del lenguaje y parecía poseer ciertos talentos matemáticos. Era muy simpático, aunque de una manera flagrantemente inmadura: respondía tanto a sus semejantes como a los adultos igual que un bebé.

A medida que debatíamos el caso, se hizo evidente que, a pesar de que en algunos aspectos cognitivos Peter tenía siete años, en otros terrenos actuaba como si fuera muchísimo más pequeño. Las áreas que mostraban un mejor desarrollo estaban relacionadas con las regiones cerebrales que habían recibido estimulación, y aquellas en las que tenía déficit representaban las regiones cerebrales que, o habían sufrido graves privaciones, o todavía no habían recibido la estimulación suficiente para compensar la desatención temprana; todo esto confirmaba lo que habíamos observado sobre la naturaleza uso-dependiente en el desarrollo del cerebro. Los escáneres cerebrales reforzaban nuestras observaciones de este desarrollo neurológico fracturado: presentaba atrofia cortical, ventrículos grandes (lo que significaba que el líquido cefalorraquídeo ocupaba el espacio que en circunstancias normales habría estado ocupado por el tejido cerebral) y estructuras cerebrales inferiores de un tamaño reducido para su edad y probablemente subdesarrolladas.

Un desarrollo fracturado como este es común en niños que han crecido en entornos negligentes o caóticos, y suelen generar una gran confusión en padres, profesores y compañeros. Peter tenía el aspecto externo de un niño de siete años, pero en algunos aspectos no podía decirse que tuviera más de tres. Desde el punto de vista de otras capacidades y habilidades, tenía dieciocho meses, mientras que para otras cosas tenía ocho o nueve años.

Esta inconsistencia era una de las principales causas de los problemas familiares. También existían importantes diferencias en cuanto a la manera en que cada uno de los progenitores interactuaba con Peter. Cuando estaba solo en casa con su madre, Amy se mostraba completamente en sintonía con sus necesidades; si Peter se comportaba como un bebé, ella le trataba a ese nivel, y si actuaba como un niño más mayor, interactuaba de esa forma. Estoy convencido de que la capacidad intuitiva de cubrir las necesidades evolutivas de su hijo fue la razón primordial de que Peter hubiera progresado tanto.

Sin embargo, a medida que Peter se fue haciendo mayor, Jason comenzó a cuestionar la «infantilización» del niño a manos de Amy, lo que provocó tensiones en el matrimonio: Jason argumentaba que Amy tenía la culpa de la falta de progreso de Peter porque se dedicaba a «agobiarlo con muestras de cariño», mientras que Amy insistía en que, a consecuencia del pasado del niño, necesitaba muestras de afecto adicionales. Esta clase de diferencias son una característica casi universal en el universo de la crianza. Sin embargo, cuando se alcanza un grado de desacuerdo tan profundo como ocurrió en el caso de Amy y Jason, puede conducir a serios problemas matrimoniales.

Yo mismo había presenciado este conflicto durante mi breve interacción con la familia en la sala de espera de la clínica. Parte de mi trabajo consistiría en ayudar a que la pareja entendiera las necesidades de Peter y en explicarles cómo era necesario satisfacerlas en función de la edad de desarrollo real de su hijo. Así serían capaces de aprender a no abrumarlo y ellos mismos no se frustrarían al exigir una conducta apropiada a su edad cronológica en un terreno para el cual Peter todavía no estaba capacitado.

El segundo día de la evaluación, sometimos a Peter a una serie de pruebas psicológicas profesionales, tras las cuales observamos más interacciones entre los padres y el hijo y después dejamos que el niño descansara y se fuera a jugar. Finalmente llegó el momento de explicar a los padres lo que pensábamos sobre el caso y qué proponíamos hacer para ayudarlo. Me di cuenta de lo ansiosos que estaban Amy y Jason nada más entrar en la sala.

—¿Cuál es su veredicto? —preguntó Jason de inmediato. Estaba claro que quería que les diéramos las malas noticias cuanto antes.

—Creo que Peter es un niño verdaderamente afortunado —comencé—. Los dos sois unos padres maravillosos, y él ha demostrado un progreso extraordinario a lo largo de estos últimos cuatro años. —Hice una breve pausa para que absorbieran lo que acababa de decirles, y a continuación añadí—: Vuestros esfuerzos son heroicos. Debéis de estar agotados.

Amy rompió a llorar y su marido la abrazó con cariño. Le ofrecí un pañuelo de papel y se secó las lágrimas.

Les fui explicando lo que pensaba y les pedí que me interrumpieran si escuchaban algo que no pensaran que fuera cierto o que no comprendieran. Les relaté la historia de Peter tal y como yo la había entendido, poniendo sobre la mesa los detalles del orfanato y el listado de retrasos en el desarrollo que había experimentado.

Les pregunté si estaba en lo correcto al sospechar que cuando Peter se enfadaba parecía que todos sus progresos desaparecían y se comportaba de un modo primitivo que podía llegar a resultar casi aterrador. Quizá se tumbaba en el suelo en posición fetal mientras gemía y se mecía, o lanzaba gritos sobrenaturales. También les dije que pensaba que, cada vez que empezaba a agitarse o se sentía abrumado, lo más probable es que alcanzara un «punto de no retorno» y que daba la impresión de que daba marcha atrás antes de volver en sí poco a poco. Ellos decían que sí con la cabeza. Entonces fue cuando les expliqué el modo en que los cambios en nuestro estado emocional pueden afectar nuestra manera de aprender. Capacidades que ya dominamos, como la comprensión de ciertos conceptos o incluso el uso del propio lenguaje, pueden disiparse cuando nos «alborotamos». Les hablé de cómo situaciones nuevas o temibles podían ser estresantes para un niño como Peter y podían causarle esa clase de retroceso.

A modo de conclusión, les confié lo que habíamos sacado en claro durante la evaluación:

—Por todo esto, pienso que tenemos una idea bastante clara de los problemas de Peter y el motivo de que los tenga. También conocemos algunas de sus fortalezas, no todas, pero sí unas cuantas. La clave ahora es ver si podemos usar lo que conocemos para ayudarle. —Hice una pausa, tratando de lograr un equilibrio entre la esperanza y la cautela—. Permitidme que dedique un momento a hablaros del modo en que se desarrolla el cerebro —dije—. Creo que al entender este proceso un poco más podréis sentiros más satisfechos de los progresos de Peter, y que entenderéis mejor por qué ahora parece que este proceso es más lento.

A medida que hablaba, los conceptos teóricos y prácticos sobre los que llevaba tantos años trabajando se cristalizaron por primera vez en un todo coherente.

Esbocé varias gráficas en un folio en blanco. La primera (ver Apéndice, Figura 1) mostraba una simple comparación del crecimiento del cerebro con respecto al crecimiento del resto del cuerpo, y señalé que, así como el cuerpo no alcanza su altura y peso adultos hasta la adolescencia, el crecimiento del cerebro sigue un camino muy distinto. A la edad de tres años, el cerebro ha alcanzado el 85 por ciento de su tamaño adulto completo.

—El cerebro humano crece más rápido en las primeras etapas de la vida —expliqué—. De hecho, el crecimiento del cerebro en gran medida se produce en los tres primeros años de vida.

Quería ayudarlos a entender qué significaba el hecho de que Peter hubiera pasado el periodo crítico en el que el cerebro se organiza a sí mismo en una institución negligente y estéril.

A continuación dibujé una pirámide y di la vuelta a la hoja (ver Apéndice, Figura 2).

—El cerebro se organiza de abajo arriba. Esta parte de arriba… —Y señalé la amplia base de la pirámide que estaba bocabajo— … es la corteza cerebral, que es la parte más compleja del cerebro y la responsable de nuestra capacidad para pensar y para integrar muchas otras funciones.

También describí el funcionamiento de algunas de las regiones inferiores del cerebro, cómo las áreas emocionales centrales nos permiten crear conexiones sociales y controlar nuestro nivel de estrés y cómo las principales áreas del tronco encefálico llevan a cabo la propia respuesta al estrés. Les expliqué que estas regiones «se despiertan» secuencialmente durante el proceso de desarrollo, empezando por el recóndito tronco encefálico y continuando desde dentro hacia fuera, hacia la corteza cerebral, a medida que el niño crece. Expuse cómo el desarrollo de las regiones más altas y complejas del cerebro se apoya en la correcta organización de las áreas más simples y bajas, y cómo verse privado de esto podía haber afectado a estas regiones y haber provocado amplias variaciones en la conducta de su hijo.

—La clave es criar a Peter, no partiendo de su edad cronológica, sino en función de la fase del desarrollo en la que se encuentre —dije.

Jason hizo un gesto afirmativo. Mis palabras empezaban a cobrar sentido para él.

—Y hacer esto es muy difícil, ¿verdad?

Esta vez ambos afirmaron con la cabeza.

—El reto es que, en un momento determinado, necesitaréis encontrar expectativas y proporcionar experiencias que resulten apropiadas para un niño de cinco años, por ejemplo, a la hora de enseñarle un concepto cognitivo específico. Pero, pasados diez minutos, las expectativas y los desafíos deberán corresponder a los de un niño más pequeño, por ejemplo al intentar enseñarle a interactuar socialmente. Desde un punto de vista del desarrollo, Peter es un blanco móvil, y por eso criar a estos niños se convierte en una experiencia frustrante. En un momento dado estás haciendo lo correcto y, al siguiente, vas descompasado.

Amy y Jason habían experimentado esta dicotomía muchas veces, pero no habían sido capaces de articularla hasta que mantuvimos aquella conversación. Mis explicaciones los ayudaron enormemente y enseguida redujeron el conflicto de «infantilización» de Peter y contribuyeron a que Jason no se preocupara cuando Amy actuaba así con el niño. Lo cierto es que a partir de aquel momento él también podía permitirse esa clase de comportamientos. Después de todo lo explicado, no obstante, Amy se dio cuenta de que el estilo de crianza de Jason, que era más exigente, seguiría siendo útil.

Sin embargo, no bastaba con simples explicaciones. Los principales retos a la hora de criar a Peter continuarían siendo los mismos, y sería imposible para cualquiera de los progenitores estar en sintonía constante, o incluso la mayor parte del tiempo, con su hijo sin recibir ayuda. El desgaste tanto emocional como físico de ambos era evidente. Necesitábamos ayudarlos a disponer de relevos en los cuidados. Les sugerimos que fortalecieran su red de contactos sociales para que así también pudieran dedicarse ellos mismos como pareja a hacer las cosas que les gustaran, lo que sin duda les permitiría «cargar las pilas».

Amy y Jason estuvieron abiertos a todas nuestras sugerencias. Como no vivían cerca de nuestra clínica, tuvimos que trabajar con y a través de sus proveedores locales. Por suerte, la mayoría de las piezas que hacen que un equipo clínico pueda llevar a cabo una buena labor estaban en su sitio. Peter disponía de excelentes terapeutas del habla y ocupacionales, un terapeuta con maestría en psicología y un pediatra comprensivo. Nos pusimos en contacto con todos ellos. Además, quisimos añadir a su rutina masajes terapéuticos y clases de música y movimientos, que tan útiles habían resultado con otros niños que habían sufrido desatención temprana, como Connor.

Sin embargo, lo que en un principio pensé que sería una simple pieza más del rompecabezas, terminó convirtiéndose en el elemento más importante de todos: la escuela de Peter y, en particular, sus compañeros. A medida que supervisaba su historial, de pronto caí en la cuenta de que los mayores progresos se habían producido en los tres primeros años tras su llegada a Estados Unidos: durante el tiempo que había pasado a solas con sus padres o con adultos, con uno o dos compañeros seleccionados por Amy y Jason.

Al empezar el jardín de infancia, en cualquier caso, cesaron los progresos y se intensificaron sus problemas de conducta. Su madre había estado en lo cierto al intuir que Peter tenía seis años cronológicos, pero dos desde el punto de vista conductual, sin embargo sus compañeros no entendían por qué se comportaba de una manera tan extraña. Ni siquiera el profesor, a pesar de que había sido informado de su situación, sabía cómo manejarlo. Peter arrebataba los juguetes a los demás niños sin preguntar, no comprendía las señales sociales que el resto de infantes sí entendía acerca de cuándo estaba bien llevarse algo y cuándo no. No sabía cuándo debía compartir sus cosas y cuándo quedárselas para él solo, cuándo debía hablar y cuándo permanecer en silencio. En la hora del grupo en círculo, de repente se ponía de pie y se sentaba en el regazo del profesor o empezaba a dar vueltas sin darse cuenta de que no debía hacerlo. Y, en ocasiones, chillaba y tenía alguna de sus aterradoras rabietas.

Como resultado, los otros niños empezaron a tenerle miedo y a marginarlo. Su extraño acento al hablar inglés tampoco ayudaba. Sus compañeros lo veían como a un niño raro que daba miedo. Las cosas le habían ido bien en el mundo resguardado de su hogar adoptivo y en las relaciones personalizadas con adultos que lo conocían y le querían. Pero el complicado mundo social del jardín de infancia, con sus relaciones que negociar con diversos seres semejantes a él y con los profesores le superaba.

En lugar de las respuestas cariñosas, reconfortantes y pacientes que recibía en casa, en el jardín de infancia su modo de comportarse generaba sospechas y, a menudo, un rotundo rechazo. El ruido que hacían los demás niños y algunos de los juguetes que se extendían por toda la clase, más las frecuentes idas y venidas de los otros, era algo que le resultaba apabullante. Donde antes sabía lo que se esperaba de él y lo habían tratado con comprensión, ahora no era capaz de entender qué pasaba. A pesar de todas las horas de experiencias saludables positivas que Peter tenía cada semana, las horas que pasaba marginado o en las que era el blanco de las burlas de sus compañeros eclipsaban totalmente a las primeras.

Peter no tenía amigos de verdad y prefería jugar con niños bastante más pequeños; se sentía mucho más cómodo con niños de tres o cuatro años. Sus propios compañeros de clase no sabían qué pensar del niño que hablaba raro y a menudo se comportaba como si fuera un bebé. En muchas ocasiones los niños pueden mostrarse amables y enriquecedores con alguien que parece más joven y vulnerable que ellos, pero Peter les asustaba.

La conducta de sus compañeros era predecible. No era más que una versión reducida de lo que sucede todos los días y de distintas maneras en todo el planeta. Los seres humanos temen aquello que no comprenden. Lo desconocido nos asusta. Cuando conocemos a personas cuyo aspecto o acciones no nos resultan familiares, sino extrañas, nuestra respuesta inicial es mantenerlas a una cierta distancia. Dependiendo del momento, deshumanizamos o degradamos a las personas que son diferentes para sentirnos mejores, más listos o más competentes. Las raíces de muchos de los peores comportamientos del hombre —racismo, discriminación por edad, misoginia, antisemitismo, por mencionar solo algunos— existen en esta respuesta básica mediada por el cerebro a una amenaza percibida. Tendemos a tener miedo de lo que no comprendemos, y el miedo fácilmente puede convertirse en odio o incluso en violencia, puesto que puede suprimir las partes racionales de nuestro cerebro.

Enfrentados al creciente ostracismo y al rechazo social que sufría Peter, Amy y Jason querían saber qué podían hacer: ¿debían mantenerlo en el jardín de infancia, confiando en que fuera capaz de aprender más desde el punto de vista social la segunda vez? Pero, al mismo tiempo, sus capacidades cognitivas coincidían claramente con el primer grado, el que por edad le correspondía, o puede que incluso fueran incluso superiores.

En términos intelectuales, Peter era un niño avanzado, pero carecía de toda orientación social. Concluí que, para ponerse a la altura, iba a necesitar la ayuda de sus semejantes. Me parecía que debíamos dejar que comenzara el primer grado. En mi trabajo con adolescentes, algunos me habían permitido hablar con sus compañeros de clase sobre las experiencias traumáticas por las que habían pasado y el efecto que estas habían tenido en sus cerebros. Un poco de comprensión había servido para ayudar a mejorar sus vidas sociales, pero ¿funcionaría esta misma labor con alumnos de primer grado? Y, lo que es más, ¿lo encontraría aceptable el propio Peter?

Sabía que pasaría unas cuantas semanas en su ciudad después de su evaluación y que podría aprovechar aquella visita para hablar con sus compañeros de colegio. Fui hasta donde Peter estaba jugando para explorar esta posibilidad con él. Mientras ambos coloreábamos, le pregunté:

—Peter, ¿te acuerdas de cuando vivías en Rusia?

Dejó de colorear y me miró durante un instante. Yo seguí pintando sin devolverle la mirada. Peter volvió a ponerse a pintar, pero a un ritmo mucho más lento. Estaba a punto de preguntarle otra vez cuando él sacó un folio en blanco y dibujó un círculo grande y azul que cubría casi toda la página.

—Esto es Rusia. —Sujetó la hoja para que yo la viera y luego la dejó otra vez en el suelo, cogió una cera y con cuidado hizo un puntito muy pequeño, casi invisible—: Y este es Peter.

Le miré y vi que se había entristecido. Aquel dibujo expresaba con gran elocuencia cómo se había sentido en el orfanato, donde no había sido un niño especial para nadie, sino simplemente uno más de tantísimos bebés anónimos.

Le sonreí con dulzura y acto seguido arqueé las cejas:

—Pero Peter ya no es eso, ¿a que no?

Él movió la cabeza de lado a lado y me sonrió.

—Peter, estaba pensando que a lo mejor podía ir a tu clase para hacer una visita a tus compañeros. —No estaba seguro de que pudiera entenderme, pero quería que supiera lo que quería hacer y por qué.

—Vale.

—¿Recuerdas cómo hemos hablado de la manera en que tu cerebro crece y cambia? Pues me preguntaba si me dejarías que hable a tus compañeros del cerebro y quizá un poquito sobre la forma en la que tú vivías antes de venir a vivir con tus padres…

—Vale —repuso, y, pensativo, añadió—: ¿Llevarás las fotos?

—¿Qué fotos?

—Las de mi cerebro.

—Claro. ¿No te importa que se las enseñe a los niños de tu clase?

—No. Mi cerebro es guay.

—No sabes lo cierto que es eso, Peter. Tu cerebro es súper guay.

De esa manera, con su permiso y con el de sus padres y el del colegio, decidí comprobar si era posible hacer que aquellos alumnos de primer curso se convirtieran en los «terapeutas» de Peter.

Fui a hablar con ellos nada más empezar el curso escolar.

—Soy un amigo de Peter —me presenté—. Me dedico a estudiar el cerebro y Peter me ha pedido que venga desde Houston para contaros algunas de las cosas del cerebro que le he enseñado a él.

Pedí a Peter que viniera al frente de la clase para que fuera mi ayudante.

Hablé a aquellos niños del cerebro, de cómo en algunos aspectos actúa como un músculo. Les expliqué cómo ellos mismos ejercitaban sus músculos «ABC» en el colegio y lo importante que eran las repeticiones. Describí los otros «músculos» parecidos que hay en el cerebro y cómo también necesitan ciertos tipos de atención para desarrollarse, y qué hacía que el cerebro de las personas funcionara, poniendo especial énfasis en los cambios que tienen lugar en el cerebro.

—Peter, ¿te acuerdas de cuando hablamos de que para aprender algo nuevo hace falta mucha práctica? Eso es porque el cerebro cambia más y más cuando lo usas. —Miré a los demás niños y después otra vez a Peter: ¿Verdad que sí?

Peter sonrió y dijo que sí con la cabeza.

—Por eso los profesores quieren que practiquéis una y otra vez la escritura, y lo mismo pasa con las letras. Tenéis que practicarlas muchas veces.

Les enseñé algunas diapositivas. Llevé también un modelo y Peter lo pasó entre sus compañeros. Respondí a preguntas. ¿Qué parte del cerebro es la que te hace hablar? ¿De qué color es el cerebro? ¿El cerebro guarda vídeos sobre tu vida?

Expliqué a los niños lo importante que era para el desarrollo del cerebro de un bebé recibir estímulos a través del habla, del contacto y de las interacciones humanas. Les conté lo mismo que les decía a los padres, jueces, pediatras y a mi propio personal, solo que con menos palabras.

Luego hablé un poco sobre cómo los niños son diferentes y crecen en hogares muy distintos. Cómo los niños japoneses aprenden a hablar japonés; cómo en algunas culturas las madres cargan con sus hijos todo el día durante su primer año de vida; cómo a algunos niños no les hablan ni les tocan ni les quieren cuando son muy pequeños y los cambios que esto puede producir en el cerebro. Los niños se lo pasaban en grande, y nos reímos mucho.

Peter sonreía. Entonces llegó el momento. No sabía cuánto iba a explicar o incluso qué iba a decir. Decidí dejarme guiar por la respuesta de los propios niños y de Peter. Me tiré a la piscina:

—Bueno, quería daros las gracias por haberme dejado venir a vuestra clase. Peter me habló de vosotros cuando vino a Houston a visitarme. Sé que fue al jardín de infancia con muchos de vosotros.

Unos cuantos niños alzaron las manos.

—Le pedimos a Peter que viniera a vernos a nuestra clínica en Houston porque queríamos que nos enseñara cosas sobre su increíble cerebro.

Los niños miraron a Peter.

—¿Sabéis? Cuando era muy pequeño, Peter pasó cada minuto de cada día durante los tres primeros años de su vida en una cuna. —Los niños parecían interesados, pero se les veía confundidos—. Peter nació en otro país, y allí no sabían mucho sobre el cerebro. Sus padres no podían cuidarle y por eso le mandaron a un orfanato cuando no era más que un bebé. En este orfanato metían a todos los bebés en una cuna y esa era su casa. No les dejaban ir a ninguna parte, ni gatear. Ni siquiera les dejaban practicar cómo se pone uno de pie para poder aprender a caminar. Peter no tuvo la oportunidad de dar un paseo, de jugar con amigos o de que le dieran un abrazo cariñoso hasta que sus padres fueron a buscarlo cuando él tenía tres años. Su cerebro no recibió demasiada estimulación.

La clase estaba completamente en silencio: veintiséis niños de seis años sin moverse, hablar o estar inquietos.

—Entonces, cuando tenía tres años, sus padres fueron al orfanato y se lo llevaron a vivir a Tulsa.

Paré para dejar que se disipara parte de la tensión.

—Y en ese momento fue cuando el increíble cerebro de Peter empezó a aprender muchísimas cosas. Por ejemplo, aunque nunca antes había oído hablar inglés, aprendió el idioma en tan solo un par de años. Nunca había podido caminar ni correr o saltar, y aprendió a hacer todas esas cosas.

Peter parecía avergonzado, y yo no tenía ninguna intención de presionarlo.

—Incluso a día de hoy, el increíble cerebro de Peter sigue aprendiendo, y la verdad es que lo hace estupendamente. Por eso queríamos conocerle y aprender sobre cómo le va tan bien en la vida a una persona que ha tenido un comienzo tan difícil.

Terminé:

—Ahora ya sabéis que todos los días, en el colegio, Peter aprende cosas de todos vosotros. Mira cómo hacéis las cosas y aprende al jugar con cada uno de vosotros, igual que aprende solo con ser vuestro amigo. Por eso quiero daros las gracias por ayudarle, y por dejarme venir a vuestra clase para hablaros del cerebro.

Fue una charla breve y sencilla en la que intenté convertir a un desconocido —Peter— en alguien menos intimidante para aquellos niños. Y, con el tiempo, su bondad natural salió a relucir. Peter dejó de ser el niño raro que daba miedo y se volvió muy popular, de hecho, tanto que sus compañeros discutían para ver quién se sentaba a su lado, quién era su pareja o a quién le tocaba estar en su grupo. Los niños más brillantes y fuertes de la clase sintieron un especial interés por él y su liderazgo cambió totalmente la situación. Lo incluían en sus planes, lo protegían y, en última instancia, pusieron a su alcance experiencias terapéuticas que contribuyeron a que Peter recuperara el tiempo perdido.

Se mostraron tolerantes ante sus problemas de desarrollo y pacientes a la hora de corregir los errores sociales que pudiera cometer, además de establecer interacciones enriquecedoras con él. Aquellos niños le ofrecieron muchas más experiencias terapéuticas positivas de las que nosotros hubiéramos podido llegar a darle.

Los niños, igual que los adultos, reaccionan mal a lo desconocido, a lo extraño y a lo que no les resulta familiar, sobre todo cuando ellos mismos están tratando de adaptarse a una situación novedosa, como puede ser el inicio del año escolar. Aunque sus jerarquías sociales no siempre son fáciles de modificar, la mayoría de los abusos y del rechazo social comienza con el miedo a lo que ignoramos, y la influencia que los adultos pueden ejercer a lo largo del proceso es mucho mayor de la que se cree. Cuando los niños comprenden por qué alguien se comporta de una forma extraña, suelen mostrar una mayor tolerancia. Y, cuanto más jóvenes son, mayor es la influencia de las señales —tanto de las sutiles como de las obvias— de rechazo y aceptación que reciben de los adultos. Estas señales a menudo pueden marcar el tono de los sistemas de estatus de los niños, y los profesores y progenitores pueden, o bien minimizar los abusos, o, por desgracia, intensificarlos, dependiendo de si se pronuncian en contra o toleran que aquellos que son «diferentes» sean tratados como víctimas propiciatorias.

El hecho de saber que la conducta inmadura de Peter tenía su origen en un pasado repleto de privaciones ayudó a sus compañeros de clase a reinterpretarlo. Cada vez que cogía algo o hablaba cuando no procedía, dejaron de tomárselo como una afrenta personal o una excentricidad chirriante y pasaron a contemplarlo como vestigios de su pasado, algo que ya podían reconocer. Los resultados no se dejaron esperar: las rabietas y los arrebatos desaparecieron casi de inmediato, probablemente porque eran fruto de la frustración, de la incomprensión y de lo rechazado que se sentía. Gracias a que otros niños se mostraban más indulgentes y explícitos en las señales sociales que le ofrecían, Peter era capaz de leerlas cada vez mejor y, por consiguiente, de encajar mejor. Lo que antes había sido una espiral de rechazos, confusiones y frustraciones, dio paso a una cascada de refuerzos positivos que se impulsaba a sí misma. Las enormes lagunas de su edad de desarrollo desde el punto de vista emocional, social, motor y cognitivo poco a poco fueron desapareciendo. Cuando empezó el instituto, Peter había dejado de sobresalir y las cosas le iban bien, tanto académica como socialmente.

Sus compañeros y su familia lo curaron al crear un mundo social rico, una comunidad enriquecedora. Así como el enfoque neurosecuencial nos ayudó a proporcionarle los estímulos necesarios de los que su cerebro carecía, los masajes le ofrecían la atención física que no había recibido y las clases de música y movimientos contribuían a restablecer el ritmo de su cerebro y el de su cuerpo, nada de esto habría sido suficiente sin el amor y la sensibilidad de Amy y Jason y sin la paciencia y el apoyo de sus compañeros. Cuantas más relaciones saludables tiene un niño, mayores probabilidades habrá de que se recupere de un trauma y crezca sano. Las relaciones son los agentes de cambio, y la terapia más poderosa es el amor humano.

11

Comunidades curativas

Ha sido un privilegio extraordinario trabajar con los niños cuyas historias he compartido a lo largo de estas páginas, y de quienes tanto he aprendido. Una y otra vez me han asombrado su coraje, su fuerza y su capacidad de hacer frente a situaciones que la mayoría de los adultos encontrarían insoportables. No obstante, a pesar de que existen modelos terapéuticos emergentes como el enfoque neurosecuencial que presentan unas perspectivas muy alentadoras, tanto mi labor asistencial como las investigaciones sugieren que las experiencias de curación más importantes en la vida de los niños traumatizados no suceden en la propia terapia.

No es posible comprender los traumas ni el modo en que respondemos a ellos fuera del contexto de las relaciones humanas. Independientemente de que se trate de personas que han sobrevivido a un terremoto o que han sufrido abusos sexuales repetidas veces, lo más importante es cómo estas experiencias afectan a sus relaciones (con sus seres queridos, con ellas mismas y con el mundo). Los aspectos más traumáticos de cualquier desastre tienen que ver con la destrucción de las conexiones humanas, algo que es especialmente cierto en el caso de los niños. Que la gente que supuestamente debe quererte te haga daño o te abandone, verse privado de las relaciones personales que te permiten sentirte seguro y valorado y volverte humano… son experiencias profundamente destructivas. Debido a que los seres humanos son incuestionablemente sociales, las peores catástrofes que nos pueden ocurrir implican la pérdida de los vínculos relacionales.

Como resultado, recuperarse de un trauma o un abandono es asimismo una cuestión de relaciones: restablecer o recobrar la confianza, regresar a una sensación de seguridad y volver a conectar con el amor. Por supuesto, existen medicamentos que ayudan a mitigar los síntomas, y hablar con un terapeuta puede resultar muy útil. Sin embargo, la curación y la recuperación no son posibles —incluso con los mejores fármacos y terapias del mundo— sin las conexiones cariñosas y duraderas con los demás. Es cierto que, en el fondo, lo que permite que una terapia funcione no es el método utilizado ni las sabias palabras del terapeuta, sino la relación que se establece entre él o ella y el paciente. Todos y cada uno de los niños que finalmente prosperaron tras seguir nuestro tratamiento lo hicieron gracias a la poderosa red social que los rodeaba y apoyaba.

Lo que curó a niños como Peter, Justin, Amber y Laura fue la gente que estaba a su alrededor, sus familias, sus amigos, las personas que los respetaron, que se mostraron tolerantes ante sus flaquezas y vulnerabilidades y que fueron pacientes a la hora de ayudarlos a construir poco a poco nuevas capacidades. El entrenador que permitió a Ted hacerse cargo de las estadísticas del equipo, Mamá P., que enseñó a Virginia cómo cuidar de Laura, los alumnos del primer curso que llevaron a Peter de la mano y lo protegieron o los increíbles padres adoptivos de muchos de mis pacientes: todos ellos proporcionaron las terapias más importantes que cualquiera de estos niños recibió jamás, porque lo que más necesitaban era un medio ambiente social rico, uno al que pudieran pertenecer y donde les demostraran que les querían.

No hay nada que pueda necesitar más un niño maltratado o traumatizado que una comunidad saludable que le permita amortiguar el dolor, la angustia y la pérdida causados por un trauma previo. Cualquier elemento que aumente el número y la calidad de las relaciones de un niño es lo que funciona de cara a la sanación; nada los ayuda más que los cuidados afectuosos, repetitivos, pacientes y constantes. Y aquí debería añadirse que lo que no funciona es la llegada apresurada, tras un acontecimiento traumático, de «profesionales» de la salud mental bienintencionados pero con escasa formación, o coaccionar a los niños para que se «abran» o «saquen toda su rabia».

Sin embargo, porque los niños más vulnerables al trauma son precisamente aquellos con menores probabilidades de tener una familia y una comunidad saludables que los apoyen, resulta tremendamente difícil proporcionarles una ayuda efectiva a través de los sistemas que existen en la actualidad. Teniendo en cuenta que las comunidades saludables son a menudo lo primero que previene que se produzcan situaciones traumáticas interpersonales (como en casos de violencia doméstica u otros tipos de crímenes violentos), el habitual quiebre de la conexión social en la sociedad sumamente móvil en la que vivimos aumenta la vulnerabilidad de todos.

Si queremos tener éxito a la hora de criar niños saludables, niños capaces de resistir las posibles experiencias traumáticas que se encuentren en la vida —y en torno al 40 por ciento de los niños vivirán al menos un episodio potencialmente traumático antes de convertirse en adultos—, necesitamos construir una sociedad más saludable. Lo maravilloso de nuestra especie es la capacidad que tenemos para aprender. Nuestros recuerdos y nuestra tecnología nos permiten beneficiarnos de la experiencia de aquellos que nos precedieron, pero, al mismo tiempo, estas tecnologías, incluso las que supuestamente debieran acercarnos entre nosotros, cada vez nos separan más. El mundo moderno ha afectado, y en muchos casos abandonado, la unidad biológica fundamental de la vida social del ser humano: la familia extensa. Se ha hecho un enorme hincapié en el colapso de la familia nuclear, pero yo estoy convencido de que en muchos casos la familia extensa, cuya disolución no ha suscitado tantas opiniones, es como mínimo igual de importante. Ciertamente, como en el caso de Leon, puede suponer una diferencia abismal entre una pareja joven que es capaz de hacer frente y de criar a un niño saludable y otra en la que uno o ambos progenitores se ven desbordados y se vuelven negligentes.

Durante innumerables generaciones, los seres humanos vivieron en pequeños grupos que podían estar formados por un gran número de personas, desde cuarenta a ciento cincuenta, muchas de las cuales estaban estrechamente relacionadas entre ellas y vivían en comunidad. Hasta el año 1500 aproximadamente, la familia media europea consistía en unas veinte personas cuyas vidas estaban íntimamente conectadas a diario. En 1850, el número se había reducido a diez miembros que convivían en proximidad, y en 1960 el número ya había descendido a cinco. En el año 2000, el tamaño medio de los hogares era de menos de cuatro miembros, y un impactante 26 por ciento de los estadounidenses viven solos.

A medida que la tecnología ha ido avanzando, nos hemos alejado cada vez más del medio ambiente para el cual la evolución nos ha moldeado. El mundo en el que ahora vivimos es irrespetuoso desde un punto de vista biológico; no tiene en consideración muchas de nuestras necesidades humanas más básicas y con frecuencia nos aleja de actividades saludables al tiempo que nos empuja hacia otras que son dañinas. Mi campo, por desgracia, ha formado parte de esta tendencia.

Durante años, los profesionales de la salud mental enseñaron a la gente que se podía ser psicológicamente saludable sin apoyo social, que «a menos que tú te quieras a ti mismo, nadie más podrá quererte». A los mujeres se les dijo que no necesitaban a los hombres, y viceversa. Se consideraba que las personas que no tenían relaciones eran igual de saludables que aquellas que tenían muchas. Estas ideas contradicen la biología fundamental de la especie humana: somos mamíferos sociales y nunca habríamos sido capaces de sobrevivir sin un contacto humano profundamente interdependiente e interconectado. En realidad, no puedes quererte a ti mismo si no has sido y eres querido. No es posible construir la capacidad de amar de forma aislada.

Personalmente creo que nos encontramos en un momento de transición en la historia en el que las personas empiezan a reconocer que las sociedades modernas han abandonado muchos de los elementos fundamentales necesarios para una óptima salud mental humana. Podemos reconocer el problema en el aumento aparentemente inexorable de los índices de depresión en todo el mundo, algo que no puede deberse exclusivamente a la mejora de los tratamientos y los diagnósticos. Una persona nacida en 1905 solo tenía un 1 por ciento de posibilidades de sufrir depresión con setenta y cinco años cumplidos, pero, llegados a 1955, el 6 por ciento de los mayores de veinticuatro años ya habría padecido un episodio de depresión grave. Otros estudios indican que los índices de depresión en la adolescencia han aumentado hasta diez veces en décadas recientes. También es posible reconocer esta tendencia en un cambio en las pautas de matrimonio y divorcio, en las dificultades que la gente expresa a la hora de encontrar relaciones románticas satisfactorias, en la lucha constante de las familias a lo largo del espectro económico al tratar de encontrar un balance entre el trabajo y la vida familiar. La desconexión entre lo que necesitamos para tener una buena salud mental y lo que el mundo moderno nos ofrece también puede apreciarse en el continuo malestar que sienten los padres (a causa de Internet, de los medios de comunicación, las drogas, los depredadores violentos, los pedófilos, la desigualdad económica y, sobre todo, los valores de nuestra cultura que dan forma a nuestras respuestas a estos temas). De derecha a izquierda, nadie parece creer que nuestro modo de vida actual es sano, aunque no estemos de acuerdo con qué es exactamente lo que va mal y qué deberíamos hacer al respecto.

Es hora de que nuestros líderes den un paso adelante y pregunten: ¿cómo podemos construir comunidades en un mundo moderno? ¿Cómo podemos explorar las relaciones en un mundo con televisión y correo electrónico, con días que se prolongan de manera artificial gracias a la luz eléctrica, con automóviles, aviones, drogas psicoactivas, cirugía plástica y todo lo que lleva aparejado el avance de la tecnología? ¿Cómo podemos lidiar con la presencia de todas estas cosas y crear un mundo que respete nuestras necesidades biológicas y que mejore nuestra conexión con los demás en lugar de ignorarlos o perturbarlos?

Desde luego, no estoy en posesión de todas las respuestas, pero lo que sí sé es que muchas de nuestras prácticas actuales en el cuidado de niños en realidad son perjudiciales para ellos, los lastiman. Por ejemplo, en California, en un centro de gran tamaño que trata a niños cuyas edades oscilan entre los tres y cinco años, los miembros del personal no están autorizados a tocar a los menores. Es decir, si los niños quieren que alguien los abrace o sostenga en brazos, ¡los adultos se supone que tienen que rechazarlos! Este es un ejemplo clásico de cómo una idea supuestamente buena —querer proteger a los niños de los depredadores sexuales— puede tener consecuencias negativas muy graves. Los niños necesitan disponer de contactos saludables. Como ya hemos visto, sin ellos, los bebés muy pequeños pueden llegar a morirse, literalmente. Forma parte de nuestra biología.

Por desgracia, el miedo que sentimos al contacto inadecuado se ha vuelto tan generalizado que quizá incluso aumentamos las probabilidades de que se produzca al no hacer frente a las necesidades infantiles de atención física saludable. Esto puede hacerles más vulnerables a los pedófilos, en vez de menos, puesto que los niños tienden a buscar a la gente que les muestra afecto. A medida que aumentamos la desconfianza hacia los otros sobreprotegiendo a los niños, al no permitirles jugar con espontaneidad en sus vecindarios con sus amigos, al estructurar sus vidas con rigidez, lo que también conseguimos es destruir los lazos comunitarios que nos mantienen sanos a todos.

He sido testigo de los horrores que pueden provocar los abusos sexuales a menores. Son muy claros en el caso de los niños Gilmer, en la historia de Tina y en la de tantos otros. Sé mejor que mucha gente que el temor a los abusos sexuales se basa en una realidad terrorífica y cierta, pero también sé que los depredadores prosperan al elegir a las personas más vulnerables, introduciéndose allí donde el tejido social de la comunidad es más débil. Cualquier depredador va detrás de la presa más débil, es otro aspecto biológico más. Para mantener a nuestros hijos a salvo, por tanto, necesitamos que establezcan relaciones saludables y que conecten con los demás; necesitamos abrazarlos. Debemos proteger las necesidades de los niños a base de fórmulas que respeten dichas necesidades, y esto se consigue fortaleciendo la comunidad, no separándola. Para protegerlos en la guardería, no debemos dejar que adultos solitarios los toquen sin ser vistos pero, al mismo tiempo, no debemos prohibir el afecto físico y el confort. Para crear un vecindario seguro, lo primero que tenemos que hacer es conocer a nuestros vecinos. No hay que tenerlos encerrados o únicamente dejar que participen en actividades estructuradas. Disponemos de un conocimiento suficiente acerca de la naturaleza humana para formular políticas que reflejen y respeten la biología en lugar de ignorarla primero y ser incapaces después de reconocer las consecuencias de esto.

¿Qué más podemos hacer para proteger a los niños del trauma, la desatención y los malos tratos? ¿Y cómo podemos ayudar mejor a los que resultan lastimados? En primer lugar, necesitamos reconocer que las políticas y prácticas actuales no dan prioridad a las relaciones y que los sistemas vigentes de ayuda infantil no funcionan. Debemos reconocer que muchas de las «soluciones» de las que actualmente disponemos para los problemas sociales no los abordan con eficacia y a la larga pueden llegar a exacerbarlos, que nuestra evolución se produjo para necesitar primero y encontrar después la manera de proveer estas cosas en el mundo moderno.

Un buen punto de partida es el comienzo, es decir, el modo en que tratamos a los bebés y a los nuevos padres. Como hemos visto, para poder desarrollarse con normalidad los bebés necesitan la devota atención de uno o dos cuidadores principales constantes, y estos cuidadores requieren el apoyo diario de una comunidad cariñosa que reconozca y compense las abrumadoras exigencias de una nueva paternidad. Cuando los seres humanos evolucionaron no vivían en un mundo en el que una mujer se pasaba el día sola con sus hijos mientras su pareja se pasaba el día en la oficina. Ambos, mujeres y hombres, trabajaban intensamente para asegurar la supervivencia, pero las mujeres trabajaban junto a los niños más jóvenes y los más mayores a menudo acompañaban a los hombres, quienes los entrenaban. Una madre que se sintiera abrumada podía dejar a su bebé con una tía, una hermana o una abuela: por cada niño pequeño había una media de cuatro adolescentes y adultos. ¡Y hoy pensamos que una guardería tiene una proporción excelente cuando por cada cinco niños hay un cuidador!

Como la primatóloga y teórica evolutiva Sarah Blaffer Hrdy expresó en una entrevista para la revista *New Scientist*: «Los responsables de formular políticas imaginan que la familia nuclear representaba la "edad de oro" pero, en términos de la historia profunda de la familia humana, no es habitual que los niños sean criados solamente por sus madres y padres. Los niños que están acostumbrados a recibir cuidados de más gente tienen una visión de su mundo social como un lugar benigno y actúan en consecuencia». El libro de Hrdy, *Mother Nature: Maternal Instincts and How They Shape the Human Species*, hace hincapié en la importancia de la familia extensa, a quienes llama «padres postizos». Observa: «Para los niños que están en riesgo de desatención, es increíble la diferencia que pueden marcar las intervenciones de padres postizos como, por ejemplo, un abuelo». A lo largo de este libro hemos podido ver ejemplos de esto.

Además, al evolucionar, los bebés humanos no disponían de su propia habitación (ni siquiera tenían su propia cama). Lo normal era que no estuvieran más que a pocos metros de distancia de un adulto o un hermano en todo momento, y a menudo se les cogía en brazos. Muchos de los problemas de sueño y lloros que se aprecian actualmente en la infancia probablemente tienen su origen en el hecho de que un bebé humano a quien hubieran dejado solo y fuera de la vista de un adulto durante casi toda la historia de la evolución de la humanidad se habría enfrentado a una muerte casi segura. No sorprende entonces que los bebés encuentren angustiosa la idea de dormir solos. De hecho, lo sorprendente (y lo que refleja la capacidad de adaptación del cerebro humano) es la rapidez con la que muchos se acostumbran a esto. Es posible que los bebés puedan evolucionar de manera que sus mecanismos de respuesta al estrés no se activen si se les deja solos. En cualquier caso, no hay que olvidar que la evolución opera durante eones de tiempo y no a la velocidad que a los padres les gustaría.

Debemos educar a la gente en las necesidades de los bebés y crear maneras mejores de abordarlas. Necesitamos una sociedad versada en bebés y niños, en la que todo el mundo que tenga o trabaje con niños sepa qué debe esperar de ellos. Por ejemplo, un niño que no llore en absoluto, como en el caso de Connor, debe ser un motivo de preocupación tan grande como si llorara demasiado. Tomar mayor conciencia de las conductas apropiadas a cada edad aseguran que, en caso necesario, los niños recibirán ayuda lo antes posible.

Aun más, debemos hacer un llamamiento al alto el fuego en las «guerras de las madres» y reconocer que todo el mundo sale ganando cuando los nuevos padres tienen la oportunidad de pasar más tiempo con sus hijos y además cuentan con el apoyo de la comunidad y un acceso a una atención infantil de calidad. En palabras de Hrdy: «Hemos evolucionado en un contexto en el que las madres contaban con un apoyo social mucho mayor. Los bebés necesitan este compromiso social para desarrollar plenamente su potencial humano».

Muchos países europeos —especialmente los escandinavos— han conseguido tener al mismo tiempo una economía altamente productiva y ofrecer cuidados infantiles de gran calidad e importantes permisos familiares pagados. No existe ninguna razón por la que nosotros no podamos desarrollar políticas similares.

Para ayudar a crear un entorno familiar respetuoso biológicamente, los padres pueden hacer cosas tan simples como establecer límites en el uso de los medios de comunicación y de la tecnología (por ejemplo, comer juntos toda la familia de forma habitual y con los teléfonos, las televisiones y los ordenadores apagados). Además, pueden definir modelos de conducta que enfaticen la importancia de las relaciones, de la capacidad de mostrar empatía y de la amabilidad a la hora de interactuar con los demás, ya sean parientes, vecinos, tenderos o cualquier otra persona que puedan encontrarse en su vida cotidiana.

Los colegios también necesitan cambiar. Nuestro sistema educativo se ha centrado de un modo casi obsesivo en el desarrollo cognitivo y ha ignorado casi por completo las necesidades físicas y emocionales que tienen los niños. Hace tan solo dos décadas, en las escuelas primarias había tanto periodos para almorzar como tiempo de recreo, y las clases de gimnasia eran obligatorias un par de veces por semana. Rara vez se tardaba más de una hora en hacer los deberes y se consideraba que los niños eran capaces de recordar y cumplir por sí mismos los plazos de entrega. Grandes proyectos que requiriesen asistencia parental no solían suceder más que un puñado de veces al año.

Todo esto era respetuoso con la biología de los niños pequeños, particularmente con la de los niños, puesto que maduran mucho más despacio que las niñas. Los colegios coinciden en que un periodo de atención corto es una seña característica de la infancia, los niños necesitan tiempo libre para correr y jugar y aprender a socializar unos con otros. El sobrino de Maia, la coautora de este libro, en una ocasión le dijo a su madre que no sabía quiénes eran sus amigos. Tenía nueve años. El día escolar estaba tan estructurado que no disponía del tiempo libre suficiente para construir relaciones verdaderas. No había recreos, y eso es una locura. Con nuestro afán de asegurarnos de que nuestros hijos tienen un entorno tan «enriquecido» como el de los hijos de los vecinos, lo que en realidad estamos haciendo es empobrecerlos desde un punto de vista emocional. El cerebro infantil necesita más que palabras y lecciones y actividades organizadas: necesita amor y amistad y la libertad para jugar y soñar despierto. Saber esto quizá ayude a más padres a resistir las presiones sociales y a que los colegios empiecen a retroceder en una dirección más sensata.

A esto hay que añadir que nuestro sistema educativo y la falta de respeto generalizada en nuestra sociedad en cuanto a la importancia de las relaciones están menoscabando el desarrollo de la empatía. Al igual que el lenguaje, la empatía es una capacidad fundamental de la especie humana, una que, de hecho, ayuda a definir qué es un ser humano. Pero, como el lenguaje, la empatía es algo que debe aprenderse. Generalmente captamos ambas capacidades durante las primeras etapas de la infancia pero, como ilustran las historias de Connor y Leon, el desarrollo de la empatía y las habilidades relacionales que dependen de ella requiere un aporte crítico del medio ambiente. Aunque, afortunadamente, son muy pocos los bebés a los que dejan solos durante largos periodos de tiempo, como sucedió en el caso de estos dos niños, cada vez más pequeños pasan más tiempo en entornos tan estructurados y reglamentados que queda poco espacio para construir amistades y adquirir la práctica y las repeticiones necesarias para permitir unos cuidados comprensivos. Peor aún, el tiempo que pueden pasar con sus padres frecuentemente también se ve limitado, y el que queda se llena rápidamente con horas de deberes o, alternativamente, horas de televisión, ordenador o videojuegos.

El desarrollo del cerebro es uso-dependiente: o lo usas o lo pierdes. Si no ofrecemos a los niños tiempo para aprender a estar con los demás, a conectar, a afrontar conflictos o a negociar jerarquías sociales complejas, estas áreas cerebrales estarán subdesarrolladas. Como dice Hrdy: «Una de las cosas que sabemos sobre la empatía es que su potencial se expresa solo bajo determinadas condiciones de cría». Si no se proporcionan estas condiciones a través de una red social cariñosa y dinámica, no surgirá de pleno.

También debemos reconocer que no todo el estrés es malo, que, además de seguridad, los niños necesitan desafíos y riesgo. Es natural querer proteger a nuestros hijos, pero tenemos que preguntarnos a nosotros mismos cuándo el deseo de una infancia libre de riesgos ha ido demasiado lejos. Al fin y al cabo, el patio de recreo más seguro no tendría columpios, ni toboganes empinados, ni superficies rugosas, ni árboles ni más niños: no sería nada divertido. Los cerebros infantiles se forman en función de lo que hacen lenta y repetitivamente a lo largo del tiempo. Si no tienen la oportunidad de practicar la capacidad de hacer frente a pequeños riesgos y asumir las consecuencias de estas decisiones, no estarán preparados para tomar decisiones más grandes y consecuentes. En la actual cultura de la seguridad, da la impresión de que pasamos de una estricta vigilancia y guía de nuestros hijos desde que nacen hasta la educación secundaria para luego soltarlos a la absoluta libertad de la época universitaria (aunque algunos padres tratan de invadir también esta parcela de la vida). No debemos olvidar que durante la mayor parte de la historia humana los adolescentes asumían funciones propias de los adultos mucho antes, y estaban admirablemente a la altura. Muchos de los problemas que presenta la adolescencia a día de hoy son el resultado del fracaso a la hora de establecer desafíos adecuados a sus cerebros en desarrollo. A pesar de que ahora ya sabemos que las áreas cerebrales dedicadas a la toma de decisiones no están completamente conectadas como mínimo hasta el comienzo de la veintena, lo que en realidad permite esta conexión es la experiencia de esta toma de decisiones, y esto no se consigue si no estamos dispuestos a asumir ciertos riesgos. Debemos dejar que lo niños tomen decisiones y se equivoquen, y cuando tomen las decisiones estúpidas y con poca visión de futuro que son fruto de la falta de experiencia, debemos dejar que sufran las consecuencias. Al mismo tiempo necesitamos también proporcionar un equilibrio y no establecer políticas que magnifiquen un error en particular, como tomar drogas o pelearse, hasta convertirlo en una catástrofe de magnitud desproporcionada. Por desgracia, esto es exactamente lo que hacen las actuales políticas de «cero tolerancia», que expulsan a los niños de colegios tras una sola infracción del reglamento.

Sabemos que nuestra naturaleza nos predispone a reflejar las acciones de los que nos rodean. Sabemos que repetimos, reforzamos y, en última instancia, incorporamos. Cuanto más hacemos algo, más fuerte se vuelve en nuestro cerebro el sistema dedicado a ello. Estos datos son maravillosos cuando hablamos de repeticiones de amor y crianza, pero son francamente aterradores cuando pensamos en violencia y en el número cada vez mayor de simulaciones violentas que nos rodea, a nosotros y a nuestros hijos.

Vivir en una comunidad donde la violencia es algo generalizado, estar en desventaja económica o volverse uno mismo víctima de actos violentos son factores mucho más importantes a la hora de determinar qué niños se convertirán en adultos violentos que los simples videojuegos y la exposición a la televisión. Reducir las desigualdades económicas y ayudar a las víctimas de violencia doméstica y maltrato infantil tiene una importancia crítica si queremos erradicar la violencia y el crimen. Aunque la mayoría de los niños que han sufrido abusos no terminan convirtiéndose ellos mismos en abusadores, las probabilidades de que un padre sea abusivo o negligente aumentan drásticamente si él o ella ha sufrido esta clase de experiencias en las primeras etapas de la vida. Y esto puede ser mucho peor aún si estos niños viven en comunidades fragmentadas, están rodeados de simulaciones de violencia y disponen de escasas interacciones sociales positivas compensatorias.

La Asociación Estadounidense de Psiquiatría estima que un niño ha contemplado un promedio de 16.000 asesinatos simulados y 200.000 actos de violencia solo por televisión en el momento de cumplir dieciocho años, aunque todavía no hay estudios que documenten el grado de exposición a videojuegos violentos o que exploren cómo afectan al comportamiento infantil. Para construir una sociedad que enfatice «los mejores ángeles de nuestra naturaleza»,[8] es importante limitar la exposición de los niños a esta clase de violencia. A lo largo de este libro, hemos visto cómo la suma de pequeñas influencias y decisiones con el tiempo puede dar lugar a problemas de gran magnitud. Como resultado, cambiar muchas influencias negativas, por pequeñas que sean, en último término puede tener gran impacto.

Además, los seres humanos evolucionaron desde una situación en la que la cooperación era esencial para la supervivencia. A pesar de que nunca hemos sido pacíficos del todo, algunas sociedades han criado a sus hijos y resuelto conflictos de modos que tienden a moderar nuestra tendencia natural a la violencia, mientras que otras han actuado de manera que la amplifican. Una de las cuestiones más difíciles a las que debieron enfrentarse los teóricos evolutivos fue comprender de qué forma evolucionó la cooperación, porque, en términos evolutivos, los «ganadores» son aquellos animales que se reproducen con mayor éxito, y a menudo una conducta egoísta aumenta las posibilidades de supervivencia y reproducción. Los teóricos evolutivos han subrayado persistentemente «la naturaleza roja en uñas y dientes»,[9] pero una perspectiva centrada en la competición por la supervivencia del más fuerte deja de lado una de las características más fascinantes e importantes de los seres humanos y de muchas otras especies: la propensión al altruismo.

---

[8] *The Better Angels of Our Nature*: expresión original de Abraham Lincoln y título del libro del psicólogo experimental, científico cognitivo, lingüista y escritor canadiense Steven Pinker. En él, Pinker afirma que históricamente la violencia ha ido disminuyendo a lo largo del tiempo. Hay cuatro ángeles en nuestra naturaleza, o cuatro tendencias, encarnadas en fuerzas históricas: la capacidad para la empatía, el autocontrol, el desarrollo del sentido moral y la capacidad de razonar. (*N. de la T.*)

[9] «Pienso que la naturaleza en estado puro, la naturaleza "roja en uñas y dientes", resume admirablemente nuestra compresión moderna de la selección natural». Esta es la tesis central de *El gen egoísta. Las bases biológicas de nuestra conducta*, del teórico evolutivo Richard Dawkins. Según el autor, los seres vivos somos, simplemente, «máquinas de supervivencia» construidas por los genes, que son la «unidad de evolución», y que compiten por alcanzar la supremacía sobre los otros genes. (*N. de la T.*)

Con el tiempo, los investigadores descubrieron que en ciertas situaciones delicadamente equilibradas, la cooperación surge en la naturaleza porque aquellos animales que cooperan en estas condiciones tendrán más probabilidades de sobrevivir que aquellos que siempre actúan por su cuenta y riesgo. Para que la cooperación persista, no obstante, estas circunstancias favorables también deben continuar. En los seres humanos, entre los requisitos para el mantenimiento de la cooperación se incluye la sensación de que los demás tenderán a tratarte de un modo justo y el reconocimiento y el castigo (bien mediante el sistema legal, bien a través del rechazo social) de aquellos que violen la confianza y engañen para beneficio propio a costa de los demás.

Lamentablemente, este sentimiento básico de justicia y buena voluntad hacia los otros está amenazado en una sociedad como la nuestra en la que los ricos son cada vez más ricos y el resto está abandonado a los caprichos de la competición global. Los medios de comunicación y los sistemas escolares cada vez hacen un mayor hincapié en los éxitos materiales y en la importancia de triunfar por encima de los demás, tanto en el currículo escolar como en los deportes. En un ambiente de creciente competitividad, los padres de clase media y alta parecen cada vez más impulsados a mayores extremos para ofrecer a sus hijos cualquier «límite» percibido que puedan encontrar. Este énfasis constante en la competición ahoga las lecciones de cooperación, empatía y altruismo que son fundamentales para la salud mental humana y la cohesión social.

En numerosas ocasiones, han solicitado mi ayuda para desarrollar una respuesta de salud mental después de eventos traumáticos que personalmente creo que son el resultado directo de una comunidad fragmentada y de nuestro énfasis inquebrantable en la competitividad. Algunos de los más alarmantes han sido los tiroteos sucedidos en escuelas. En estos casos, he encontrado una y otra vez una cultura de «el vencedor se queda con todo», en la que el acoso es una constante aceptada y los «perdedores» no son vistos como personas faltas de comprensión y apoyo, sino que su alienación y exclusión es algo completamente merecido. En estas situaciones, los adolescentes no son los únicos que han construido y reforzado una jerarquía social rígida que provoca una miseria absoluta para aquellos que se encuentran en los puestos más bajos, sino también los profesores, los padres y la administración escolar. Los seres humanos siempre han sido una especie jerárquica, desde luego —forma parte de nuestra biología—, pero al poner el foco en la competición despiadada a costa de todo lo demás, en una cultura que glorifica la violencia, un levantamiento violento ocasional por parte de aquellos que se sienten dejados de lado difícilmente puede sorprendernos. Creo que no seremos capaces de prevenir este tipo de incidentes hasta que hagamos un esfuerzo mucho mayor para asegurarnos de que todos los estudiantes se sienten incluidos en su comunidad escolar.

El cerebro se desarrolla en el tiempo, con una acumulación constante de repeticiones y exposiciones; cada momento es una oportunidad para reforzar patrones tanto positivos como negativos. Una vez se inicia una pauta, se convierte en una muesca o surco que facilita y aumenta las probabilidades de que se produzcan comportamientos similares. Los sistemas imitativos de nuestros cerebros sociales hacen que las conductas sean contagiosas. Y, como decíamos antes, esto es maravilloso a la hora de practicar un deporte, tocar el piano o ser amable, pero no lo es tanto cuando lo que se repiten son respuestas agresivas e impulsivas ante amenazas. Una vez más, me acuerdo de Leon y de cómo después de que comenzara a sufrir desatención se juntaron una serie de decisiones repetidas que en sí mismas no eran grandes ni importantes, pero que hicieron que le resultara cada vez más sencillo elegir portarse mal, mientras que las buenas elecciones quedaban más y más fuera de su alcance.

Como resultado de esta propiedad del cerebro, casi siempre es mejor una intervención temprana que tardía, pero ha de ser la intervención correcta. En el caso de Leon, mucho de lo que se llevó a cabo para «ayudarlo» en realidad sirvió para empeorar las cosas. Cuando los niños empiezan a portarse mal, nuestro impulso inicial de castigarlos y privarlos de algo a menudo no nos sirve de nada; tendemos a pensar que los niños que se quejan, que demandan mucho y que se muestran agresivos son «consentidos» y «mimados», en lugar de reconocer que estas cualidades con frecuencia provienen de necesidades no satisfechas y potencial inexplorado, no de tener mucho o sentir demasiado. Para que un niño se vuelva amable, dedicado y empático, necesita ser tratado exactamente así. Los castigos no pueden crear ni servir de modelo para esta clase de cualidades. Aunque es cierto que necesitamos establecer límites, si queremos que nuestros hijos se porten bien, tenemos que tratarlos bien. Un niño criado con amor quiere hacer feliz a la gente de su alrededor porque se da cuenta de que su propia felicidad les hace también felices a ellos; no se dedica simplemente a cumplir para evitar un posible castigo. Este circuito de comentarios positivos es tan poderoso como uno de comentarios negativos, pero está basado en la respuesta en ocasiones contraintuitiva de descubrir primero qué es lo que impulsa el mal comportamiento y afrontarlo después, en vez de actuar primero. Personalmente estoy convencido de que si Leon hubiera recibido tratamiento en su más temprana juventud, incluso aunque ya hubiera experimentado la desatención de su madre, no se habría convertido en el asesino sin compasión que yo conocí.

En cualquier caso, para trabajar con niños que han experimentado el tipo de trauma temprano que afectó a Connor, a Peter, a Justin, a Leon y a Laura se requieren dos cosas que suelen escasear en nuestro mundo moderno: tiempo y paciencia. Los niños traumatizados tienden a desarrollar respuestas hiperactivas al estrés que, como hemos visto, pueden llevarlos a ser agresivos, impulsivos y necesitados. Son niños complicados, fáciles de alterar y muy difíciles de calmar; pueden reaccionar exageradamente ante la más mínima novedad o cambio y a menudo no saben detenerse a pensar antes de actuar. Antes de poder realizar cualquier clase de cambio duradero en su conducta, necesitan sentirse seguros y queridos. Por desgracia, muchos de los programas de tratamiento y otras intervenciones destinadas a ello lo han entendido al revés: siguen un enfoque disciplinario y confían en atraer a los niños hacia un buen comportamiento restaurando el amor y la seguridad únicamente si los niños empiezan a portarse «mejor» primero. Por mucho que estas aproximaciones puedan conseguir que los niños hagan durante un tiempo lo que los adultos quieren, no pueden proporcionar la motivación interna a largo plazo que en última instancia los ayudará a controlarse mejor y a mostrarse más cariñosos con los demás.

Los niños problemáticos sienten alguna clase de dolor, y este dolor los vuelve irritables, ansiosos y agresivos. Lo único que funciona son los cuidados constantes, cariñosos y pacientes, no hay curas milagrosas a corto plazo. Esto es igual de cierto tanto para un niño de tres o cuatro años como para un adolescente. Solo porque un niño sea más mayor no significa que un enfoque disciplinario sea más apropiado o efectivo para él. Pero, lamentablemente, el sistema no suele reconocer esto, sino que tiende a ofrecer «soluciones rápidas» y, cuando estas fallan, aparecen los castigos largos. Necesitamos programas y recursos que comprendan que el castigo, la privación y la fuerza únicamente consiguen volver a traumatizar a estos niños y exacerbar sus problemas.

Una de las lecciones más importantes que he aprendido en mi trabajo es la importancia de tomarse un tiempo antes de hacer nada más, prestar atención y escuchar, porque, gracias a la neurobiología de nuestros cerebros, una de las mejores maneras de ayudar a que alguien se tranquilice y se centre es calmarnos y centrarnos nosotros mismos antes, y a continuación solo hay que prestar atención.

Al tratar a un niño desde esta perspectiva, la respuesta percibida es muy distinta a cuando simplemente asumimos que sabemos lo que está pasando y cómo solucionarlo. Por ejemplo, la primera vez que me aproximé a Justin cuando él todavía estaba en su cuna-jaula, recibí una respuesta muy diferente de la que obtuvieron aquellos que se acercaron antes que yo, porque me había detenido a reconocer con calma que debajo de su conducta alarmante residían su propio miedo, y en el hambre. Obviamente es muy difícil tener esta clase de desapego cuando el que se porta mal es tu propio hijo —sobre todo cuando ha hecho algo que te ha molestado o entristecido—, pero cuanto más intentas ver el mundo desde el punto de vista del niño y cuanto más seguro le haces sentir, más probabilidades habrá de que su comportamiento mejore y de que encuentres nuevas formas de mejorarlo todavía más.

Otra implicación fundamental de nuestra biología imitativa es que juntar a niños que muestran tendencias agresivas o impulsivas es una mala idea, puesto que tenderán a reflejarlas y a magnificarlas más que a tranquilizarse los unos a los otros. A pesar de que hay investigaciones que demuestran los resultados negativos de este tipo de agrupaciones, por desgracia hemos adquirido el hábito de organizar grupos de terapia y programas residenciales de manera que concentran a esta clase de niños. Como vimos en el caso de Leon, esta práctica puede llegar a empeorar los problemas.

No puedo enfatizar lo suficiente lo importante que son la rutina y la repetición para la recuperación. El cerebro cambia a medida que responde a experiencias repetitivas y pautadas: cuanto más repites algo, más arraigado queda. Esto significa que, como se necesita tiempo para acumular repeticiones, la recuperación requiere tiempo y paciencia para que estas continúen las repeticiones. Cuanto mayor haya sido la duración de un trauma, o más extremo haya sido, mayor será el número de repeticiones necesarias para recuperar el equilibrio.

Además, teniendo en cuenta que el trauma, en esencia, es una experiencia de impotencia y pérdida de control absolutos, para la recuperación es necesario que el paciente esté a cargo de los aspectos esenciales de la interacción terapéutica. Una vez tras otra, los estudios demuestran que un tratamiento en el que se haga uso de la fuerza, se empuje a las personas a abrirse cuando no están preparadas, se obligue a alguien a participar en una terapia o no se respeten las diferencias individuales puede resultar seriamente perjudicial. Como la seguridad es fundamental para la recuperación y la fuerza crea miedo, las terapias coercitivas son peligrosas e ineficaces para las víctimas de un trauma. Los traumas tienden a dirigir otros problemas de salud mental, como muchos de los problemas de conducta adolescente y un porcentaje enorme de adicciones. Por desgracia, los tratamientos coactivos son comunes en estas áreas, siendo este un nuevo caso en el que nuestros esfuerzos para tratar un problema en realidad pueden llegar a exacerbarlo. Necesitamos educar tanto a los padres como a los profesionales en todas estas verdades, y además trabajar para asegurarnos de que el sistema judicial, el sistema de acogida y los sistemas de bienestar infantil y del cuidado de la salud mental empleen enfoques basados en la evidencia que, como mínimo, cuenten con una base sólida de conocimientos sobre el trauma y puedan reducir, más que incrementar, el daño.

Por supuesto, hacer de nuestro mundo un lugar más seguro para los niños no será una tarea fácil. Para lograrlo debemos dirigir nuestros esfuerzos a las mayores controversias políticas de nuestros tiempos: la globalización, las «guerras de las madres» o la desigualdad económica, por nombrar solo algunas. Históricamente, Estados Unidos no ha hecho mucho más que hablar de los problemas infantiles con la boca pequeña, con ambos partidos políticos enarbolando la bandera de los «valores familiares» sin solucionar realmente los problemas cotidianos que afectan a la mayoría de padres y niños. Yo no tengo todas las respuestas, pero creo que entendernos a nosotros como una especie social que posee un cerebro que evolucionó con ciertas capacidades y debilidades únicas, un cerebro que se convierte en aquello que practica, nos permitirá al menos hacernos las preguntas correctas. Y este es el mejor lugar para empezar a construir una comunidad amorosa y solidaria.

Apéndice

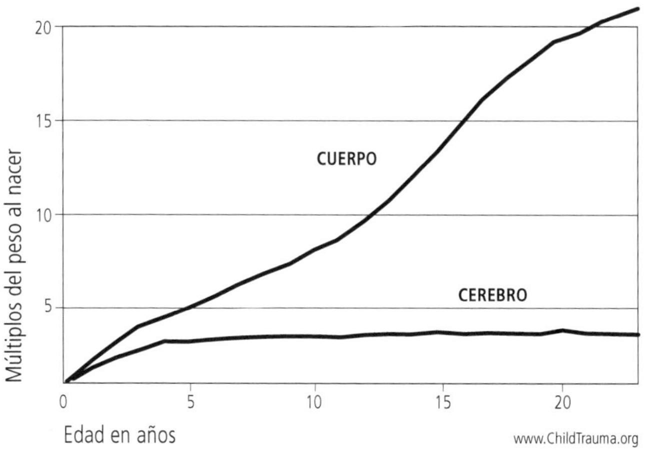

[Figura 1] Crecimiento del cuerpo y del cerebro.

El crecimiento físico del cuerpo humano aumenta de un modo casi linear desde el nacimiento hasta la adolescencia. Por el contrario, el crecimiento físico del cerebro sigue un patrón distinto. El mayor ritmo de crecimiento tiene lugar en el útero, y desde el nacimiento hasta los cuatro años el cerebro crece de un modo vertiginoso. ¡El cerebro de un niño de cuatro años tiene el tamaño del 90 por ciento del cerebro de un adulto! Gran parte del crecimiento físico de las redes neuronales del cerebro tiene lugar durante este tiempo. Es un periodo de gran maleabilidad y vulnerabilidad, a medida que las experiencias moldean de forma activa la organización del cerebro. Es una época de grandes oportunidades para el desarrollo del niño: las experiencias repetitivas, enriquecedoras, previsibles y seguras pueden ayudar a expresar una amplia gama del potencial genético. Sin embargo, lamentablemente, es también cuando el cerebro que se está organizando se encuentra más vulnerable al impacto destructivo de los peligros, el abandono y el trauma.

No obstante, este primer modelo de crecimiento cerebral no implica que el desarrollo o la organización del cerebro se hayan completado. En realidad, a lo largo de la infancia y de la adolescencia siguen produciéndose importantes procesos de desarrollo neurológico a medida que los sistemas cerebrales se vuelven más complejos. En la vida adulta temprana continúa llevándose a cabo una profunda reestructuración y mielinización en la corteza.

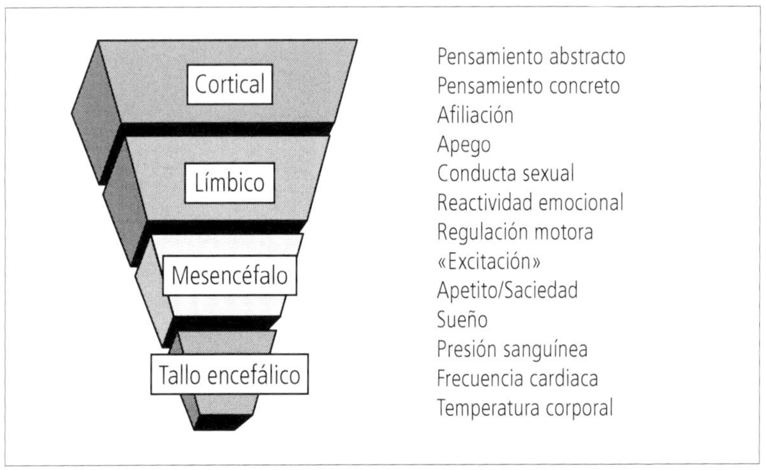

[Figura 2] Jerarquía de la función cerebral.

El cerebro humano se desarrolla de manera secuencial casi en el mismo orden en el que evolucionaron sus regiones. Las áreas más primitivas centrales, empezando por el tallo encefálico, son las que primero se desarrollan. A su vez, a medida que el niño crece, las sucesivas regiones cerebrales (que van desde el centro hacia la corteza cerebral) experimentan grandes cambios y un crecimiento importante. Pero, para lograr un desarrollo óptimo de las distintas áreas, cada una requiere experiencias repetitivas, pautadas y en el momento oportuno. La aplicación del enfoque neurosecuencial para ayudar a niños que han sufrido maltratos o traumas examina en primer lugar qué regiones y funciones del cerebro están subdesarrolladas o presentan un mal funcionamiento, y a continuación trabaja para proporcionar la estimulación que falta para ayudar al cerebro a reanudar un desarrollo más normal.

Sentido del tiempo	Futuro prolongado	Días Horas	Horas Minutos	Minutos Segundos	Ausencia del sentido tiempo
Continuo del estado de excitación	REPOSO	VIGILANCIA	RESISTENCIA Llorar	DESAFÍO Rabietas	AGRESIÓN
Continuo del estado disociativo	REPOSO	EVITACIÓN	CONFORMIDAD Robótico	DISOCIACIÓN Balanceo fetal	DESMAYOS
Región del cerebro reguladora	NEOCÓRTEX Corteza cerebral	CORTEZA CEREBRAL Límbico	LÍMBICO Mesencéfalo	MESENCÉFALO Tallo encefálico	TALLO ENCEFÁLICO Autónomo
Estilo cognitivo	ABSTRACTO	CONCRETO	EMOCIONAL	REACTIVO	REFLEXIVO
Estado interno	CALMA	ALERTA	ALARMA	MIEDO	TERROR

[Figura 3] El continuo del estado de excitación, aprendizaje dependiente del estado y la respuesta a la amenaza.

Las personas procesan, almacenan y recuperan información y a continuación responden al mundo de una forma determinada en función de su estado psicológico actual (en otras palabras, «dependiente del estado»). Si un niño ha estado expuesto a amenazas o traumas extremos o dominantes, su sistema del estrés puede sensibilizarse y es posible que responda ante experiencias ordinarias como si fueran amenazantes. Dependiendo de su respuesta individual al estrés, podría moverse principalmente a lo largo del continuo de experiencias disociativas o del continuo de estado de excitación, pero cualquiera de estas modificaciones disminuirá su capacidad de aprender información cognitiva, como por ejemplo las tareas escolares.

En consecuencia, su cerebro puede encontrarse en un estado muy diferente con respecto al de los demás niños de la clase. Tal y como ilustra el gráfico, un niño tranquilo procesa la información de una forma muy distinta a la de otro que se encuentra en un estado de alarma, tanto si tiende a una respuesta disociativa como a una de hiperexcitación. Incluso en el caso de dos niños que tuvieran un coeficiente intelectual idéntico, el más tranquilo será capaz de concentrarse más fácilmente en las palabras del profesor y, usando el neocórtex, sumergirse en pensamientos abstractos y en el aprendizaje.

Por el contrario, un niño alarmado será menos eficiente a la hora de procesar y almacenar la información verbal proporcionada por el profesor. Las áreas subcorticales y límbicas serán las que dominen el conocimiento de este niño. Estas áreas se centran en la información no verbal, como las expresiones faciales del profesor, los gestos de las manos y el estado de ánimo percibido. Además, como su cerebro aprende de un modo uso-dependiente, el niño ya habrá experimentado un desarrollo más selectivo de sus capacidades cognitivas no verbales. Un niño que haya sufrido abusos o maltratos ha aprendido que la información no verbal es más importante que la verbal, por ejemplo: «Cuando papá huele a cerveza y camina raro, sé que va a hacer daño a mamá».

A medida que un niño se mueve a lo largo del continuo del estado de excitación, la parte del cerebro que controla su funcionamiento se desplaza; cuanto más angustiado o amenazado se sienta, más primitivas serán sus conductas y respuestas. Durante este desplazamiento de la cognición relacionado con el estado de ánimo, el sentido del tiempo del niño se altera y se reduce el margen de planificación futura. El niño que se siente amenazado no piensa (y no debería hacerlo) en los meses venideros: centra toda su atención en el peligro actual.

Esto tiene profundas implicaciones a la hora de comprender la manera de pensar, las reacciones y el comportamiento de los niños traumatizados. Para ellos, las recompensas inmediatas son un gran apoyo; cualquier clase de gratificación aplazada es casi imposible. Podría decirse que son literalmente incapaces de considerar las consecuencias potenciales de su comportamiento debido al estado de excitación física en el que se hallan sus cerebros.

Esto significa que para un niño en estado de alerta, la reflexión a fondo sobre su comportamiento —incluidas las conductas violentas— no es posible. El tronco encefálico, impulsado por las habilidades reguladoras internas de la corteza cerebral, actúa por reflejo, por impulsos y a menudo de forma agresiva ante un peligro percibido.

Debido a este procesamiento dependiente del estado, los niños maltratados pueden expresar numerosas «sensibilidades» desconcertantes y aparentemente insignificantes. Mantener el contacto visual durante un tiempo demasiado prolongado puede percibirse como una señal de vida o muerte. Una palmadita amistosa en el hombro puede llevar a un niño a recordar los abusos sexuales cometidos por su padrastro. Lo que para alguien puede ser una broma amable y bienintencionada, a otro le puede resultar tremendamente humillante, similar a las experiencias interminables y degradantes de abuso emocional que vive en casa. A una niña cansada de escuchar en casa que todo lo hace mal puede resultarle terrorífico tener que salir a la pizarra a resolver un problema. Levantar un poquito la voz puede parecerle un grito a un niño pequeño que vive en un hogar violento. Para ayudar a niños traumatizados, es necesario tener en cuenta estas respuestas, así como tratar de calmar sus sistemas de respuesta al estrés para que puedan sentirse lo bastante seguros como para confiar en sus funciones cerebrales superiores y reducir la cantidad de tiempo que permanecen en la parte alta del continuo del estado de excitación.

Adaptación de: Perry, B. D. (verano de 2006). «Miedo y aprendizaje: factores relacionados con el trauma en la educación». *Nuevas direcciones para la educación adulta y continuada*, 110 (21-27).

Agradecimientos

Los principales contribuyentes de este libro son aquellos que no pueden ser reconocidos por su nombre y apellido: los cientos de niños maltratados y traumatizados que continúan dando forma a mi conocimiento en constante evolución de sus condiciones y necesidades terapéuticas. Me siento honrado de haber trabajado con todos y cada uno de ellos y les doy las gracias por su gracia, su coraje y por la voluntad de compartir su dolor para que así otros puedan beneficiarse de ello. Espero que su fuerza y su espíritu se hayan manifestado en estas páginas y que hayamos hecho justicia a sus historias.

También me gustaría agradecer a los grupos de brillantes científicos y dotados médicos e investigadores por la sabiduría y la dirección que me han proporcionado a lo largo de mi carrera profesional. Entre ellos se incluyen los doctores Seymour Levine, Charles Sorenson, David U'Prichard, Jon Stolk, Earl Giller y Steve Southwick. Agradezco la perspicacia de mis tutores médicos, especialmente a los doctores Jarl Dyrud y Richard Kaufman. Tuve, además, la fortuna de contar con una serie de mentores administrativos que me proporcionaron tiempo, espacio de laboratorio, recursos y orientación, en particular los doctores Bennett Leventhal y Stuart Yudofsky. Mis colaboradores iniciales en el terreno de la neurociencia, los doctores Lewis Seiden, Al Heller y Bill Woolverton también merecen ser nombrados. Asimismo, estoy profundamente agradecido a los doctores Lenore Terr, Robert Pynoos y Frank Putnam, y a muchos otros pioneros clínicos e investigadores que me han inspirado. El límite de papel no me permite listarlos a todos ellos.

También desearía reconocer aquí la labor y la permanente inspiración del autor y abogado Andrew Vachss. A lo largo de los años, se ha mostrado generoso a la hora de moldear mi trabajo con su sabiduría y dirección, y me ha ayudado a plantear las preguntas adecuadas. Él es el verdadero norte en un mundo turbio.

Agradezco al personal y a los compañeros actuales y antiguos de The ChildTrauma Academy. La compasión que estos médicos clínicos muestran por los niños problemáticos siempre ha sido inspiradora, y la estimulación intelectual que proporcionan no tiene precio. La primera entre iguales es la Dr. Robin Fancourt, pediatra abnegada y excepcional, cuyos esfuerzos han servido para transformar a un país entero. Especial agradecimiento merecen la presente dirección de The ChildTrauma Academy, Jana Rosenfelt, el Dr. Chris Dobson y Stephanie Schick, y mis actuales colaboradores de investigación clínica primaria en la CTA, los doctores Rick Gaskill y Gizane Indart.

A lo largo de los años, han apoyado nuestro trabajo numerosas personas compasivas y generosas. Me gustaría agradecer especialmente a Irving Harris, Jeffery Jacobs, Maconda Brown O'Connor y Richard y Meg Weekley.

Gracias también a Jo Ann Miller, directora editorial de Basic Books, por su labor escultórica editorial y por su apoyo, y a nuestro agente, Andrew Stuart, por su arduo trabajo y por su aliento durante este proyecto.

Los mayores agradecimientos, sin embargo, deben ser para mi familia. Mi padre, Duncan, y mi madre, Donna, quienes poseen numerosos talentos: curiosidad, humor, compasión, diligencia… Mis talentos propios son un reflejo del mundo que ellos me ofrecieron cuando yo era niño. Por eso y por muchas otras razones me siento profundamente agradecido. Pero de entre toda mi familia, mi mayor agradecimiento está reservado para mi mujer, Barbara, quien ha tolerado mudanzas, periodos fuera de casa, excesivo trabajo en casa y, en general, a mí. Nuestros hijos son mi mayor alegría y mis mayores maestros. Mi familia me sigue ofreciendo el amor, la fuerza, el apoyo y la inspiración que me sostienen.

Por último, este libro es una realidad gracias a Maia Szalavitz. Estoy sumamente agradecido de que comenzáramos esta colaboración. Es una trabajadora incansable y una magnífica escritora con una capacidad extraordinaria para digerir conceptos científicos procedentes de diversas disciplinas y traducirlos para el lector común. Y, lo que es más importante, tiene un gran corazón. Espero que hayan disfrutado de la lectura de este libro tanto como nosotros hemos disfrutado escribiéndolo.

Agradecimientos de Maia

Ha sido un verdadero honor trabajar con uno de mis héroes científicos, Bruce D. Perry; no podía haber deseado un mejor colaborador. Agradezco ante todo su amabilidad, sabiduría, generosidad, apoyo e inspiración, y el permitirme contribuir a que este libro cobrara vida. Como escritora de ciencia, mi idea del cielo es que te paguen por hacer preguntas importantes a grandes mentes; este proyecto ha consistido precisamente en esto. También merecen una felicitación nuestro agente, Andrew Stuart, por su dirección y ayuda en la creación de este libro, desde que era una simple propuesta en adelante, y Jo Ann Miller, por su elegante edición y apoyo. Un agradecimiento especial para Lisa Rae Coleman por su excelente transcripción, su amistad y por la agudeza de su ingenio, y a Trevor Butterworth y a stats.org por su apoyo continuo. Mi madre, Nora Staffanell, mi padre, Miklos Szalavitz y mis hermanos Kira Smith (junto con sus hijos Aaron, Celeste y Eliana), Sarah y Ari Szalavitz también merecen ser reconocidos. Como siempre, mi agradecimiento a Peter McDermott por hacer que tanto mi trabajo como mi vida sean mejores.